Hans-Henning Scharsach • Stille Machtergreifung

Hans-Henning Scharsach
unter Mitarbeit von Christa Eveline Spitzbart

STILLE MACHTERGREIFUNG
Hofer, Strache und die Burschenschaften

www.kremayr-scheriau.at

ISBN 978-3-218-01084-9
Copyright © 2017 by Verlag Kremayr & Scheriau GmbH & Co. KG, Wien
Alle Rechte vorbehalten
Schutzumschlaggestaltung: Sophie Gudenus, Wien
unter Verwendung eines Fotos von picturedesk.com/Georges Schneider
Typografische Gestaltung und Satz: Sophie Gudenus, Wien
Druck und Bindung: Christian Theiss GmbH, St. Stefan i. Lavanttal

*Gewidmet
meinem Freund
Kurt Kuch †,
dessen journalistisches Engagement
für demokratische Kultur, Solidarität
und Menschenrechte für immer
Vorbild bleibt*

Inhaltsverzeichnis

Vorwort und Anmerkungen des Verfassers — 9

Die stille Machtübernahme: FPÖ im Besitz der Burschenschaften — 12
   Die Machtübernahme der Burschenschaften — 14

Geheimhaltung: Wir sollen nicht wissen, wen wir wählen — 16
   Traditionen des Nationalsozialismus — 17

Hofers Marko-Germania: Verräterische Festschrift — 20
   Deutsches Vaterland: Der Kampf gegen die österreichische Nation — 23
   Gegen Gleichheit und Pluralismus — 27

Antisemitismus in den Burschenschaften — 29
   Das antisemitische Nazi-Symbol der Kornblume — 36
   Feindbild-Austausch: Muslime statt Juden — 40
   Antisemitismus-Verleugnung: Hofer und Strache als Judenfreunde — 42

Burschenschaften und Nationalsozialismus — 46
   Bücherverbrennung 1933: Burschenschaften und der Anschluss — 48
   „Ehrendes Andenken" für die Massenmörder der Nazis — 50
   Hofer und die NS-Traditionen — 52
   Gegen NS-Verbot und „Menschenhatz der Linken" — 53
   Täter-Opfer-Umkehr: Schlag nach bei Goebbels — 55

Am Beispiel Norbert Hofer: Stille Machtergreifung — 58
   Hofers rechtsextreme Weggefährten, Freunde und Mitarbeiter — 58
   Väterliche Förderer und junge Geförderte — 59
   Hitlers Legitimationstheoretiker als „Vorbild" — 61
   Geschönte Biografie für die politische Mitte — 63
   Ein Künstler zur ideologischen Standortbestimmung — 63

Ideologische Standortbestimmungen 66
  Rechtsextreme Inhalte im FPÖ-Handbuch 67
  Plebiszit als Waffe gegen Verfassung und Demokratie 71
  Ausschaltung ganzer Wählergruppen durch Ende der Briefwahl? 77
  Ein Handbuch als Kriegserklärung an die Verfassung 78
  Von Wespenlarven, Brutpflegetrieb und militärischen Tugenden 80
  Von der Verachtung für „Eliten" und den Sorgen des kleinen Mannes 84

Faktencheck: Das Märchen von der „sozialen Heimatpartei" 87
  „Mut zur Wahrheit": Einblick in die blaue Sozialpolitik 89
  Kampf gegen Kammern und Interessenverbände 90
  Personen als Programm: Barbara Kolm, Olaf Henkel und Dieter Hundt 92

Männliche Weltordnung: Frauen als Opfer der „Burschenpartei" 93
  Der Mann auf der Jagd, die Frau im Heim 96
  Ausgeladen: Frauen, die weder schön noch still sind 97

Identitäre: Eine PR-Aktion rechtsextremer Burschen 98
  Identitäre, Burschenschafter und FPÖ 100
  Rechtsextreme Inhalte in jugendlicher Verpackung 102

Wahlkampf: Lügen, Hass und Nächstenliebe 108
  Der Wahlkampf der Burschenschafter im Netz 110
  Wie Fake News und Lügen verbreitet werden 112
  Die grausamen Fratzen des Hasses 118
  Überforderte Gerichte, hilfloser Rechtsstaat 126

Die mediale Parallelwelt der Burschenschafter 128
  Das Zusammenspiel mit der Krone 130
  Strache: Fake News und falsche Fakten 133
  Der Kampf gegen die „Lügenpresse" 141
  Kampf gegen demokratische Grundrechte 144
  Die Printmedien der Burschenschaften 147

Der Rechtsstaat als Feindbild	150
Das Spiel mit Gewalt und Bürgerkrieg	152
Gewalt als Wesensmerkmal der Burschenschaften	154
Die Anti-Ausländer-Wahlkämpfe der FPÖ	159
Waffenfreunde: Schon Kinder sollen schießen lernen	162
Die burschenschaftliche Verwurzelung in NS-Traditionen	166
Strache und die braune Gewaltszene	166
Am Beispiel Olympia: Bewahrer brauner Traditionen	170
Sommerlager nach dem Vorbild der Reichsführerschulen	173
Neonazistische Redner bei Olympia-Veranstaltungen	174
Arminia Czernowitz: Werbung mit NSDAP-Plakat	178
Libertas: Ein Preis für junge Neonazis	180
Cimbria: Gemeinsam mit Nazis gegen die Wehrmachtsausstellung	181
Silesia im Rotlichtbezirk: Straches Sekretärin holt Gottfried Küssel	182
Teutonia: Nazi-Schulung „im Einklang mit der Bundlinie"	182
Wenn Burschenschafter und Neonazis gemeinsame Sache machen	183
Ein rechtsextremes Milieu und sein freundlicher Darsteller	185
Wo steht Norbert Hofer politisch?	192
Ist Norbert Hofer rechtsextrem?	192
Ist Norbert Hofer Neonazi?	193
Die Taktik des Populismus: Auf beiden Seiten dabei	202
Was droht unter einer FPÖ-Regierung?	207
Ein ganz persönliches Nachwort des Autors	214
Dank	215
Namenregister	216
Quellenverzeichnis	221

Vorwort und Anmerkungen des Verfassers

Ein rechtsextremer, demokratie- und verfassungsfeindlich agierender Akademikerklüngel hat die Freiheitliche Partei Österreichs (FPÖ) unterwandert, danach dominiert und zuletzt in Besitz genommen. Österreichs Burschenschaften, aus denen die schlimmsten Nazi-Verbrecher, die brutalsten politischen Gewaltverbrecher der Nachkriegszeit und zahlreiche rechtskräftig verurteilte Neonazis hervorgegangen sind, greifen nach der Macht.

Die unter den Dachverbänden *Deutsche Burschenschaft* und *Burschenschaftliche Gemeinschaft* agierenden deutschnationalen schlagenden Verbindungen werden in großen Teilen der Medien und der Öffentlichkeit falsch (oder gar nicht) wahrgenommen – meist als locker miteinander verbundene Gemeinschaft autonomer kleiner Vereine mit beschränktem politischem Einfluss. In Wirklichkeit sind sie auf dem Sprung, die Macht in Österreich zu übernehmen.

Wissenschaftliche Arbeiten belegen, dass die mit einem Bevölkerungsanteil von etwa 0,04 Prozent zahlenmäßig verschwindend kleine, elitär agierende Akademiker-Gruppierung sich aus den Traditionen des Nationalsozialismus nie befreit hat.[1] Als völkisch-deutschnationale Speerspitze der FPÖ haben die aus diesem Kreis kommenden Führungskader den Rassismus wieder zum Motor von Emotionalisierung und Radikalisierung gemacht. Sie führen Wahlkämpfe nach historischem Muster mit Hasskampagnen gegen Feindbilder und Sündenböcke. Ihre rücksichtslose Art der Stimmenmaximierung setzt sich über alle Regeln von Anstand, Fairness und Mitmenschlichkeit hinweg. Die zu Fake News verharmloste Verbreitung von Unwahrheiten ist zum systematisch und flächendeckend eingesetzten Instrument ihrer Wahlkämpfe und Mobilisierungskampagnen geworden.

Dieses Buch will dieser Politik durch Aufklärung begegnen.

Es ist auch für den zivilgesellschaftlichen Widerstand geschrieben. Der Kampf gegen Ausgrenzung, Lügen, Verleumdung, Hasskampagnen, Korruption, Postenschacher und braune Geschichtsfälschung erfordert ebenso verlässliche Informationen wie die Verteidigung der Errungenschaften unserer Demokratie, unseres Rechtsstaates und des in der Verfassung verankerten Verbots nationalsozialistischer Wiederbetätigung.

Die Arbeit stützt sich auf wissenschaftlich abgesicherte Quellen, auf Originaldokumente und Medienberichte aus dem Burschenschafter-Milieu. Zitate aus Zeitungen und Rundfunk sowie Meldungen aus privaten Internet-Medien (z. B. solchen, die sich auf das Sammeln und Korrigieren von Fake News spezialisiert haben) wurden nachrecherchiert, mit anderen Medienberichten verglichen oder zumindest einer Plausibilitätskontrolle unterzogen.

Obwohl dieses Buch leicht lesbar und gut verständlich sein soll, hat sich der Autor bemüht, den beiden wichtigsten Kriterien wissenschaftlicher Arbeit gerecht zu werden: der korrekten Zitierung der Quellen und der intersubjektiven Nachvollziehbarkeit der daraus gezogenen Schlüsse.

Der Begriff *Rechtsextremismus* wird im Sinne der Definition des Rechtsextremismus- und Faschismus-Forschers Willibald Holzer verwendet. Als wichtigste Kriterien nennt dieser Antiliberalismus, Antipluralismus, Reduktion komplizierter sozialer Zusammenhänge auf ein Freund-Feind-Schema, Frontstellung gegen die (repräsentative Parteien-)Demokratie, die Forderung nach einem starken Staat, autoritäres Führer- und Gefolgschaftsprinzip, Volksgemeinschaftsideologie, völkischen Nationalismus, Rassismus und Antisemitismus, Antifeminismus, die Behauptung naturgegebener sozialer Differenzen, Stärke- und Männlichkeitskult bis hin zur Gewaltbereitschaft sowie unterschiedliche Formen des Revisionismus (Geschichtsfälschung).

Der Begriff *Neonazismus* wird ausschließlich in politischem und wissenschaftlichem Sinn verwendet, nicht in seiner juristischen oder strafrechtlichen Bedeutung. Durch Verwendung dieses Begriffes wird weder eine strafbare Handlung unterstellt noch die Unschuldsvermutung aufgehoben.

Neonazismus wird, den Definitionen wissenschaftlicher Literatur folgend, als besondere Ausprägung des Rechtsextremismus verstanden, der sich durch Wortwahl und Taten zu nationalsozialistischen Politikinhalten bekennt oder auf nationalsozialistische Ideologie-Elemente Bezug nimmt, das NS-System und dessen Verbrechen gutheißt oder verharmlost, die Träger dieses Systems gegen Kritik in Schutz nimmt, besonders würdigt oder glorifiziert, das Wiederbetätigungsgesetz bekämpft bzw. in Frage stellt und – wie einst die NSDAP – totalitäre Politikelemente auf rassistischer (völkischer) Grundlage vertritt. Die Verwendung des Begriffs orientiert sich nicht nur an den Ergebnissen wissenschaftlicher Arbeiten, sondern auch an den Urteilen des österreichischen Verfassungsgerichtshofes, insbesondere an den Verboten von als neonazistisch eingestuften Parteien und Organisationen wie NDP, ANR, Nationale Front, VAPO oder der Liste Nein zur Ausländerflut.

Für die Einordnung von Personen oder Gruppen als rechtsextrem müssen laut Holzer nicht alle der genannten Kriterien erfüllt sein. Es reicht, wenn sich einige der wesentlichen Merkmale nachweisen lassen[2], was sinngemäß auch für den Begriff Neonazismus gilt.

Um den Text nicht zu komplizieren, wurden Angehörige pennaler und akademischer völkischer Korporationen mit dem geläufigen Sammelbegriff Burschenschafter bezeichnet. Die Unterscheidung zwischen Mitgliedern von Burschenschaften, Landsmannschaften, Sängerschaften, Gildenschaften usw. ist verzichtbar, weil die völkischen Korporationen ideologisch durch die Dachverbände weitgehend gleichgeschaltet sind. In keinem Fall bezieht sich der Text auf katholische Verbindungen wie CV, K.Ö.St.V oder MKV.

Die stille Machtübernahme: FPÖ im Besitz der Burschenschaften

Norbert Hofer ist Burschenschafter. Sein Präsidentschaftswahlkampf könnte den Weg bereitet haben für tiefgreifende Veränderungen mit unabsehbaren Folgen für die Gesellschaftsordnung, das politische System sowie die wirtschaftliche Entwicklung Österreichs und der Europäischen Union. Daher dieses Buch, das anhand belegbarer und jederzeit überprüfbarer Zahlen, Daten und Fakten aufzeigen soll, was Österreich droht, wenn deutschnationale schlagende Burschenschafter die Macht übernehmen würden.

In der FPÖ haben sie diese bereits erobert: Das sechsköpfige Führungsgremium (Bundesparteiobmann und fünf Stellvertreter) besteht mit einer Ausnahme aus deutschnationalen schlagenden Burschenschaftern. Im Parteivorstand verfügen die völkischen Korporierten mit 20 von 33 Stimmen über eine satte Mehrheit. Im Parlament hatte der Burschenschafter-Anteil unter Haider 11 Prozent betragen, bevor er unter Strache in Etappen auf fast die Hälfte (18 von 38) stieg.

Die totale Machtübernahme wird durch das Wahlgesetz verhindert. Burschenschaften gibt es meist nur dort, wo es Universitäten gibt. Die Kandidatur aber ist an den Wohnsitz gebunden. So gelangen Nicht-Burschenschafter aus dem ländlichen Raum zu Mandaten, die unter anderen Umständen keine Chance auf eine parlamentarische Karriere in der FPÖ hätten.

Sechs von neun Landesverbänden werden von Burschenschaftern dominiert. In zwei der verbliebenen Landesverbände stehen Burschenschafter auf dem Sprung an die Spitze. Frei werdende Führungspositionen werden fast nur noch mit Burschenschaftern besetzt. In Niederösterreich und Vorarlberg kamen mit Walter Rosenkranz *(Libertas Wien)* und Reinhard Eugen Bösch *(Teutonia Wien)* zwei Männer an die Spitze, deren Burschenschaften belegbare Kontakte ins Neonazi-Milieu halten und als besonders radikal gelten. Im Burgenland ist es nur noch eine Frage der Zeit, bis der Generationswechsel zu Hofers Protegé Géza Molnár *(Corps Hansea zu Wien)* vollzogen wird. In Oberösterreich sind seit der letzten Wahl alle drei FPÖ-Mitglieder der Landesregierung Burschenschafter: Manfred Haimbuchner und Günther Steinkellner *(beide Corps Alemannia Wien zu Linz)*, Elmar Podgorschek *(Germania zu Ried im Innkreis* und *Cimbria, Wien)*. In Graz wurde Mario Eustacchio *(Stiria)* im April 2017 zum Vizebürgermeister gekürt.

Das 1998 im Parteistatut verankerte Durchgriffsrecht der Parteiführung auf alle FPÖ-Organisationen relativiert die Macht der in Spitzenpositionen verbliebenen Nicht-Burschenschafter. In der FPÖ gilt das burschenschaftliche „Führerwort" im Ernstfall mehr als demokratische Wahlergebnisse.

Salzburgs entmachteter Landesobmann Karl Schnell zählt zu den Opfern des im Parteistatut verankerten „Führersystems". Unter ihm hatten völkische Korporierte schlechte Karten. Seine Demontage durch die burschenschaftlich geführte Bundespartei, die vom Durchgriffsrecht Gebrauch machte, um einen gewählten Landeschef abzusetzen, gab dem Burschenschafter Andreas Schöppl *(Landsmannschaft der Salzburger zu Salzburg)* als interimistischem Landesparteiobmann die Möglichkeit, den Generationswechsel zu organisieren. Nach seinem Rückzug aber behielt er als graue Eminenz die Fäden in der Hand und verblieb auch im Bundesparteivorstand.

Offiziell heißt die Parteichefin seither Marlene Svazek, in Wirklichkeit aber spielt die junge Politikwissenschaftlerin eher die Rolle der Alibifrau für das Familienfoto nach den Treffen der Landesvorsitzenden. Die starken Männer, die nominell hinter ihr stehen, in Wirklichkeit jedoch die wichtigen Entscheidungen fällen und bei Verhandlungen auch ohne sie auskommen, sind die Burschenschafter Volker Reifenberger als ihr Stellvertreter *(Frankonia Brünn)* und Landesparteisekretär Andreas Hochwimmer *(Landsmannschaft der Salzburger zu Salzburg)*.³

Wie weit die stille Machtergreifung der Burschenschaften gedeihen konnte, ohne auf nennenswerte mediale Aufmerksamkeit zu stoßen, wird durch ein Foto belegt, für das die Mitglieder der *Arminia Czernowitz* beim Linzer Burschenbundball 2013 posierten. Von den 21 deutlich erkennbaren Ballgästen sind 16 als FPÖ-Funktionsträger identifizierbar – von Linzer Gemeinderäten über Bezirksvorsteher, Ortsparteiobmänner, Mitglieder von Bezirksparteileitungen bis zu Gemeindevorständen.⁴

Die Machtübernahme der Burschenschaften

WEN WÄHLEN WIR, WENN WIR FPÖ WÄHLEN?
aB! steht für akademische Burschenschaft, pB! für pennale Burschenschaft, US! für Universitätssängerschaft, aL! für akademische Landsmannschaft, FV! für Ferialverbindung, AcSV! für Alldeutsche conservative Semestralverbindung, aC! für ak. Corps, pcB! für pennale conservative Burschenschaft, SV! für Schülerverbindung, DG! für Damengilde, aM! für akademische Mädelschaft

<u>Burschenschafter als Bundesparteivorsitzende (5 von 6, keine Frau):</u> Parteiobmann Heinz-Christian Strache (pB! Vandalia Wien), Stellvertreter: Norbert Hofer (pB! Marko-Germania Pinkafeld), Harald Stefan (aB! Olympia Wien), Johann Gudenus (pB! Vandalia Wien und Aldania Wien), Manfred Haimbuchner (aC! Alemannia Wien zu Linz)

<u>Burschenschafter im FPÖ-Bundesparteivorstand (20 von 33, zwei Frauen, beide Mitglied einer Mädelschaft):</u> Heinz-Christian Strache, Bundesparteiobmann (pB! Vandalia Wien), Markus Abwerzger (US! Skalden, Innsbruck), Peter Fichtenbauer (FV! Waldmark, Gmünd), Johann Gudenus (pB! Vandalia Wien und Aldania Wien), Manfred Haimbuchner (aC! Alemannia Wien zu Linz), Johann Herzog (aB! Aldania Wien), Norbert Hofer (pB! Marko-Germa-

nia Pinkafeld), Christian Höbart (pcB! Tauriska Baden), Anneliese Kitzmüller (aM! Iduna Linz), Helmut Kowarik (aB! Aldania Wien), Udo Landbauer (pB! Germania Wr. Neustadt), Christian Leyroutz (aB! Suevia Innsbruck), Dominik Nepp (aB! Aldania Wien), Elmar Podgorschek (aL! Cimbria Wien, AcSV! Germania Ried), Walter Rosenkranz (aB! Libertas Wien), Bernhard Rösch (aB! Gothia Wien), Carmen Schimanek (pM! Sigrid Wien), Eduard Schock (aB! Aldania Wien), Andreas Schöppl (aL! der Salzburger zu Salzburg), Harald Stefan (aB! Olympia Wien)

Burschenschafter in der Parlaments-Fraktion der FPÖ (18 von 38, 7 Frauen, davon 2 Mitglied einer Mädelschaft): Reinhard Eugen Bösch (aB! Teutonia Wien), Hermann Brückl (pB! Scardonia Schärding und pB! Markomannia Eisenstadt), Christian Hafenecker (aB! Nibelungia Wien), Roman Haider (pB! Donauhort Aschach), Christian Höbart (pcB! Tauriska Baden), Norbert Hofer (pB! Marko-Germania Pinkafeld), Andreas Karlsböck (aB! Aldania Wien), Axel Kassegger (aB! Germania Graz und aB! Thessalia Prag in Bayreuth), Anneliese Kitzmüller (aM! Iduna Linz), Wendelin Mölzer (aC! Vandalia Graz), Werner Neubauer (SV! Gothia Meran, pB! Markomannia Eisenstadt und Teutonia Linz – aus letzterer ausgetreten), Barbara Rosenkranz (DG! Edda Wien), Walter Rosenkranz (aB! Libertas Wien), Carmen Schimanek (pM! Sigrid Wien), Philipp Schrangl (aB! Oberösterreichische Germanen Wien), Harald Stefan (aB! Olympia Wien), Heinz-Christian Strache (pB! Vandalia Wien), Wolfgang Zanger (aC! Vandalia Graz), Klubdirektor Norbert Nemeth (aB! Olympia Wien)

Burschenschafter als Wiener Parteivorsitzende (4 von 4, eine Frau, Mitglied einer Mädelschaft): Parteiobmann Heinz-Christian Strache (pB! Vandalia Wien), Stellvertreter Johann Gudenus (pB! Vandalia Wien und Aldania Wien), Harald Stefan (aB! Olympia), Veronika Matiasek (aM! Freya Wien)

Burschenschafter im Wiener FPÖ-Landesparteivorstand (9 von 16, davon eine Frau, Mitglied einer Mädelschaft): Landesparteiobmann Heinz-Christian Strache (pB! Vandalia), Martin Graf (aB! Olympia Wien), Johann Gudenus (pB! Vandalia Wien und Aldania Wien), Johann Herzog (aB! Aldania Wien), Dietbert Kowarik (aB! Olympia Wien), Veronika Matiasek (aM! Freya Wien), Dominik Nepp (aB! Aldania Wien), Eduard Schock (aB! Aldania Wien), Harald Stefan (aB! Olympia Wien)

Geheimhaltung:
Wir sollen nicht wissen, wen wir wählen

Auf dem Weg zur Macht ist es wichtig, die Verankerung der völkischen Korporierten in den Traditionen des Nationalsozialismus ebenso geheim zu halten wie die burschenschaftliche Dominanz an der Spitze der FPÖ. Nichts belegt das deutlicher als ein scheinbar harmloser Vorfall an einer Linzer Schule.

Der Extremismus-Experte und Buchautor Thomas Rammerstorfer (Die Grünen) hatte vor Maturaklassen über Extremismus gesprochen – von links bis rechts, von religiös bis national, von Reichsbürgern, Identitären, Pegida und Grauen Wölfen bis zu Jugendkulturen wie Skinheads oder Hooligans. Mit wenigen Sätzen und zwei von mehr als 30 Schautafeln der PowerPoint-Präsentation wurde dabei auch das Thema Burschenschaften erwähnt: ihre Nähe zum Rechtsextremismus und ihr Einfluss auf die FPÖ.

Dass es genau diese Themen sind, deren Bekanntwerden der FPÖ auf ihrem Weg zur Macht im Weg stehen könnte, beweist die panikartige Reaktion des freiheitlichen Abgeordneten zum Nationalrat Roman Haider, stellvertretender Obmann der pennalen Burschenschaft *Donauhort zu Aschach*. Von seinem Sohn, ebenfalls Mitglied dieser Verbindung, wurde er über Handy informiert, rief daraufhin in der Schule an, drohte nach Aussage des Direktors mit „massiven beruflichen Konsequenzen" und erzwang den Abbruch der Veranstaltung.[5]

Als Reaktion auf diesen Vorfall stellte Oberösterreichs stellvertretender Landeshauptmann Manfred Haimbuchner (*Corps Alemannia Wien zu Linz*) eine Online-Plattform vor, die Schüler dazu auffordert, „parteipolitische Beeinflussung" durch Lehrer anonym zu melden, was nicht nur Politiker anderer Parteien an das „Spitzelwesen vergangener schrecklicher Zeiten" erinnerte.[6] Dass Roman Haider allen Grund hatte, seine Mitgliedschaft in der Burschenschaft geheim zu halten, belegt deren ideologisch eindeutige Ausrichtung: Der Waffenspruch lautet „Was gibt es hier? Deutsche Hiebe!" Als Bundeslied wird „Wenn alle untreu werden ..." gesungen, das einstige Treuelied der SS.[7]

Wenige Wochen nach dem Vorfall stellte der Landesschulrat klar: Rammerstorfer habe ein „differenziertes Bild" des Extremismus gezeichnet, der Vortag sei korrekt gewesen und habe den Unterrichtsprinzipien entsprochen. Klargestellt wurde auch: Schulveranstaltungen dürfen in Zukunft durch Interventionen von außen nicht abgebrochen werden.[8]

Traditionen des Nationalsozialismus
Schon vor dieser Entscheidung war klar: Der Versuch der FPÖ-Führung, politische Aufklärung über burschenschaftliche Aktivitäten als „parteipolitische Beeinflussung" unterbinden zu lassen, ist rechtlich nicht gedeckt. Aus freiheitlicher Sicht aber macht die Einschüchterungstaktik Sinn. Aufklärung über Geschichte und ideologische Ausrichtung der Burschenschaften sowie über ihre Verbindungen in die Rechtsextremisten- und Neonaziszene könnten sich auf dem Weg zur Macht als sperriges Hindernis erweisen.

In einem Erkenntnis hat der österreichische Verfassungsgerichtshof 1985 festgestellt: „Die kompromisslose Ablehnung des Nationalsozialismus ist ein grundlegendes Merkmal der wiedererstandenen Republik." Österreichs deutschnationale schlagende Verbindungen (die deutlich extremer ausgerichtet sind als die Mehrzahl der deutschen Burschenschaften) scheinen sich daran nicht gebunden zu fühlen. Unzählige Beispiele belegen, dass sie sich aus den Traditionen des Nationalsozialismus nie befreit haben, wie in diesem Buch dokumentiert ist.

▶ Burschenschafter fordern die Aufhebung des Verbotsgesetzes, womit nationalsozialistische Wiederbetätigung erlaubt wäre.

▶ Burschenschaftliche Publikationen verharmlosen die Verbrechen der Nazis, verbreiten die Auschwitz-Lüge und glorifizieren Nazi-Verbrecher.
▶ Burschenschafter nehmen an Neonazi-Veranstaltungen teil, treten für neonazistische Organisationen als Redner auf, veranstalten neonazistische Sommerlager, die sich am Vorbild der NS-Sommerlager orientieren, bewerben Vortragsveranstaltungen mit Nazi-Sujets.
▶ Burschenschafter beteiligen sich an Traditions-Veranstaltungen der Waffen-SS, die für die schlimmsten Verbrechen der NS-Geschichte, die blutigsten Massaker an Zivilisten, die grauenvollsten Massenerschießungen von Kriegsgefangenen und nicht zuletzt für die Bewachung der Konzentrations- und Vernichtungslager verantwortlich war.*
▶ Burschenschafter bekleiden Spitzenfunktionen im rechtsextremen *WITIKO-Bund*, in dessen Publikationen sich Textstellen wie diese finden: „Zu den gewaltigsten Geschichtslügen der jüngsten Vergangenheit zählen die sechs Millionen ermordeten Juden."[9]
▶ Burschenschaften fördern rechtsextreme und rassistische Aktivitäten der Jugend auf unterschiedlichste Art, z. B. indem sie deren neonazistische Agitation durch ein Preisgeld belohnen, wie das die Burschenschaft *Libertas* getan hat.
▶ Burschenschaften betreiben neonazistische Indoktrination des studentischen Nachwuchses durch sogenannte „Bildungsveranstaltungen", bei denen Europas Elite der braunen Brandredner auftritt.
▶ Burschenschaften gewähren Neonazis aus der Gewaltszene Unterschlupf und juristischen Beistand.
▶ Die bekanntesten Neonazis Österreichs sind aus Burschenschaften hervorgegangen. Die schlimmsten politisch moti-

---

* Die Zeitung „Für die Waffen-SS" hat sich 1944 bei den Mitgliedern ausdrücklich dafür bedankt, dass „das Gift der inneren Zersetzung niemals wieder in den Volkskörper der Heimat gelangen konnte".

vierten Verbrechen und Gewalttaten der Nachkriegsgeschichte – von Tötungsdelikten über Brandanschläge und Straßenschlachten bis zur Schändung jüdischer Friedhöfe – wurden von Burschenschaftern verübt.[10]

Die von Wissenschaftlern vielfach vertretene Meinung, die ideologische Ausrichtung von Burschenschaften sei unterschiedlich radikal, schwanke zwischen neonazistisch und national-konservativ, wird von Informanten aus dem Burschenschafter-Milieu relativiert. Diese sprechen von einer „weitgehenden ideologischen Homogenität", die durch verbindliche Statuten der Dachverbände vorgegeben und durch Konformitätsdruck aufrechterhalten wird, der nur in Ausnahmefällen auf echten Widerstand stößt.[11]

Vermeintliche Unterschiede ergeben sich aus der öffentlichen Darstellung. Während große und zahlenmäßig starke Burschenschaften durch Publikationen, gedruckte Einladungen und aufwendige Internet-Auftritte Einblicke in ihr ideologisches Innenleben geben, arbeiten kleine Burschenschaften nach Art politischer Stammtische weitgehend im Verborgenen.

Hofers Marko-Germania: Verräterische Festschrift

Norbert Hofers Burschenschaft *Marko-Germania zu Pinkafeld* zählt zu den kleinen Burschenschaften, über die nur wenig bekannt ist. Sie vermeidet es, durch programmatische Schriften deutlich zu machen, worin genau sie ihren „explizit politischen Auftrag" sieht, zu dessen Erfüllung sie sich in der Festschrift anlässlich ihrer Gründung 1994 verpflichtet hat. Im Gegensatz zu anderen Verbindungen verfügt sie über keine eigene Website und tritt auf Facebook in Form einer geschlossenen Gruppe auf. Angesichts dieser Abschottung ist über sie nicht viel in Erfahrung zu bringen – aber immerhin genug, um sie ideologisch eindeutig zuordnen zu können.

Die Gründungsfestschrift diente der „Vorstellung und Selbstdarstellung des Bundes", der sich selbst als „politische Gruppe" mit „national-freiheitlichen Grundsätzen" beschreibt.

Zum Gastautor dieser Selbstdarstellung wählte man mit Jürgen Hatzenbichler einen der damals radikalsten Führer der Neonazi-Szene und Aktivisten der gewaltbereitesten Gruppierungen Österreichs. Gemeinsame Sache machte Hatzenbichler unter anderem mit

▶ der VAPO *(Volkstreue außerparlamentarische Opposition)* von Gottfried Küssel[12], die „in tiefer Trauer um Adolf Hitler" zur „Zertrümmerung des (demokratischen) Staates", zur Neugründung und Wiederzulassung der NSDAP als Wahlpartei, zum Anschluss an Deutschland und zur Aussiedlung aller Juden aufgerufen hatte[13] und

▶ mit Gerd Honsiks *Nationaler Front* (NF), die Anschläge verübt, die „Straße erobern" und die Demokratie „nach dem Vorbild der SA" gewaltsam beseitigen wollte.

▶ Als stellvertretender Führer der NF verteilte Hatzenbichler neonazistisches Propagandamaterial mit Texten wie dem folgenden:

„Alle Lehrer Österreichs, die mit ihren Schülern nach Mauthausen pilgern, um dem Gasbetrug zu huldigen, werden, wenn wir die Macht gewinnen, durch ein Gesetz mit rückwirkender Kraft zu Verbrechern erklärt und so lange am Halse aufgehängt, bis dass der Tod eintritt."[14]

▸ Hatzenbichler verteilte neonazistische Blätter wie Honsiks *Halt* oder Walter Ochensbergers *Sieg*. Die im *Handbuch des österreichischen Rechtsextremismus* beschriebenen Kontakte des Immer-Wieder-Betätigers Ochensberger lesen sich wie ein Who is Who der neonazistischen Gewalt- und Terrorszene: Bombenwerfer, Brandstifter, Schläger, Wehrsportler und Waffensammler neben führenden Rassisten, Volksverhetzern, Hitler-Verehrern und Auschwitz-Leugnern.

▸ Ochensberger war auch Versender einer Loseblatt-Sammlung für den militanten Rechtsextremismus, die praktische Hinweise für Putsch, Partisanenkampf, Sabotage, Ausschaltung von Behörden, Anlegung unterirdischer Waffenlager, Foltermethoden und Ähnliches enthielt. In einem Leserbrief bezeichnete Hatzenbichler die von Ochensberger herausgegebene neonazistische Hetzschrift *Sieg* als „beste Zeitschrift … die es zur Zeit auf dem deutschen Markt gibt."[15]

▸ Hatzenbichler agitierte unter anderem gegen die „Ersatzreligion der Menschenrechte", gegen den Staatsvertrag, gegen das Anschlussverbot an Deutschland und gegen das Verbot nationalsozialistischer Wiederbetätigung. Seine Verurteilung wegen *Verbreitung nationalsozialistischen Gedankenguts* beklagte er als österreichischen „Staatsterrorismus".*

---

* Ende der 1990er-Jahre distanzierte sich Hatzenbichler von der gewaltbereiten Neonazi-Szene und vertritt seither ein gemäßigteres, national-konservatives Weltbild, ohne seine rechtsextremen Überzeugungen zu verleugnen – siehe auch Bernhard Weidinger 2015.

Bei einer Burschenschaft, die einen so eindeutig aus der neonazistischen Gewaltszene stammenden Mann zum Autor ihrer Gründungsfestschrift macht, erübrigt sich die Frage nach dem ideologischen Standort. Für einen Präsidentschaftskandidaten, der dieser Burschenschaft angehört und sich auch im Fall seiner Wahl nicht von ihr trennen wollte, muss das Gleiche gelten.

So scheinen das auch Teile von Hofers Wählerschaft zu sehen, die immer wieder mit Hitlergruß provozieren. Vor dem Landesgericht in Klagenfurt musste sich ein Korporierter dafür verantworten, bei einer Burschenschaftsfeier mit erhobener rechter Hand posiert zu haben.[16] Nach Hofers Wahlveranstaltungen in Wien und Graz standen Anhänger Hofers vor Gericht, weil sie den Hitlergruß gezeigt und „Heil Hitler" gerufen hatten. Im Mai 2016 postete eine Tirolerin anerkennend: „Hofer ist der zweite Hitler und das ist gut so ... was wir im Moment erleben, wäre ein zweiter Hitler super."[17]

Obwohl die Tatbestände durch Fotos und Kurzfilme dokumentiert sind, kommentierte das von Andreas Mölzer *(Corps Vandalia Graz)* herausgegebene Burschenschafter-Magazin *Zur Zeit*: „Immer wieder glauben linke Gutmenschen, den Hitlergruß bei Veranstaltungen der FPÖ zu sehen – und immer wieder stellen sich die Aussagen der linken Chaoten als Falschmeldungen heraus."[18]

Auch der mehrfach wegen Wiederbetätigung vorbestrafte Burschenschafter und Neonazi Gerd Honsik *(Rugia Markomannia)* outete sich als Hofer-Fan. In dem von ihm online betriebenen *Radio Deutsch-Österreich* appellierte er an diesen, im Fall eines Wahlsieges das „bestialische Verbotsgesetz" abzuschaffen und verurteilte Holocaustleugner aus dem „Kerker" zu entlassen. Dass der Radiobeitrag ein gerichtliches Nachspiel haben wird, ist unwahrscheinlich. Der Sender firmiert unter einer Adresse in Honsiks Zufluchtsort Málaga, wo Wiederbetätigung nicht strafbar ist.

Deutsches Vaterland:
Der Kampf gegen die österreichische Nation

Während des Präsidentschaftswahlkampfes bestritt Norbert Hofer ausdrücklich, dass seine Burschenschaft die österreichische Nation ablehne. „Hier liegt offenbar eine bewusste Fehlinformation vor. Meine Verbindung, bei der ich Ehrenmitglied bin, hat die österreichische Nation niemals abgelehnt", formulierte er forsch die belegbare Unwahrheit.[19]

In ihrer Gründungsfestschrift bezeichnet die *Marko-Germania zu Pinkafeld*, wie andere Burschenschaften auch, die österreichische Nation als „geschichtswidrige Fiktion", die nach 1945 „in den Gehirnen der Österreicher festgepflanzt" worden sei. Sie bekennt sich zum „deutschen Vaterland, unabhängig von bestehenden Grenzen", verpflichtet ihre Mitglieder, sich „für die freie Entfaltung des Deutschtums einzusetzen" und dabei „alle Teile des deutschen Volkes zu berücksichtigen".[20]

Die deutschnationale Standortbestimmung schließt nahtlos an Jörg Haiders Ausspruch von der „Missgeburt" der österreichischen Nation an, mit dem dieser ein Zitat von Adolf Hitler aus *Mein Kampf* übernommen hatte.[21]

In einem 2005 erschienenen Handbuch des Dachverbandes *Deutsche Burschenschaft*[22], dem die österreichischen Burschenschaften angehören, liest man es ähnlich: Die Österreicher seien Deutsche, folglich sei Österreich ein „deutscher Staat". Die europäischen Grenzen seien „einseitige Verletzungen des Völkerrechts", weil „keine freiwillige Abtretung der deutschen Ostgebiete" stattgefunden habe.[23]

Die rechtsextreme Ausrichtung der österreichischen Burschenschaften und ihr Eintreten für die Wiedererrichtung Großdeutschlands hat 1996 zur Spaltung geführt. In Deutschland verließen zahlreiche liberale Bünde den Dachverband, um sich als *Neue Deutsche Burschenschaft* (NDB) vom „braunen Block"[24] der *Burschenschaftlichen Gemeinschaft* (BG) abzugrenzen.* Dieser tritt unbeirrt für ein Deutschland in den Grenzen von 1939 ein.[25]

Hofers Burschenschaft ist nicht die einzige, die sich zu diesen Grundsätzen bekennt. Die *Marko-Germania Graz* lässt auf ihrer Homepage den freiheitlichen Gemeinderat Armin Sippel mit dem Leitspruch werben: „Deutsch sein bedeutet für uns das Bekenntnis zum Deutschen Volk in unserer österreichischen Heimat. Nur wer deutsch ist, erfüllt die Voraussetzungen, Mitglied in unserer Gemeinschaft zu werden."[26]

Deutschtümelei und „Herrenrassen-Bewusstsein" haben bereits die Wegbereiter der Burschenschaften als oberste Prinzipien ausgegeben. Der bis heute als Vordenker burschenschaftlichen Selbstverständnisses verehrte Schriftsteller und Historiker Ernst Moritz Arndt *(Corps Rhenania, Bonn*, Namensgeber der pennalen Burschenschaft *Ernst Moritz Arndt, Greifswald)*, schrieb 1813 in seinem *Deutschen Volkskatechismus*: „Die Deutschen sind nicht durch fremde Völker verbastardet, sie sind keine Mischlinge geworden, sie sind mehr als viele andere Völker in ihrer angeborenen Reinheit geblieben."

Bis heute berufen sich Burschenschafter auf geistige Wegbereiter wie Johann Gottlieb Fichte. Der deutsche Philosoph und Erzieher hatte formuliert: „Die Deutschen sind das auserwählte Werkzeug und Volk Gottes", was Kaiser Wilhelm II. in seiner berüchtigten „Hunnenrede" aufgriff: Den berühmt gewordenen Satz „Pardon wird nicht gegeben, Gefangene werden nicht gemacht" werten Historiker als Vorgriff auf die Verbrechen des Faschismus.[27]

Auch die Mensur geht auf solche Vorbilder zurück. Durch sie verursachte Schmisse gelten Burschenschaftern als Beleg

---

* Zur *Burschenschaftlichen Gemeinschaft (BG)* zählen in Österreich: Graz: *Alemannia, Arminia, Carniola, Cheruskia, Frankonia, Germania*; Leoben: *Leder*; Innsbruck: *Brixia, Suevia*; Salzburg: *Germania*; Wien: *Alania, Aldania, Albia, Bruna Sudetia, Gothia, Libertas, Moldavia, Nibelungia, Olympia, Silesia, Teutonia*.

dafür, notfalls ihr Blut „für das deutsche Vaterland" zu geben. „Nur dieser Symbolcharakter macht den Wunsch nach einem ‚schönen Schmiss' erklärlich", heißt es dazu in einer Festschrift der *Olympia*.[28] In der Festschrift der *Marko-Germania* musste das nicht wiederholt werden: Es ist fester Bestandteil burschenschaftlichen Selbstverständnisses.[29]

Um mit den Gesetzen nicht in Konflikt zu kommen, wird an wenig prominenter Stelle der Festschrift ein „Bekenntnis zur österreichischen Eigenstaatlichkeit" eingebaut, eine Formulierung, die von rechtsextremen und neonazistischen Autoren verwendet wird, um sich drohender Strafverfolgung zu entziehen.

Aus dem gleichen Grund hat Norbert Hofer bei seinem Eintritt in die Burschenschaft keinen Eid auf das „deutsche Vaterland" leisten müssen. Die österreichische Bundesverfassung verbietet jede Werbung für Großdeutschland. Also beschränkt sich die Gelöbnisformel auf die „Erhaltung des deutschen Volkstums".

Das Bekenntnis des freiheitlichen Präsidentschaftskandidaten zur österreichischen Nation während des Wahlkampfes, das manche seiner Waffenbrüder insgeheim als Verrat empfanden, hat Hofer bei erster sich bietender Gelegenheit relativiert. Bei dem von Burschenschaftern und der FPÖ organisierten Akademikerball im Januar 2017 trat er in offizieller Funktion als Dritter Nationalratspräsident auf – aber nicht mit rot-weiß-roter Fahne, wie das bei offiziellen Anlässen üblich ist, sondern mit schwarz-rot-goldener Schärpe. In seiner Rede klopfte er ein wenig pathetisch auf die deutschen Farben an seiner Brust und erneuerte seinen deutschnationalen Treueschwur: „Ich trage diese Fahne! Und ich trage sie mit Stolz!"[30]

Erklärungsversuche, Schwarz-Rot-Gold als Farben der *Urburschenschaft* und Hofers Verbindung *Marko-Germania* einzuordnen, klingen nur plausibel, solange man die historischen Zusammenhänge ausblendet. Die deutschen Farben waren von Anfang an Bekenntnis zur *Deutschen Einheit.* Als Farben des Lützow'schen Freikorps standen sie für den Kampf gegen das *Nichtdeutsche* (damals die Franzosen), als Symbol „deutscher Kraft und Zucht" sowie der „Ehre und Herrlichkeit des deutschen Volkes".[31] Beim *Hambacher Fest* 1832 erhielten Schwarz-Rot-Gold die Weihe als *deutsche Einheits- und Freiheitsfarben.* Die Frankfurter Nationalversammlung erklärte sie 1848 zu Reichsfarben.[32]

Schwarz-Rot-Gold waren aber auch die Farben der österreichischen Nationalsozialisten in der Verbotszeit und des deutschnationalen österreichischen Burschenschafters und Politikers Georg Ritter von Schönerer *(Libertas)*, der sie zum Symbol für die Vereinigung Österreichs mit dem Deutschen Reich und zum Kampf gegen den Panslawismus machte (siehe Seiten 37–39).[33]

Den Akademikerball nützte Hofer auch, um in offizieller Funktion als Parlamentspräsident gegen jene zu polemisieren, die nach Österreich kommen, „um hier Mindestsicherung ohne Leistung" zu beziehen, und um gegen österreichische Medien *(ORF, profil, news)* zu wettern – ohne das FP-Kampfvokabel von der Lügenpresse in den Mund zu nehmen. Dass er Österreich als Land der „Mittelmäßigkeit" beschrieb, den versammelten Burschenschaftern, Identitären und Ehrengästen von Europas rechtsextremen Parteien[34] für ihre „Gesinnung" dankte und sie für ihre „aufrechte Haltung" lobte, zeigt jedenfalls eines: Von den österreichtreuen Beteuerungen während des Präsidentschaftswahlkampfes ist wenige Wochen danach so gut wie nichts übrig geblieben.[35]

Dass Burschenschafter mit ihren Bekenntnissen zum deutschen Volkstum in Wirklichkeit das „deutsche Vaterland" meinen, belegen zahlreiche Beispiele. Hofers burschenschaftliche Waffenbrüder haben Landkarten verteilt, auf denen die „Ostmark" als Teil Großdeutschlands ausgewiesen wurde.[36] Vor der deutschen Wiedervereinigung forderten Burschenschafter die Einbeziehung Österreichs[37], danach beklagten

sie sich darüber, dass diese ohne Österreich erfolgte. Ihr Ziel sehen sie erst erreicht, wenn auch Österreich, Südtirol und ehemalige deutsche Siedlungsgebiete in Osteuropa zu einem „deutschen Staat" gehören.[38]
Der FPÖ-Parlamentarier und Burschenschafter Werner Neubauer *(Gothia Meran, Markomannia Eisenstadt* und *Teutonia zu Linz* – aus letzterer ausgetreten*)*, der politisch Andersdenkende in lupenreiner Nazi-Diktion als blutsaugendes Ungeziefer – „linker Zeck"[39] – bezeichnet, begann seine Rede anlässlich einer Anti-Minarett-Demonstration der rechtsextremen Gruppierung *Pro Nordrhein-Westfalen* mit den Worten: „Liebe deutsche Landsleute. Ich darf das sagen, weil ich Deutscher bin."[40]
Norbert Hofer tut Fragen nach dem Nationalitätenbegriff seiner Burschenschaft als „Kinkerlitzchen" ab. Für ihn ist dieses „Minithema" für Österreich „völlig unerheblich".[41]

Gegen Gleichheit und Pluralismus

Nicht nur die in der Gründungsfestschrift der *Marko-Germania zu Pinkafeld* postulierte Ablehnung der österreichischen Nation und das Bekenntnis zum „deutschen Vaterland" lassen deutliche Distanz dieser Verbindung zur Bundesverfassung erkennen. Diese beschreibt Österreich als „pluralistische Demokratie". In ihrer Festschrift aber warnt Hofers Burschenschaft ausdrücklich vor dem „gefährlichen Begriff" des Pluralismus, dem sie sich als „wertkonservative Gemeinschaft" entgegenstelle.[42]

Auch der in der Bundesverfassung festgeschriebene Gleichheitsgrundsatz, ein Grundprinzip liberaler Demokratie, wird von der *Marko-Germania* relativiert. Im Gegensatz zur „sozialistischen Gleichmacherei" müssten Burschenschafter einem „elitären Rollenbild" gerecht werden, „weg von der Ideologie der Masse".[43]

Die „Herrenrasse"-Dünkel der Nazis sind wieder da, wenn auch in einer sprachlichen Form, die vor Strafverfolgung schützt. An der Bedeutung aber hat sich nichts geändert: Aus dem Arier-Paragrafen ist das „Abstammungsprinzip" geworden, die „Herrenrasse" ist dem „elitären Rollenbild" gewichen, das „Führersystem" verschwindet hinter unverfänglichen Worthülsen wie „Durchgriffsrecht", „weg von der Ideologie der Masse und der sozialistischen Gleichmacherei".

Antisemitismus in den Burschenschaften

In ihrer Gründungsfestschrift bekennt sich die *Marko-Germania zu Pinkafeld*, der Hofer im Alter von 37 Jahren als Ehrenmitglied beitrat, ausdrücklich zu dem von Burschenschaftern bis heute vertretenen Abstammungsprinzip. Im namentlich nicht gekennzeichneten Vorwort wird als Bestimmungsmerkmal der Volkszugehörigkeit neben Sprache, Kultur, Geschichte und Brauchtum ausdrücklich das biologische Kriterium der Abstammung genannt.[44] Das klingt harmlos, ist es aber nicht. Durch das Abstammungsprinzip werden Juden und „Andersrassige" wie einst im Nationalsozialismus ausgeschlossen. Der unverdächtig klingende Begriff bedeutet also nichts anderes als eine Fortschreibung des Arier-Paragrafen unter Umgehung des historisch belasteten NS-Begriffs.

Antisemitismus zählte von Anfang an, wenn auch mit Unterbrechungen*, zu den Wesensmerkmalen der deutschnationalen schlagenden Burschenschaften. Der Arier-Paragraf ist (in Form des Abstammungsprinzips) für alle Burschenschaften bis heute verbindlich, auch wenn er hinter dem weniger belasteten Begriff Abstammungsprinzip versteckt wird. Dieser meint das Gleiche und hat die gleiche Wirkung: die Diskriminierung bzw. den gesellschaftlichen Ausschluss von Juden und „Andersrassigen", denen die Mitgliedschaft in Burschenschaften verwehrt bleibt.[45] Norbert Hofers *Marko-Germania zu Pinkafeld* steht in einer bis in die Anfänge des 19. Jahrhunderts zurückreichenden Tradition, mit der sich die Burschenschaften zu Wegbereitern der nationalsozialistischen Terror- und Vernichtungspolitik machten.

---

* 1831 wurde der Arier-Paragraf von einem Teil der Burschenschaften vorübergehend zurückgenommen.

▸ Schon auf dem *Wartburgfest* von 1817, von Burschenschaftern zur „legendären Gründungsveranstaltung" verklärt, wurde eine Hetzschrift des Heidelberger Professors Jakob Friedrich Fries verlesen, in der dieser die „Endlösung" vorwegnahm, indem er forderte, die „Kaste" der Juden „mit Stumpf und Stiel" auszurotten.[46]
▸ Auch die erste Bücherverbrennung fand auf dem *Wartburgfest* statt. Unter dem Motto „Ehre, Freiheit, Vaterland" wurden Werke jüdischer und „undeutscher" Autoren in die Flammen geworfen. „Verflucht der Schriftsteller, der sein Volkstum schmäht" und „Hass alles Fremden ist des Deutschen Pflicht" hatte Friedrich Ludwig Jahn in seinen Hetzschriften gegen „Ausländerei", „Giftbücher" und „lesende Aasfliegen" gewettert.[47]
▸ Der Gründer der Burschenschaften, der nach Kriegsende aus Tarnungsgründen zum „Turnvater" verharmlost wurde, war Wegbereiter der nationalsozialistischen Rassenpolitik. Seine Bücher *Deutsche Turnkunst* und *Deutsches Volkstum* haben Adolf Hitler als Vorlage für *Mein Kampf* gedient. Die von ihm geprägten Vokabeln und Parolen wie „Rassenhygiene", „Völkerzucht", „gesundes Volksempfinden", „für Volk und Vaterland" oder „Geistesfreiheit, Volkeseinheit, Rassenreinheit" haben das politische Bewusstsein des burschenschaftlichen Milieus bis heute geprägt.[48]
▸ Jahn definierte Turnen als „Kriegsvorbereitung", was Frauen und Mädchen automatisch ausschloss. Und auch die Kriegsverherrlichung kam nicht zu kurz: „Denn uns fehlt des Krieges Eisenbad und der Waffen Stahlkur."[49]
▸ Wie rasch rassistische Hetze in Gewalt umschlägt, wurde damals schon deutlich. August von Kotzebue, dessen Bücher bei der burschenschaftlichen Gründungsveranstaltung verbrannt worden waren, wurde einige Monate danach von einem fanatisierten Burschenschafter ermordet.[50]
▸ Eines der ersten burschenschaftlichen Dokumente, der *Erlanger Burschenbrauch*, schrieb den Ausschluss der Juden

schaften „ihrem inneren Wesen nach selbst aufgeben".*
Der Antrag wurde zurückgezogen, der Arier-Paragraf war gerettet.⁶⁸
▸ Fälle in Deutschland und Österreich belegen, dass der Arier-Paragraf nicht nur auf dem Papier steht. Als es 2011 wieder einmal zum Streit um die Aufnahme eines Burschenschafters deutscher Staatsbürgerschaft mit asiatischer Abstammung kam, forderte der oberösterreichische Burschenschafter Fred Duswald *(Danubia München)* in der *Aula* den Arier-Paragrafen als geltendes Recht ein: „Dass ein Asiat kein Arier ist, sieht jeder ohne Nachweis."⁶⁹
▸ Auch von den Veranstaltern des Wiener WKR-Balles, zu dessen ständigen Gästen Norbert Hofer und Heinz-Christian Strache zählen, wurde der Arier-Paragraf konsequent exekutiert: Das gemäßigte *Corps Hellas zu Wien* hatte für die Eröffnung der Tanzveranstaltung einen Österreicher mit türkischer Abstammung nominiert, dessen Teilnahme vom Ballausschuss abgelehnt wurde. *Hellas* trat daraufhin aus dem Wiener *Korporationsring* aus.⁷⁰
▸ Die von Burschenschaftern für Burschenschafter gestalteten Publikationen wie *Aula, Eckart* oder *Zur Zeit* haben diese Tradition bis heute fortgesetzt (siehe Seiten 147–149). Sie veröffentlichen antisemitische Hetze, verhöhnen Opfer des NS-Terrors, verharmlosen NS-Verbrechen, glorifizieren Nazi-Verbrecher und verbreiten die Auschwitz-Lüge. Vor allem die *Aula* sorgte mit geiferndem Judenhass mehrfach für Schlagzeilen. So wurden die im Mai 1945 befreiten Häftlinge des Konzentrationslagers Mauthausen als „Massenmörder", „Landplage" und „Kriminelle" bezeichnet, die „raubend, plündernd, mordend und schän-

---

* Den Protestbrief unterschrieben: *Gothia, Libertas, Moldavia, Olympia, Teutonia* (alle Wien); *Arminia, Carniola, Cheruskia, Germania* (alle Graz); *Arminia Czernowitz zu Linz; Brixia, Suevia* (Innsbruck); *Cruxia, Leder* (Leoben) die Rede⁶¹, da wird vor der „biologischen, kulturellen und wirtschaftlichen Gefahr" des Judentums gewarnt. Das Judentum wäre gut beraten, steht da zu lesen, wenn es sich „auf seinen Nationalstaat zurückzöge" und die „Rachegedanken aufgäbe".⁶² Noch in den 1960er-Jahren rühmten sich Verbindungen, „die jüdischen Elemente entfernt" zu haben oder „seit 1882 judenrein" zu sein.⁶³

▸ Als im November 1961 ein jüdischer Friedhof in Innsbruck verwüstet wird, können zwei Burschenschafter, Mitglieder der *Brixia* und der *Suevia*, als Täter ausgeforscht werden. Bei einem der beiden wird das folgende Gedicht gefunden:

„... der einzige Feind, den es wert ist zu hassen
und ihn unter Umständen auch zu vergasen
ist doch nur der ewige Jude, der heute
wie früher die dummen, weil ehrlichen Leute
bestiehlt und uns allen die Frischluft wegsaugt,
nicht ahnend, dass er nur zum Einheizen taugt.
Die Zeit wird bald kommen, darauf ist Verlass,
*da man ihn zum letzten Mal setzt unter Gas ..."*⁶⁴

Dieses Gedicht hat in der *Suevia* nicht etwa klammheimlich die Runde gemacht. Es ist im Kreis der Waffenbrüder am Biertisch offen vorgetragen worden.⁶⁵

▸ 2002 gab der Sprecher der Burschenschaft *Elektra Tepliz* zu München im Gespräch mit Journalisten Einblicke in das ideologische Selbstverständnis seines Bundes: Um die Shoah werde „zu viel Tumult gemacht", meinte er. Die Verbrennung der Juden sei „eine wirtschaftliche Notwendigkeit" gewesen und mit dem Mord in Gaskammern habe er „keine Probleme".⁶⁶

▸ Als im Sommer 2011 gemäßigte deutsche Burschenschafter den Antrag stellten, die Aufnahme nicht von der deutschen Abstammung, sondern von „Staatsbürgerschaft und Bekenntnis" abhängig zu machen, beteiligten sich 14 österreichische Burschenschaften an einer Protestresolution⁶⁷, in der es hieß, mit diesem „Verrat" würden sich die Burschen-

- Der *Kösener Senioren-Convent-Verband* verpflichtete seine Mitglieder 1927, bei der „Rasseprüfung bis auf die Großeltern zurückzugehen". Die Aufnahme sei unzulässig, wenn sich „unter den vier Großeltern ein Jude befindet".[57]
- In einem *Pauk-Comment* pennaler Wiener Waffenstudenten finden sich noch 25 Jahre nach Ende des Zweiten Weltkrieges Sätze wie dieser: „Genugtuungsfähig auf Schläger ist jeder ehrenhafte arische Mann".[58]
- Die Innsbrucker *Suevia* hat in den 1960er-Jahren klargestellt, was heute immer noch gilt: dass es „für die Deutsche Burschenschaft in Österreich unmöglich ist, Nichtdeutsche aufzunehmen" und dass „somit auch der Jude in der Burschenschaft keinen Platz hat".[59]
- Im Jahr 1987 schlug der Dachverband *Deutsche Burschenschaft in Österreich* (DBÖ) Rudolf Heß für den Friedensnobelpreis vor. Dass ein so blasser Politiker wie Hitlers Stellvertreter zu *der* großen Nazi-Ikone der Nachkriegszeit hat aufsteigen können, hängt mit seinem Schlusswort vor dem Nürnberger Tribunal zusammen. Während alle anderen Beklagten Ausrede an Ausrede reihten, stand er zu seinen Taten: „Ich bereue nichts. Stünde ich wieder am Anfang, würde ich wieder handeln, wie ich gehandelt habe, selbst wenn ich wüsste, dass am Ende ein Scheiterhaufen für meinen Flammentod bereit stünde."[60]
Dieses bedingungslose Bekenntnis zur Fortsetzung der nationalsozialistischen Vernichtungspolitik von Juden und „Andersrassigen" hat ihn zum Vorbild von Burschenschaften und Neonazis gemacht – und diesen Mann haben die Burschenschaften für den Friedensnobelpreis vorgeschlagen, ohne damit nennenswerten Widerstand des demokratischen Österreich zu wecken.
- Nach Ende des Krieges ist antisemitische Agitation fester Bestandteil burschenschaftlicher Veröffentlichungen geblieben. Da ist vom Kampf „gegen die Einflüsse des Judentums auf kulturellem und wirtschaftlichem Gebiet"

fest: Da die Burschenschaft „eine Gesellschaft deutscher Jünglinge ist", seien Juden „als Feinde unserer Volksthümlichkeit" ausgeschlossen.[51]
▸ Aggressiver Antisemitismus zieht sich wie ein roter Faden durch die Geschichte der Burschenschaften. In den *Waidhofener Beschlüssen* von 1896 heißt es unter anderem: „In Anbetracht der vielen Beweise, die der jüdische Student von seiner Ehrlosigkeit und Charakterlosigkeit gegeben, und da er überhaupt der Ehre völlig bar ist", könnten Juden in Burschenschaften „keinen Platz" haben.
▸ Dass dieser Grundsatz bis heute Gültigkeit hat, bestätigte die Wortmeldung des liberalen Grazer Burschenschafters und Studentenhistorikers Harald Seewann *(Marko-Germania)*, der mehrfach bedauerte, dass Burschenschafter sich bis heute auf diese antisemitischen Beschlüsse berufen.[52]
▸ Auch antisemitische Gewalt ist fester Bestandteil burschenschaftlicher Geschichte. Anfang des 20. Jahrhunderts fanden an der Wiener Universität regelrechte Pogrome statt. Deutschnationale Studenten und Rektoren versuchten, die Zahl der Jüdinnen und Juden mit Schikanen und Gewalt zu reduzieren.[53] Mit Sprechchören wie „Saujuden raus!" oder „Juda verrecke!" wurden Hörsäle gestürmt und „gesäubert", jüdisch aussehende Studenten zusammengeschlagen, über Stiegen geworfen, auf der Straße überfallen und dabei oft schwer verletzt.[54]
▸ 1920 hielt der *Eisenacher Beschluss* alle Burschenschaften dazu an, nur deutsche Studenten „arischer Abstammung" aufzunehmen und ihre Mitglieder „so zu erziehen, dass eine Heirat mit einem jüdischen oder farbigen Weib ausgeschlossen ist."[55]
▸ 1921 wurden die *Dresdner Beschlüsse* verabschiedet, in denen es heißt: „Es sollen daher keine Juden und Ausländer aufgenommen werden, weil jene kein Vaterland haben, und durch diese die vaterländische Ausbildung gestört wird."[56]

dend" durch das „unter der ‚Befreiung' leidende Land"
gezogen seien.[71]
▸ Ausgerechnet für diese antisemitische Hetzschrift machte
sich Norbert Hofer in der Endphase des Bundespräsident-
schafts-Wahlkampfs zum Werbeträger. Auf einem Foto posiert er gemeinsam mit dem *Aula*-Autor Peter Stockner, der
die *Aula* stolz lächelnd in die Kamera hält, während die
Bildunterschrift verrät, dass Hofer das freiheitliche Magazin als „Organ des Dritten Lagers" sehr schätze.[72]
▸ Immer wieder wurde der Judenhass als grundlegende Gemeinsamkeit völkischer Verbindungen öffentlich zelebriert,
sowohl in den burschenschaftlichen Medien wie auch bei
Gedenkveranstaltungen und Sonnwendfeiern, die Gelegenheit boten, gegen die „Feinde des Deutschtums" von der
„amerikanischen Ostküste" (Synonym für das Judentum)
zu polemisieren, die „das Gift der Zersetzung und der mo-
ralischen Unterwerfung" versprühten, um „unserem Volk
… das geistige und seelische Rückgrat zu brechen".[73]
▸ Im Sommer 2012 sorgte Parteichef Strache *(Vandalia
Wien)* für einen antisemitischen Eklat: Er postete auf seiner Facebook-Seite eine Karikatur, allerdings nicht in der
Form, in der sie vom Karikaturisten gezeichnet worden
war. Ursprünglich stellte sie einen fetten Banker dar, dem
ein Bittsteller aus dem ausgebeuteten, hungernden Volk gegenüberstand.
Auf Straches Facebook-Seite hatte der Banker eine „jüdische Nase" bekommen, ganz nach der Art, wie die Illus-
trationen einst in der antisemitischen Nazi-Hetzschrift
Der Stürmer gezeichnet wurden. Und damit es auch der
Dümmste versteht, waren die Manschettenknöpfe des fetten Ausbeuters zu Davidsternen umgezeichnet.[74] Damit
wurde nicht nur das Aussehen, sondern vor allem die Aussage der Karikatur verändert: Jetzt war es nicht mehr der
Banker, sondern der ausbeuterische Jude, der das verarmte
Volk hungern lässt.

Das antisemitische Nazi-Symbol der Kornblume

Beleg für den Antisemitismus von Burschenschaften und FPÖ ist auch das Tragen der Kornblume bei besonderen Anlässen wie konstituierenden Sitzungen von Nationalrat oder Landtagen. Keine der Behauptungen, mit denen die FPÖ das Tragen dieses belasteten NS-Symbols zu rechtfertigen suchte, hielt einer Überprüfung stand. Das gilt vor allem für die von Strache immer wieder bemühte literarische Fiktion der „blauen Blume der Romantik", die vom deutschen Schriftsteller Novalis, eigentlich Georg Philipp Friedrich von Hardenberg, nie als Kornblume bezeichnet wurde. Allen historischen Erkenntnissen widerspricht auch die Behauptung, die Kornblume sei ein „Symbol der Freiheitsbewegung von 1848". Zuletzt wurde auch die „Europablume" als burschenschaftliche Erfindung enttarnt. Nach dieser unendlichen Vorgeschichte aus Unwahrheiten, Ausreden und Erfindungen war es ausgerechnet Norbert Hofer, der mit der – halben – Wahrheit herausrückte – allerdings in einer Form, die nur historisch Informierten die Einordnung erlaubte.

Nachdem der Präsidentschaftskandidat ursprünglich die belegbare Unwahrheit von der „Europablume" nachgeplappert hatte, antwortete er im Wahlkampf auf Journalistenfragen: Die Kornblume sei seit Beginn des 19. Jahrhunderts das „Symbol des Dritten Lagers" und habe „nichts mit dem Nationalsozialismus zu tun".[75] Der erste Teil dieser Antwort ist zutreffend, der zweite hält einer historischen Überprüfung nicht stand. Für die Parteien des Dritten Lagers, vor allem für die Alldeutschen des rabiaten Antisemiten und Burschenschafters Georg Ritter von Schönerer *(Libertas Wien,* Ehrenbursch der *Gothia Wien* und der *Innsbrucker Germania),* die die Kornblume im Parteilogo trugen, war diese vor allem Symbol ihres im Parteiprogramm festgeschriebenen Judenhasses.

Es waren zwei Burschenschafter, die den Antisemitismus umdeuteten und ihm seine schlimmste – im Nationalsozialismus tödliche – Form gaben. Der Ende des 17. Jahrhunderts entstandene Begriff des Antisemitismus hatte sich ursprünglich gegen Menschen jüdischen *Glaubens* gerichtet. Dieser Feindschaft und der damit verbundenen gesellschaftlichen und politischen Ausgrenzung konnten Juden durch Assimilation und Übertritt zum christlichen Glauben entkommen. Die Burschenschafter Georg Ritter von Schönerer und Heinrich von Treitschke *(Frankonia Bonn)* weiteten den Antisemitismus auf die *Rasse* aus. Vor dieser Definition gab es kein Entrinnen. Sie wurde Grundlage des Holocaust und führte Millionen Jüdinnen und Juden in den Tod. Unter anderem reimte Schönerer: „Ob Jud' ob Christ ist einerlei, in der Rasse liegt die Schweinerei."

Als Erfinder des Rassen-Antisemitismus wurde Schönerer zum geistigen Vater von Adolf Hitler[76], wozu sich dieser in *Mein Kampf* ausdrücklich bekannte.[77] Schönerer ließ sich als „Führer" anreden und mit „Heil" grüßen.[78] Im Programm seiner Alldeutschen findet sich das „Gebot der Abwehr gegen den Fremdkörper Judentum".[79] Schönerer wollte die deutsche Kunst aus der „Verjudung" befreien, forderte die Entfernung von Juden aus Staatsdienst, Schulen, Universitäten, Vereinen und Zeitungen. Er rief zur „Ausrottung parasitärer Rassen" auf, „wie man Giftschlangen und gefährliche Raubtiere eben ausrotten muss."[80]

1900 verlangten Schönerers Alldeutsche im Wiener Parlament, eine Prämie für jeden „niedergemachten Juden" auszusetzen.[81] Im Parlament formulierte Schönerer Sätze wie diese: „Was von unseren Gegnern als Judenhass bezeichnet wird, ist in Wirklichkeit Vaterlandsliebe." Oder: „Der Kampf gegen das Judentum ist des Deutschen erste Pflicht."[82]

Dass er das ernst meinte, zeigt der Überfall auf das *Neue Wiener Tagblatt*. An der Spitze von 28 Gleichgesinnten war Schönerer in die Redaktion des „Judenblattes" eingedrungen, hatte Redakteure bedroht und geschlagen, was Historiker als ersten Akt des rechten Terrors bezeichnen.[83]

Die Kornblume von Schönerers Alldeutschen wurde als Symbol des Judenhasses von Studenten am Revers getragen.[84] In der Verbotszeit (1933–1938) war die Kornblume Erkennungszeichen der illegalen Nazis. Sie ersetzte NS-Symbole, deren Tragen unter Strafe stand – wie etwa das Hakenkreuz. Schon mehrfach hat das Tragen der Kornblume politische Skandale ausgelöst. Österreichs ehemaliger Innenminister Oskar Helmer (1945–1959) ließ den steirischen Landesverband des VdU 1950 unter anderem wegen des Tragens der Kornblume zwangsweise auflösen, weil darin ein „NS-Symbol zu erkennen ist."[85]

Eine Beschwerde der FPÖ an die Rundfunkkommission wegen Verletzung des Objektivitätsgebots durch einen Bericht über das Tragen der Kornblume durch FPÖ-Politiker wurde vom Verfassungsgerichtshof zurückgewiesen. In der Begründung hieß es unter Berufung auf das Gutachten eines Universitätsprofessors für Zeitgeschichte, die Kornblume sei ein „Ersatzzeichen für verbotene Symbole der NSDAP" gewesen. Die Meldung des ORF, die Kornblume sei vor dem Zweiten Weltkrieg ein „Geheimsymbol der illegalen Nationalsozialisten" gewesen, sei als „überprüfbare Tatsachenbehauptung" zulässig.[86]

Nicht nur in der Zwischenkriegszeit war die Kornblume Erkennungszeichen illegaler Nazis. Sie ist es bis heute geblieben. Bei Veranstaltungen der neonazistischen AFP wird sie von Besuchern getragen. Der *Bund freier Jugend*, die neonazistische Nachwuchsorganisation der AFP, führt sie im Vereins-Logo.[87]

Die Tatsache, dass all die verbalen Verrenkungen, mit denen Freiheitliche das Tragen der Kornblume zu erklären versuchen, von WissenschaftlerInnen eindeutig als Lügen oder Ausreden klassifiziert werden[88], lässt für Demokratinnen und Demokraten eigentlich nur einen Schluss zu: Sie ist für Burschenschafter und FPÖ-Funktionsträger Symbol für Schönerers gewalttätigen Antisemitismus und gleichzeitig

Bekenntnis zur Tradition des illegalen Nationalsozialismus geblieben.

Als Symbol von Schönerers Alldeutschen markiert die Kornblume den Beginn des Weges, der im fabrikmäßig organisierten Massenmord in den Konzentrationslagern des Nationalsozialismus endete. An ihr klebt das Blut von sechs Millionen ermordeten Juden. Das Tragen der Kornblume bei offiziellen Anlässen ist eine offene Verhöhnung der Opfer des NS-Terrors. Ein Bundespräsident oder Bundeskanzler, dessen Fotos mit diesem Nazi-Symbol um die Welt gingen, wäre eine Schande für dieses Österreich.

Aber nicht die einzige: Dass diese Provokation von Politikern der demokratischen Mitte nicht erkannt wurde und das Tragen der Kornblume sogar bei der Angelobung des Nationalrats möglich war, ist nicht nur eine Blamage, es ist ein Verrat an der österreichischen Verfassung, die dazu verpflichtet, „alle Spuren des Nationalsozialismus" aus Gesellschaft und Politik zu tilgen.

Gegen Ende des Präsidentschaftswahlkampfes zeigte sich Hofer zumindest lernfähig. Wenige Tage nachdem der Autor dieses Buches eine mehrseitige Dokumentation an 380 in- und ausländische Journalisten verschickt[89] und darin präzisiert hatte, was bei ZiB2-Anchorman Armin Wolf auf Facebook bereits im Mai 2016 über die Kornblume zu lesen war, erfolgte Hofers Rückzieher: Er wolle seinen Parteifreunden raten, auf dieses Symbol in Zukunft zu verzichten, weil er es satt habe, immer wieder „dasselbe erklären zu müssen", meinte er in Interviews mit der *Presse* und der *Kleinen Zeitung*.[90] Was es zu erklären gibt, wenn FPÖ-Politiker mit einem eindeutig als antisemitisches Nazi-Symbol identifizierbaren Anstecker auftreten, der den illegalen Nazis in der Verbotszeit als Erkennungszeichen und Ersatz für das Hakenkreuz galt, ließ er unerklärt.

Feindbild-Austausch: Muslime statt Juden
Seit Jahren bemühen sich die FPÖ und insbesondere Heinz-Christian Strache *(Vandalia Wien)* um jenen Feindbild-Austausch, der anderen rechtspopulistischen Parteien schon gelungen ist. Seine Versuche, den verfemten Antisemitismus gegen den populären Hass auf Muslime auszutauschen, stießen anfangs auf erbitterten Widerstand von Burschenschaftern, die sich weder den Antisemitismus noch die Tradition ihres Arier-Paragrafen nehmen lassen wollten.

Ende 2010 fuhr Strache nach Israel, um sich dort als „Verbündeter" im Kampf gegen den islamischen Terror, und Israel als „Bollwerk Europas gegen den Islam" zu positionieren.[91]

Dem zu erwartenden Aufstand der Burschenschaften begegnete er auf eine für ihn typische Weise: Beim Besuch der Holocaust-Gedenkstätte Yad Vashem wählte er als Kopfbedeckung die Burschenschafter-Kappe, das Gemeinschaftssymbol des institutionalisierten Antisemitismus jener „judenreinen" Studentenverbindungen, die sich aus den Traditionen des Nationalsozialismus nie gelöst und nicht einmal die schlimmsten Nazi-Verbrecher aus ihren Mitgliederlisten gestrichen haben.[92]

Österreichs Burschenschafter durften sich klammheimlich auf die Schenkel schlagen: Eine vergleichbare Geste der Verhöhnung der sechs Millionen von den Nazis ermordeten Jüdinnen und Juden hat sich kein westlicher Politiker je öffentlich geleistet.

Erst auf dem Sprung zur Macht haben Burschenschafter gelernt, das Werben um jüdische WählerInnen und die Selbstdarstellung führender Politiker aus ihren Reihen als „Judenfreunde" zu tolerieren. Gemeinsam mit Strache zählt Hofer zu jenen Burschenschaftern unter den Spitzenfunktionären der FPÖ, die den Antisemitismus kleinzureden oder gar zu bestreiten versuchen.

Solche Versuche hat es immer wieder gegeben, zum Beispiel die Erklärung des Burschenschafters und FPÖ-Landtagsabgeordneten Udo Guggenbichler* im April 2015, er habe sich „gemeinsam mit anderen prominenten Vertretern der schlagenden Verbindungen" in einer Erklärung zur „Verurteilung jeder Form des Antisemitismus" bekannt.[93] Aber selbst auf mehrfache Nachfragen konnte Guggenbichler keinen einzigen seiner angeblichen Mitunterzeichner namentlich nennen.

Guggenbichler hat diese Erklärung als Privatperson veröffentlicht. Weder seine Burschenschaften noch der *Pennälerring*, dem er seit Jahren vorsteht, noch der Wiener *Korporationsring*, dessen Ballausschuss er viele Jahre leitete, waren bereit, diese mitzutragen.

Und auch die Blattlinie der *Aula*, Zentralorgan der völkischen Verbindungen, blieb von Guggenbichlers Erklärung unberührt: Sie veröffentlicht weiterhin antisemitische und revisionistische Pamphlete rechtsextremer und neonazistischer Verschwörungstheoretiker. Hofer selbst aber war während des Präsidentschaftswahlkampfes klug genug, antisemitische Postings auf seiner Facebook-Seite rasch zu löschen.[94]

Es hält historischer Überprüfung nicht stand, wenn prominente jüdische Burschenschafter von Korporierten als Beleg dafür angeführt werden, dass es sich beim „behaupteten burschenschaftlichen Antisemitismus" nur um die „Nazi-Keule linker Gutmenschen" handle. Tatsache ist: Nach 1831 gab es Burschenschaften, in denen Juden aufgenommen wurden, 1886 wurde die erste jüdische Burschenschaft gegründet *(Viadrina, Schlesische Friedrich-Wilhelm-Universität Breslau)*[95]

---

* Udo Guggenbichler ist Mitglied der Burschenschaften *Albia, Wien* und *Arminia, Graz*, darüber hinaus der pennalen Verbindungen *Hollenburg (Ferlach)* und *Gothia (Meran)*. Er ist langjähriger Vorsitzender des österreichischen *Pennälerringes* und Organisator der vom WKR-Ball zum Akademikerball mutierten Veranstaltung in der Hofburg, zu der alljährlich Rechtsextremisten, Auschwitz-Leugner und Neonazis als „Ehrengäste" geladen sind.

und bis heute gibt es einzelne völkische Korporationen, die sich dem antisemitischen Konformitätsdruck widersetzen und den antisemitisch ausgerichteten Dachverbänden nicht angehören.

Bis Ende des 19. Jahrhunderts war „Jude" eine Bezeichnung der Religionszugehörigkeit, nicht der Rasse. Das ermöglichte jüdischen Studenten, durch Taufe und Assimilation der „Gemeinschaft national Gesinnter" beizutreten, damit der Judenfeindschaft zu entkommen und ihre gesellschaftliche und berufliche Diskriminierung zu überwinden[96], oder das „Entree-Billet zur europäischen Kultur" zu lösen, wie Heinrich Heine das formulierte. Politisch engagierte jüdische Studenten versuchten, die studentische Gemeinschaft zur Verbreitung ihrer Ideen zu nützen.[97]

Formell hatten Juden 1867 im deutschen Kaiserreich die Gleichstellung erhalten. Diese war jedoch dadurch begrenzt, dass bei Eintritt in den Staatsdienst eine christlich-religiöse Eidesformel gesprochen werden musste. Der Staat war im Kaiserreich wichtigster Arbeitgeber für Akademiker. Juden konnten also weder Beamte, Diplomaten oder Offiziere noch Lehrer oder Professoren werden.

Ende des 19. Jahrhunderts nahm der Antisemitismus der Burschenschaften wieder zu und gipfelte in einem Wettlauf um den Grad höchster „Rassenreinheit". 1920 mündete dieser in Eisenach in den Beschluss, Beitretenden eine ehrenwörtliche Erklärung abzunehmen, „nach bestem Wissen und Gewissen frei von jüdischem oder farbigem Bluteinschlag" zu sein.

Antisemitismus-Verleugnung:
Hofer und Strache als Judenfreunde

Um die antisemitischen Traditionen der FPÖ vergessen zu machen, veranstalteten Hofer und Strache im November 2016 ein medienwirksam inszeniertes Antisemitismus-Symposion unter dem Titel „Haben wir aus der Geschichte gelernt?". Zum Jahrestag des Novemberpogroms von 1938 (von den Nazis verharmlosend Reichskristallnacht genannt, so als wären da nur ein paar Fensterscheiben zu Bruch gegangen) versuchten die beiden den Einsatz „linker Parteien" für die „schrankenlose Zuwanderung von Muslimen" zum „linken Antisemitismus"[98] und den Kampf der FPÖ gegen islamischen Zuzug zur „proisraelischen Politik" umzudeuten. Die Anwesenheit zweier israelischer Ex-Politiker des rechten Randes scheint sich Strache mit einer Verneigung vor jener israelischen Siedlungspolitik im Palästinensergebiet erkauft zu haben, die einer Zwei-Staaten-Lösung und damit einem Nahost-Frieden im Weg steht: Bei seinem Israel-Besuch im April 2016 hatte er eine jener umstrittenen Siedlungen am Jordan besucht, die völkerrechtswidrig auf palästinensischem Gebiet liegen.[99]

Es war nicht der einzige Versuch der FPÖ, über den Antisemitismus in Burschenschaften und FPÖ-Führung hinwegzutäuschen. Während des Präsidentschaftswahlkampfes hatte Norbert Hofer in einem Interview wahrheitswidrig erklärt, es erfülle ihn mit Stolz, als Dritter Präsident des Nationalrats und „erster FPÖ-Politiker" im israelischen Parlament „offiziell empfangen" worden zu sein und mit der Vizepräsidentin der Knesset „offizielle Gespräche" geführt zu haben.[100] „Ich war Teil einer Delegation des österreichischen Parlaments", hatte er im Gespräch mit dem *Standard* betont.[101]

Hofer scheint davon ausgegangen zu sein, dass österreichische Journalisten solche Informationen ungeprüft übernehmen. Als der ORF-Journalist und ZiB2-Moderator Armin Wolf versuchte, den Aussagen nachzugehen, stieß er ins Leere: Weder nationale noch internationale Medien, weder die Pressedienste des Wiener Parlaments noch der Knesset hatten vom Besuch einer „österreichischen Delegation" oder einem „Empfang" berichtet und auch die österreichische Botschaft in Tel Aviv wusste davon nichts. Der Pressesprecher des israelischen Parlaments teilte dem *Kurier* auf Anfrage mit, dass es keinen derartigen Besuch gegeben habe. Zuletzt betonte die israelische Botschafterin in Wien, dass ihre Regierung offizielle Kontakte mit der FPÖ „auch weiterhin ablehne".[102]

Auf diese Unstimmigkeiten angesprochen, versuchte Hofer, die offensichtliche Unwahrheit kleinzureden. Aus der „offiziellen Delegation" des Parlaments wurde eine „private Reise", der „offizielle Empfang" schrumpfte zu einem „informellen Gespräch".[103]

Auch mit anderen Aussagen zu dieser Reise hat es Hofer nicht so genau genommen. In der *Presse* hatte er erklärt: „Als ich auf dem Tempelberg war, ist zehn Meter neben mir eine Frau erschossen worden, weil sie versucht hat, mit Handgranaten und Maschinenpistolen betende Menschen zu töten."[104] Laut Mickey Rosenfeld, Pressesprecher der israelischen Polizei, hat ein solcher Terrorakt nie stattgefunden.

Die *Jerusalem Post* berichtete von einem Zwischenfall ohne terroristischen Hintergrund. Bei der Frau handelte es sich nicht um eine palästinensische Terroristin, sondern um eine unbewaffnete Israelin, die bei einer Polizeikontrolle nicht angehalten hatte, von der Polizei „angeschossen" und „leicht verletzt" wurde.[105]

Ein von Hofer erwähnter Brief von Heinz-Christian Strache an Avner Shalev von Yad Vashem, in dem dieser sich und seine Partei „von ganzem Herzen" zu einer „Holocaust-Erinnerungskultur" verpflichtet, tauchte mit einiger Verspätung zuletzt doch noch auf: Allerdings mit Datum vom 3. Mai 2016, zwei Wochen, nachdem Hofer ihn Mitte April erwähnt hatte.[106]

Als penible journalistische Recherchen Hofers Legendengebäude zum Einsturz gebracht hatten, sprach Strache von einem „Skandal", meinte damit jedoch nicht etwa Hofers Falschinformationen, sondern die „perfide und widerliche Wahlmanipulation" der Medien und die „absurden und niederträchtigen" Behauptungen von Armin Wolf im „rot-grünen Propagandasender" ORF.[107]

Die demonstrativen Anbiederungsversuche der burschenschaftlichen FPÖ-Führung veranlassten die Israelitische Kultusgemeinde in Wien und den *European Jewish Congress*, Israels Staatspräsident Reuven Rivlin um Klarstellung zu bitten. Diese ließ an Deutlichkeit nichts zu wünschen übrig. Kontakte israelischer Repräsentanten mit rechtsextremen Parteien, die mit einer antisemitischen Geschichte behaftet sind, den Holocaust leugnen sowie Hass und Intoleranz fördern, werde er „niemals dulden". Kein Interesse könne ein solch „schändliches Bündnis" rechtfertigen, ließ der oberste Repräsentant Israels wissen.[108]

Pinchas Goldschmidt, Präsident der Europäischen Rabbiner-Konferenz, kommentierte die Anbiederungsversuche der beiden FPÖ-Politiker, ihre gemeinsamen Auftritte mit ehemaligen israelischen Politikern und Gerüchte, zahlreiche Juden hätten beim ersten Wahlgang Hofer gewählt, mit dem Satz: „Als Gott die Intelligenz verteilte, hat sich nicht jeder angestellt."[109]

Burschenschaften und Nationalsozialismus

Die „demokratischen Traditionen", auf die Vertreter des korporierten Milieus bis heute mit demonstrativ zur Schau gestelltem Stolz hinweisen, hat es in Wahrheit nie gegeben. Dass Burschenschaften die Revolution von 1848 mit einem im Juni 2014 zelebrierten *Fest der Freiheit* für sich beanspruchten, zählt zu den dreistesten ihrer vielen Versuche, Geschichte umzudeuten.

An den nahezu im gesamten europäischen Raum, von Frankreich bis an die Grenzen des zaristischen Russland, von Norddeutschland bis Palermo stattfindenden Revolutionen konnten sich österreichische Burschenschaften gar nicht beteiligen. Aus einem einfachen Grund: Es gab sie damals noch nicht. Metternichs Repression hatte das verhindert. Zudem war die Beteiligung österreichischer Studenten mehr Widerstand gegen Habsburg als Kampf für die Demokratie. Kein Wunder also, dass österreichische Historiker in einer Stellungnahme „mit Empörung" auf die „Inanspruchnahme" der bürgerlichen Freiheitsbewegung durch „rechtsradikale Splittergruppen" protestierten.*

Der Politologe Bernhard Weidinger, einer der besten Kenner der Burschenschafter-Szene**, wertet das *Fest der Freiheit*

---

* Unterzeichnet wurde die Stellungnahme von den Grazer Uni-Professoren Helmut Konrad und Dieter Binder sowie von Wolfgang Maderthaner, Generaldirektor des österreichischen Staatsarchivs.

** Bernhard Weidingers 2015 erschienenes Buch *Im nationalen Abwehrkampf der Grenzlanddeutschen* zählt zu den bestrecherchierten und detailgenauesten Arbeiten, die zum Thema Burschenschaften geschrieben wurden. Ihre große Stärke ist gleichzeitig auch ihre größte Schwäche: 630 großformatige Seiten sind auch für den interessierten Normalverbraucher zu viel. Als Quelle für Historiker oder als Nachschlagewerk für Journalisten aber sind die Inhalte dieser Arbeit von als burschenschaftlichen Versuch einer Imagekorrektur, um die Verknüpfung mit Nationalsozialismus und Antisemitismus loszuwerden und den Deutschnationalismus „nach Auschwitz zu rehabilitieren". Die „tagespolitische Motivation" sieht er in der Forderung nach Meinungsfreiheit, hinter der sich „aber allzu offensichtlich die Forderung nach einem Recht auf Verhetzung, auf rassistische Sprache, auf Wiederbetätigung und Geschichtsfälschung" verberge.[110] Klaus Taschwer, Wissenschaftsjournalist des *Standard* und Buchautor, kommentierte lakonisch, die Feier diene schlagenden Burschenschaften „als Ablenkungsmanöver, um ihr Nazi-Erbe zu kaschieren".[111]

Immer wieder haben sich Burschenschaften als Feinde der Demokratie ausgewiesen. Sie haben nicht nur gegen das Frauenwahlrecht gekämpft, sondern 1906 auch gegen die Einführung des allgemeinen und gleichen Männerwahlrechts. Es sei schließlich nicht einzusehen, „dass ein deutscher Universitätsprofessor politisch dasselbe Gewicht haben sollte wie ein in einem Erdloch hausender Bewohner des östlichen Galiziens", hielt der Chronist der Innsbrucker Burschenschaft *Germania* noch 1965 rückblickend fest.

Seit 1918 waren Burschenschafter an jeder antidemokratischen Erhebung gegen die Weimarer oder Erste Republik federführend beteiligt:[112] Am Kapp-Putsch von 1920 in Berlin, an Hitlers Marsch auf die Feldherrnhalle von 1923 in München und am nationalsozialistischen Juliputsch des Jahres 1934 in Wien.

Hitlers Putschversuch von 1923 wurde in den *Burschenschaftlichen Blättern* zum Kampf für Freiheit, Volk und Vaterland verklärt: „Am 8. November des Jahres ist in München versucht worden, eine revolutionäre Regierung der

---

unschätzbarem Wert und werden über diesen Umweg Verbreitung finden, die weit über den Kreis der Leser des Buches hinausgeht.

deutschen Freiheit zu bilden, am 9. November sind in München 20 deutsche Männer für Volk und Vaterland gefallen. Erschüttert steht Deutschland an der Bahre dieser Toten, die reinen Herzens ihr Leben geopfert haben."[113]

Bücherverbrennung 1933: Burschenschaften und der Anschluss

1933 waren es wieder Burschenschafter, die gemeinsam mit dem *Nationalsozialistischen Deutschen Studentenbund* (NSDStB) und der SA in 63 Städten die zweite Bücherverbrennung auf deutschem Boden organisierten.[114] Unter ausdrücklicher Berufung auf das *Wartburgfest* wurde die „Aktion gegen den jüdischen Zersetzungsgeist" von dem Burschenschafter und Leiter des *Kampfbundes für deutsche Kultur*, Alfred Rosenberg *(Corps Rubonia Riga)*[115] geleitet[116], der danach zum führenden Ideologen des nationalsozialistischen Terrorsystems aufsteigen sollte.*

Antisemitismus und deutschnationale Tradition hatten die österreichischen Burschenschaften besonders anfällig für nationalsozialistische Propaganda gemacht.[117] Mit dem NSDAP-Verbot von 1933 waren auch zahlreiche Burschenschaften

---

* Zu den indizierten Autorinnen und Autoren, deren Bücher verbrannt wurden, gehörten u. a. Walter Benjamin, Ernst Bloch, Bertolt Brecht, Max Brod, Otto Dix, Alfred Döblin, Albert Einstein, Lion Feuchtwanger, Marieluise Fleißer, Leonhard Frank, Sigmund Freud, Iwan Goll, George Grosz, Jaroslav Hašek, Heinrich Heine, Ödön von Horvath, Heinrich Eduard Jacob, Franz Kafka, Georg Kaiser, Erich Kästner, Alfred Kerr, Egon Erwin Kisch, Siegfried Kracauer, Karl Kraus, Theodor Lessing, Alexander Lernet-Holenia, Karl Liebknecht, Georg Lukács, Rosa Luxemburg, Heinrich Mann, Klaus Mann, Ludwig Marcuse, Karl Marx, Robert Musil, Carl von Ossietzky, Erwin Piscator, Alfred Polgar, Erich Maria Remarque, Ludwig Renn, Joachim Ringelnatz, Joseph Roth, Nelly Sachs, Felix Salten, Anna Seghers, Arthur Schnitzler, Carl Sternheim, Bertha von Suttner, Ernst Toller, Kurt Tucholsky, Jakob Wassermann, Franz Werfel, Grete Weiskopf, Arnold Zweig und Stefan Zweig.

als nationalsozialistische Tarngruppen verboten worden. Das hinderte sie nicht daran, als Illegale politisch tätig zu bleiben.

Die *Aldania* (gegründet 1894), der Vizebürgermeister Johann Gudenus, der verhinderte Vize-Stadtschulratspräsident Maximilian Krauss, der Abgeordnete zum Nationalrat Andreas Karlsböck und der Wiener Gemeinderat Dominik Nepp angehören, hatte bereits 1933 das „Führerprinzip" eingeführt. Ihr „Alter Herr" Hans Kasper versandte 1938 nach dem Anschluss an Hitlerdeutschland ein Rundschreiben: „Lieber Waffenbruder! Das der deutschen Wehrschaft bei ihrer Gründung gesteckte Kampfziel wurde mit 13. März erreicht. [...] Eine neue Zeit ist erstritten und stellt an uns neue Aufgaben [...] in den Reihen der braunen Bataillonen Adolf Hitlers. [...] Die Chargierten treten ab und alle kommen im Braunhemd zurück, um unter der Fahne der Bewegung den Abend als Kameradschaftsabend zu beschließen. [...] Heil Hitler!"[118]

Der Rektor der Universität Wien meinte im März 1938 über die Bedeutung der Burschenschaften während der Illegalität: „Das große Verdienst der deutsch eingestellten studentischen Korporationen Österreichs besteht darin, dass sie sich in der Zeit des Kampfes restlos in den illegalen politischen Aufbau [Anm. des Nationalsozialismus] eingefügt haben. Jede Körperschaft bildete einen in sich geschlossenen Kampftruppenteil."[119]

Bereits 1932/33 hatten Österreichs Burschenschaften das „Führerprinzip" von der NSDAP übernommen und ihren Mitgliedern mehrheitlich den Beitritt zu SA und SS vorgeschrieben.[120] Untersuchungen des Historikers Michael Gehler bestätigen das. Die „überwiegende Mehrheit" der burschenschaftlichen Studenten hätte vor 1938 zu „geheimen Organisationen der illegalen NSDAP" gehört.[121]

Nach dem Anschluss drängten Burschenschafter in die Partei. An die 80 Prozent wurden Mitglieder der NSDAP. Österreichische Burschenschafter waren damit stärker in der Partei vertreten als ihre reichsdeutschen Waffenbrüder.[122]

Als Martin Graf, damals noch Dritter Präsident des Nationalrats, im Mai 2002 behauptete, die Korporationen wären „von 1938 bis 1945 verboten gewesen"[123], reproduzierte er eine Phrase aus dem Standardrepertoire burschenschaftlicher Geschichtsfälschung. In Wirklichkeit geschah die Eingliederung in den *Nationalsozialistischen Deutschen Studentenbund* freudig und freiwillig: Österreichs Burschenschafter feierten den Anschluss mit dem Aufziehen von Hakenkreuzfahnen. In der Festschrift anlässlich ihrer 130-Jahr-Feier berichtete die *Olympia* stolz von einer „eindrucksvollen Feier im großen Konzerthaussaal anlässlich der Überführung der waffenstudentischen Korporationen in die Gliederungen der NSDAP".[124] Die Überführung in den *nationalsozialistischen Studentenbund* sei „keine diktatorische, sondern eine logische, weil vom Herzen diktierte Maßnahme", hatte der *Völkische Beobachter* damals kommentiert.[125]

„Ehrendes Andenken" für die Massenmörder der Nazis

Als nach Kriegsende das ganze Ausmaß der Nazi-Verbrechen offenbar wurde, blieben die Burschenschaften unbeeindruckt. Keiner der nationalsozialistischen Verbrecher wurde aus seiner Verbindung ausgeschlossen.

▸ Die Innsbrucker *Germania*, die lange Jahre als Speerspitze des universitären Antisemitismus gewirkt hatte, führt den Euthanasiearzt und Kommandanten des Vernichtungslagers Treblinka, Irmfried Eberl, weiter in ihren Mitgliederlisten.[126]

▸ Die Grazer *Arminia* steht in Treue fest zu ihrem wegen vielfachen Mordes hingerichteten Waffenbruder Ernst Kaltenbrunner, der als Chef des Reichssicherheitshauptamtes zu den Zentralfiguren der nationalsozialistischen Terror- und Tötungsmaschinerie gezählt hatte.[127]

▸ Die Innsbrucker *Suevia* hält Gerhard Lausegger die Treue, der während des Novemberpogroms von 1938 ein Rollkommando geleitet hatte, das den Vorsitzenden der Isra-

elitischen Kultusgemeinde ermordete. Die Burschenschaft verweigerte auch die Löschung von Lauseggers Namen auf ihrem Ehrenmal am Westfriedhof, wenige Meter vom jüdischen Friedhof entfernt.[128]
▶ SS-Obersturmbannführer Hermann Richter, der als KZ-Arzt in Gusen und Dachau gesunden Lagerinsassen Organe entnahm, um zu testen, wie lange die Gefolterten ohne diese überleben konnten[129], wurde aus der *Sängerschaft Scalden* ebenso wenig ausgeschlossen wie
▶ Ferdinand von Sammern-Frankenegg, SS-Polizeiführer des Distriktes Warschau, persönlich verantwortlich für die Ermordung von mindestens 1000 und für die Deportation von 55.000 Jüdinnen und Juden.[130]
▶ Anton Jerzabek, Führer des berüchtigten *Antisemiten-Bundes*, blieb Mitglied der seit 1889 „judenreinen" *Olympia*.[131]
▶ Georg Ritter von Schönerer, Begründer des Rassen-Antisemitismus, blieb Mitglied seiner *Libertas* und „Ehrenbursch" der *Gothia Wien* und der Innsbrucker *Germania*.[132]
▶ Ende der 1990er-Jahre kursierte unter Burschenschaftern eine Liste mit Mitgliedern der *Arminia*, denen „stets ein ehrendes Andenken bewahrt werden sollte".* Auf ihr fanden sich Namen wie Gestapo-Chef Herbert Kappler, der für die Deportation von Tausenden Jüdinnen und Juden verantwortlich war, Walter Reder, der wegen gemeinschaftlichen Mordes an 1000 Zivilistinnen und Zivilisten verurteilt wurde, oder NS-Luftwaffenkommandant Ulrich Rudel, von Rechtsextremisten, Neonazis und Burschenschaftern zur braunen Ikone erhoben.[133]

Dass eine kritische Auseinandersetzung mit der Zeit des Nationalsozialismus in den Burschenschaften so gut wie nicht

---

* Verfasser war Oberstaatsanwalt Harald Eisenmenger, *Corps Arminia Turicensis* stattfand, könnte auch darauf zurückzuführen sein, dass zahlreiche führende Vertreter des NS-Regimes Burschenschafter waren. Dazu zählten unter anderem SS-Chef Heinrich Himmler *(Apollo München)*, Reichsminister Hermann Göring *(Markomannia Berlin)*, der führende Rassenideologe Alfred Rosenberg *(Curonia Riga)*, Arbeitsfront-Führer Robert Ley *(Sängerschaft Sankt Pauli)*, Reichsminister Wilhelm Frick *(AGV München)*, Propagandaminister Joseph Goebbels *(Unitas Sigfridia Bonn)* sowie SA-Sturmführer und Nazi-Idol Horst Wessel *(Normannia Berlin* und *Corps Alemannia Wien zu Linz)*, der den Text zum Kampflied der SA verfasst hatte, die zur Parteihymne der NSDAP wurde.[134]

Der Linzer Verbindung *Alemannia Wien* gehören der oberösterreichische Landeshauptmann-Stellvertreter und freiheitliche Parteiobmann Manfred Haimbuchner und Günther Steinkellner, Klubobmann der FPÖ im oberösterreichischen Landtag, an. Auch sie hat den prominenten Nationalsozialisten nie aus ihrer Mitgliederliste gestrichen.[135]

Hofer und die NS-Traditionen

Norbert Hofer hat Erklärungsbedarf. Aufgewachsen in einem wahrscheinlich national-konservativen, aber keinesfalls rechtsextremen oder gar neonazistischen Milieu, hat er sich im Alter von 37 Jahren als Ehrenmitglied in eine Burschenschaft aufnehmen lassen. Anders als die meisten anderen ist er nicht als Gymnasiast von Freunden oder Bekannten mitgenommen worden und war danach zu schwach, sich der national-völkischen Indoktrination zu widersetzen.

Jugendliche Manipulierbarkeit spielt neben ökonomischen Gründen eine entscheidende Rolle bei der Rekrutierung von burschenschaftlichem Nachwuchs. Viele Verbindungen werben um Studenten mit billigem Wohnraum, Studienbegleitung durch bewährte Akademiker und der Aussicht auf berufliche und politische Protektion nach Abschluss des Studiums.

Keiner dieser Gründe kann bei Hofer eine Rolle gespielt haben. Er ist ein gebildeter Mann. Man darf unterstellen: Er kennt die Geschichte, liest Bücher und trifft seine Entscheidung über den Beitritt in einen „Lebensbund" nicht ohne Information, nicht ohne Vorbereitung. Wer sich in Hofers Alter einer Burschenschaft anschließt, weiß, was er tut.

Im Präsidentschaftswahlkampf hat Hofer bekräftigt, er werde sich von seiner Burschenschaft auch als Bundespräsident nicht trennen, und angekündigt, eine ganze Reihe seiner burschenschaftlichen Mitarbeiter in die Hofburg mitzunehmen (siehe Seiten 58–59). Unter diesen Aspekten sind sein Beitritt und seine Mitgliedschaft nicht anders zu verstehen als ein Bekenntnis zur burschenschaftlichen Vorkriegs- und NS-Geschichte, aber auch zur Nachkriegsgeschichte des Verdrängens, Verleugnens und letztlichem Verbleib in den Traditionen, Sprach- und Denkmustern des Nationalsozialismus – eine Erkenntnis, die sich auch durch seine programmatische Arbeit als Verfasser und Herausgeber belegen lässt (siehe Seiten 66–68 und 78–84).

Gegen NS-Verbot und „Menschenhatz der Linken"

Beim Kampf gegen das Verbotsgesetz arbeiten Korporierte und FPÖ mit Neonazis seit Jahren Hand in Hand. Für viele ist der Kampf gegen dieses von ihnen so genannte „Schandgesetz" ein Akt des Selbstschutzes: Immer wieder überschreiten Burschenschafter jene Grenzen, die der Gesetzgeber gezogen hat.

Norbert Hofer hat diese Tradition übernommen. Mehrfach stellte er das Gesetz in Frage, das nationalsozialistische Wiederbetätigung unter Strafe stellt. 2008 forderte er in einer Diskussion mit Jugendlichen eine Volksabstimmung über diese Frage.[136] Im selben Jahr nahm er die freiheitliche Präsidentschaftskandidatin Barbara Rosenkranz in Schutz, die den von Burschenschaftern immer wieder konstruierten Widerspruch zum Recht auf freie Meinungsäußerung thematisiert hatte. Rosenkranz sei Opfer von „Vernaderung" und „Menschenhatz" der „vereinigten Linken", formulierte er damals und attackierte Bundespräsident Heinz Fischer, der sich unter dem „Tarnmäntelchen des Staatsmannes" einmal mehr als „Linksausleger der SPÖ" erwiesen habe.[137]

Im November 2013 wiederholte er den ausjudiziert widerlegten Unsinn, das Verbotsgesetz „spieße sich mit der Meinungsfreiheit". Eigentlich hätte er es besser wissen müssen. Zwei Mal wurde der Europäische Gerichtshof für Menschenrechte in dieser Frage angerufen, beide Male kam dieser zu einem eindeutigen Urteil: Die „strafrechtliche Verfolgung von nationalsozialistischen Äußerungen" sei durch das Verbotsgesetz „ausreichend legitimiert" und zudem ein „notwendiger Bestandteil" einer demokratischen Gesellschaft. Meinungsäußerungen zugunsten dieses totalitären Systems seien ein „Missbrauch der Freiheitsrechte".[138]

Im Präsidentschaftswahlkampf gab sich Norbert Hofer geläutert. Am Verbotsgesetz will er nicht rütteln, erklärte er in Interviews – aber nur, um sofort wieder auf den Kurs der NS-Verharmloser einzuschwenken. Mit seiner beim traditionellen Neujahrsempfang der FPÖ in Salzburg erhobenen Forderung[139], das Verbotsgesetz auf IS-Sympathisanten auszudehnen[140], knüpft er nahtlos an eine jahrzehntelang geübte Taktik des Neonazismus an: Er stellt den millionenfachen, fabrikmäßig organisierten Massenmord, an dem Hunderttausende Österreicher direkt oder indirekt beteiligt waren, auf eine Stufe mit ein paar Hundert meist jugendlichen Extremisten.

Was Hofer da tut, entspricht der jahrzehntelang verfolgten Taktik der Neonazis: mit dem Nationalsozialismus zu vergleichen, was nicht vergleichbar ist; Verbrechen, wie sie heute passieren, auf eine Stufe zu stellen mit dem Hitler-Terror, mit Ausgrenzung, Verfolgung, Enteignung, willkürlicher Inhaftierung, Zwangsarbeit und Folter in den Konzentrations- und Vernichtungslagern, mit dem millionenfachen Massenmord an Juden, Roma, Sinti, Homosexuellen, Behinderten und politisch Missliebigen.

Hofer stellt sich damit in eine Reihe mit Europas schlimmsten politischen Hetzern von Rechtsaußen. Der Niederländer Geert Wilders hat Moscheen mit „Nazi-Tempeln" und den Koran mit Hitlers *Mein Kampf* gleichgesetzt[141], Marine Le Pen vom französischen Front National hatte betende Muslime mit der Nazi-Besatzung verglichen.[142]

Täter-Opfer-Umkehr: Schlag nach bei Goebbels

Diese Taktik, von sich abzulenken, indem andere zu Sündenböcken gemacht werden, wird in der wissenschaftlichen Literatur als „Täter-Opfer-Schuldumkehr" beschrieben. Sie geht auf Goebbels zurück, dessen Behauptung, die Juden hätten Deutschland den Krieg erklärt, als Rechtfertigung von Krieg und Völkermord diente.[143] Die burschenschaftliche Führung der FPÖ greift mit Vorliebe auf diese Nazi-Taktik zurück.

Schon Ende Januar 2007 hatte Strache Medienberichte über seine rechtsextremen Kontakte mit dem Stil des nationalsozialistischen Hetzblattes *Der Stürmer* verglichen.[144] 2012 folgte anlässlich des WKR-Balles, der ausgerechnet am Jahrestag der Auschwitz-Befreiung stattfand, die Gleichsetzung der Protestkundgebung mit dem Novemberpogrom der Nazis. „Das war wie die Reichskristallnacht", hatte Strache gemeint. Und: „Wir sind die neuen Juden".[145]

Mit dem euphemistischen Begriff Reichskristallnacht hatten die Nazis den Eindruck zu erwecken versucht, es wären bei der von Goebbels von langer Hand vorbereiteten Terror-Aktion in der Nacht vom 10. auf den 11. November 1938 und den Tagen danach nur ein paar Fensterscheiben zu Bruch gegangen. In Wirklichkeit war das Novemberpogrom Ausgangspunkt dessen, was in fabrikmäßigem Massenmord endete: 7500 jüdische Geschäfte wurden zerstört, an die 400 Menschen ermordet oder in den Selbstmord getrieben, mehr als 100 Synagogen gingen in Flammen auf, über tausend jüdische Schulen, Sozialeinrichtungen, Betstuben und Friedhöfe wurden verwüstet, 35.000 Juden zusammengetrieben und in Konzentrationslager gebracht.

Franz Obermayr, freiheitlicher Burschenschafter *(Alemannia Wien zu Linz* und *Frankonia Brünn zu Salzburg)* und Europaabgeordneter, der die Führer rechtsextremer, rassistischer Parteien persönlich zum Ballbesuch eingeladen hatte, sprach von „Pogrom-Stimmung".[146] Johann Gudenus *(Vandalia Wien* und *Aldania Wien)* behauptete, der Antifaschismus sei der „neue Faschismus" und trieb mit der sonst von Opfern des NS-Terrors und Antifaschisten verwendeten Aussage „Wehret den Anfängen" die Schuldumkehr auf die Spitze.[147]

Die Täter-Opfer-Schuldumkehr hat Tradition in der FPÖ. Schon 1999 hatten prominente Burschenschafter die Gründung einer *Schutzgemeinschaft Freiheitlicher Wählerinnen und Wähler* bekanntgegeben, die „ungerechtfertigten Angriffen auf die FPÖ und ihre Wählerschaft im In- und Ausland" entgegentreten und „Diffamierungsopfern" helfen sollte, gegen ehrenbeleidigende Äußerungen gerichtlich vorzugehen. Zu ihren Gründern zählten prominente FPÖ-Politiker und Burschenschafter wie Holger Bauer *(Scardonia Schärding)*, Alexander Götz *(Akademischer Turnverein, Graz)*, Helmuth Josseck *(Olympia Wien)*, Hubert Kinz *(Nibelungia Bregenz)* und Ex-Justizminister Harald Ofner, der Österreichs bekanntestem Neonazi Gottfried Küssel *(Danubo-Markomannia)* zu einer Kandidatur für die FPÖ in Payerbach an der Rax verholfen hatte.[148]

Bei der Präsentation der Initiative verstiegen sich die Initiatoren zu der Behauptung, in der FPÖ habe es „nie Antisemitismus oder Rassismus gegeben". „Stürmer-" und „Nazi-Jargon" unterstellten sie dafür ausgerechnet dem damaligen Präsidenten der Israelitischen Kultusgemeinde, Ariel Muzicant.[149]

Seither setzen FPÖ-Politiker die Taktik der Täter-Opfer-

Umkehr systematisch gegen politisch Andersdenkende ein. Die verhassten „Gutmenschen" werden von Strache als „linke Nazis" bezeichnet[150], die ihren „braunen Jauchekübel" über der FPÖ ausschütten. Das Engagement für die Einhaltung demokratischer Spielregeln und die Durchsetzung des Wiederbetätigungsgesetzes bezeichnet er als „Zensur", „Inquisition", und „Terror".[151] Johann Gudenus beklagt sich über die „Geiselhaft des linken Mobs" und meint: „Der einzige Unterschied zwischen Linken und Faschisten ist die fehlende Uniform."[152] Der freiheitliche Pressedienst empörte sich über die „grüne Nazi-Keule".[153]

Immer wieder hat Norbert Hofer von der unter Burschenschaftern so populären Taktik Gebrauch gemacht. Van der Bellen sei ein „faschistischer grüner Diktator"[154], knüpfte er im Wahlkampf an frühere Erklärungen an, in denen er Antifaschismus zum „neuen Faschismus" umgedeutet hatte.[155] Die FPÖ Kapfenberg stellte ein Wahlplakat Van der Bellens neben Fotos von Hitler, was von Hofers Pressesprecher Martin Glier auf Facebook prompt geteilt wurde.[156]

Den Höhepunkt politischer Unanständigkeit leistete sich die von der liberalen Mitte nach Rechtsaußen gewechselte Ursula Stenzel, die an der Seite Norbert Hofers als dessen Wahlhelferin mit der aberwitzigen Behauptung einer Nazi-Vergangenheit von Van der Bellens Eltern für Empörung sorgte[157], während Hofer seinen Widersacher gleichzeitig – nicht weniger aberwitzig – als „Kommunist" bezeichnete.[158]

Am Beispiel Norbert Hofer: Stille Machtergreifung

Norbert Hofer eignet sich wie kaum ein anderer als Beispiel für das, was zurzeit in Österreich nahezu unbemerkt abläuft. Sein Präsidentschaftswahlkampf wurde zum Lehrstück einer von Burschenschaften konzipierten, populistischen Kampagne. Mit stets lächelndem Auftreten täuschte der Präsidentschaftskandidat erfolgreich über die von ihm vertretenen rechtsextremen Positionen hinweg, ganz so, wie es der auf seiner Homepage wiedergegebenen „Lebensphilosophie" entspricht: „Hart in der Sache, verbindlich im Ton."
Hart in der Sache war Hofer immer schon. Auch in seiner Karriereplanung. Als 2008 das von Jörg Haider 1995 postulierte „Ende der Deutschtümelei" endgültig ad acta gelegt und die totale Machtergreifung der Burschenschafter in der FPÖ für jeden Insider sichtbar wurde, trat er in seiner Heimatgemeinde der pennalen Verbindung (Mittelschul-Verbindung) *Marko-Germania zu Pinkafeld* als Ehrenmitglied bei.

Hofers rechtsextreme Weggefährten, Freunde und Mitarbeiter
In die Schlagzeilen geriet Hofer während des Wahlkampfes um die Bundespräsidentschaft, als Journalisten von *profil* und *Falter* in seinem Umfeld recherchierten und auf mehrere Rechtsausleger stießen. Hofers Büroleiter ist René Schimanek, der sich 1987 mit Schlagstock und Springerstiefeln gemeinsam mit seinem Bruder Hans Jörg (jun.) an Gottfried Küssels Wehrsportübungen beteiligt hatte.[159]
Ein anderer Mitarbeiter, der Burschenschafter Herwig Götschober *(Bruna Sudetia)*, ist Sprecher des rechtsextremen Dachverbandes *Deutsche Burschenschaft* und Mitorganisator jenes Akademikerballs in der Wiener Hofburg, bei dem Burschenschafter, Neonazis und Auschwitz-Leugner das Tanzbein schwingen. 2009 nahm er, gemeinsam mit amtsbe-

kannten Neonazis, am alljährlichen Gedenkmarsch für die Neonazi-Ikone Walter Nowotny teil.[160]
Götschober zählt zu den Freunden des antisemitischen Facebook-Accounts *Itzak Wucherfil Shekelsteyn*. Die Verknüpfung von „Jude" und „Wucher" mit antisemitischer Namensdemagogie war typisch für die Taktik der Nazis, mit der sie ihre Terror- und Vernichtungspolitik gegen Jüdinnen und Juden publizistisch vorbereiteten. Kein Wunder also, dass unter den „Freunden" dieser Seite bekannte Neonazis neben Führungsfiguren von Pegida und Identitären sowie FPÖ-Politiker und weitere Burschenschafter vertreten sind – unter anderem der verhinderte Vize-Stadtschulratspräsident Maximilian Krauss, der Abgeordnete zum Nationalrat Andreas Karlsböck, der Wiener Gemeinderat Dominik Nepp *(alle Aldania Wien)*, Hofers Lieblingsmaler Manfred (Odin) Wiesinger *(Scardonia Schärding, OÖ)* und Markus Ripfl *(Olympia)*, FPÖ-Gemeinderat und Geschäftsführer des *Rings Freiheitlicher Jugend* in Niederösterreich.[161]
Die Referentin Irmgard Fischer in Hofers Parlamentsbüro ist (bzw. war) Mitglied der rechtsextremen und rassistisch agierenden *Mädelschaft Freya*, die in Neonazi-Diktion die „Zerstückelung des Reiches", die „Umerziehung der Deutschen in Österreich" und die damit verbundene „Eliminierung der deutschen Identität" beklagt.[162] Zwei weitere Referenten Hofers, Arndt Praxmarer *(Suevia Wien)* und Pressesprecher Konrad Belakowitsch *(Silesia Wien)* gehören Verbindungen der *Burschenschaftlichen Gemeinschaft* an, die Österreich als Teil Deutschlands sieht.

Väterliche Förderer und junge Geförderte
Politisch sozialisiert wurde der junge Norbert Hofer als Pressesprecher des burgenländischen Landesparteiobmannes Wolfgang Rauter, der seine Sympathien für das NS-System durch die Verwendung belasteter Nazi-Vokabeln offen zur Schau trug. Unter anderem gab Rauter

- „die Zugehörigkeit zur deutschen Nation für alle „deutschen Österreicher" als „unverzichtbar" aus[163],
- beschuldigte den Präsidenten der Landwirtschaftskammer, die „Endlösung der Weinbauern" zu betreiben[164],
- bescheinigte einem ÖVP-Mandatar im FPÖ-Pressedienst, dass er im Dritten Reich als „Volksschädling" keine Karriere hätte machen können[165],
- hielt es für legitim, sich über die Zahl der im Dritten Reich getöteten Juden „Gedanken zu machen"[166] – eine unter Neonazis gängige Taktik, Zweifel an den Nazi-Verbrechen zu artikulieren,
- wollte die Arbeitsmoral durch Zwangsarbeit für Arbeitslose „wie damals" (im Dritten Reich) heben[167],
- fand, man müsse sich auch „mit den positiven Seiten des Nationalsozialismus" auseinandersetzen[168],
- beklagte sich nach Haiders Ausspruch von der „ordentlichen Beschäftigungspolitik im Dritten Reich" darüber, dass einer, der „die Wahrheit sagt, medial fertiggemacht" wird[169],
- drohte dem *Offenen Haus Oberwart* (OHO) mit Streichung der Subventionen, nachdem dieses eine Ausstellung unter dem Titel *Naziherrschaft und was davon blieb* veranstaltet hatte[170],
- und kam schließlich seinem Ausschluss aus der Richtervereinigung wegen seiner NS-Sprüche durch eine freiwillige Austrittserklärung zuvor.[171]

Nach seinem Aufstieg zum Landesparteisekretär bewarb Hofer die FPÖ-Kampagnen gegen Ausländer, gegen die EU, gegen die Osterweiterung und gegen den Euro, engagierte sich gegen die „Vermischung" im Grenzland, kämpfte gegen eine Moschee in Parndorf mit dem Argument, diese würde einen „Zuwanderer-Boom" von Muslimen auslösen – dabei handelte es sich um einen 55 Quadratmeter großen Gebetsraum. Vor allem aber verhalf er Rechtsauslegern zu Parteikarrieren, unter anderem dem schlagenden Burschenschafter Géza Molnár *(Corps Hansea zu Wien)*, der es mit 32 Jahren zum FPÖ-Klubobmann im burgenländischen Landtag und zum stellvertretenden Parteivorsitzenden gebracht hat.

Molnár zählt zu jenen FPÖ-Politikern, die ohne Berührungsängste an Veranstaltungen der Identitären teilnehmen und auch dazu stehen.[172] Es scheint ihn nicht zu stören, dass diese rechtsextreme Gruppierung, die von Burschenschaftern geführt wird und in der zahlreiche Neonazis eine neue Heimat gefunden haben, uneingeschränkt bereit ist, zur Durchsetzung ihrer Ziele rechtliche Grenzen zu überschreiten (siehe Seiten 98–107).

Im Präsidentschaftswahlkampf hielt Hofer – im Gegensatz zu vielen seiner Parteifreunde – Distanz zu den Identitären. Vor seiner Kandidatur aber ließ er keine Berührungsängste mit Rechtsextremen erkennen. Der NPD-Postille *hier & jetzt* gab er ein ausführliches Interview.[173] Die Fragen stellten der Burschenschafter und damalige NPD-Landtagsabgeordnete Arne Schimmer *(Dresdensia-Rugia zu Gießen)* und Thorsten Thomsen, Pressesprecher der NPD-Fraktion in Sachsen.

Hitlers Legitimationstheoretiker als „Vorbild"

Als „Vorbild" nannte Hofer in diesem Interview Konrad Lorenz, dem für seine wissenschaftlichen Verdienste 1973 der Nobelpreis verliehen worden war, während ihm die Universität Salzburg für seine Tätigkeit als Legitimationstheoretiker der nationalsozialistischen Rassenpolitik 2015 die Ehrendoktorwürde aberkannte. In menschenverachtender Eindeutigkeit hatte sich Lorenz einst zur „Ausschaltung" einer „Durchmischung mit Fremdrassigen" bekannt und davor gewarnt, dass „ein sozial minderwertiges Menschenmaterial […] den gesunden Volkskörper durchdringen und schließlich vernichten" könne. Als Therapie für die „rassehygienische Abwehr" hatte er, „wie beim Krebs", möglichst frühzeitiges „Erkennen und Ausmerzen des Übels" empfohlen. Die Ausscheidung „Andersrassiger" und „ethisch Minderwertiger" sei „für den überindividuellen Volksorganismus" leichter und weniger gefährlich als „die Operation des Chirurgen für den Einzelkörper".[174]

Da im Interview die Ausländerpolitik im Mittelpunkt stand, während jene Fragen, denen sich Lorenz in seinen wissenschaftlichen Arbeiten gewidmet hatte, nicht einmal am Rande erwähnt wurden, kann die Nennung seines Namens als „Vorbild" kaum anders gedeutet werden als in politischem Zusammenhang – als Signal an den extremen rechten Rand der Wählerinnen und Wähler, deren Gewalt- und Vernichtungsfantasien Internet-Seiten wie jene füllen, denen Hofer angehörte, bevor er auf der Suche nach präsidialer Seriosität seine Kontakte durchforstete und seine Facebook-Seite säuberte, durch die seine blütenblaue Weste braune Flecken bekommen hatte.

So war der „Alibi-Liberale" *(profil)* als Mitglied einer Internet-Community mit dem unverfänglichen Titel *Besseres Europa* registriert, die sich bei näherem Hinsehen als gut getarnte Neonazi-Gruppierung von eindeutig positionierten Administratoren entpuppte: Yvonne Klüter gab sich als begeisterte Freundin von Hermann Göring zu erkennen, Roland Scheutz stellte Sprüche wie diesen ins Netz: „Trau keinem Fuchs auf grüner Heid – und keinem Jud' bei seinem Eid."[175]

Auf Hofers Facebook-Account, der nur Freunden zugänglich ist, fanden die Aktivisten von *bawekoll* unter anderem eine Frau mit dem klingenden Namen Amanda Alice Maravelia, die als politische Einstellung „NS/NPD" angab, sich zu einem „starken Staat", basierend auf dem Prinzip „ein Volk, ein Reich, ein Führer" bekannte, Hakenkreuze postete und mit Norbert Hofer „bis zum Endsieg" befreundet sein wollte.[176] Die Freundesliste von Maravelia, die ihre Sympathie für den Nationalsozialismus so offen bekundete, las sich wie ein Who is Who der Neonazi- und Burschenschafter-Szene – gleichzeitig auch wie ein Who is Who der FPÖ.[177]

Geschönte Biografie für die politische Mitte
Als Norbert Hofer die Chance sah, als Nachfolger von Martin Graf ins Parlamentspräsidium aufzurücken, begann er, seine Biografie für die politische Mitte aufzubereiten. Nicht immer hat er die ganze Wahrheit gesagt. In Interviews erklärte er, sein Vater sei bei der ÖVP gewesen und erweckte den Eindruck, er stamme aus einem Elternhaus mit christlich-sozialen Wurzeln.[178] Dass sein Vater zu den Freiheitlichen gewechselt war, verschwieg er. Dieser war nicht nur FPÖ-Gemeinderat in Pinkafeld, sondern auch Obmann des *Freiheitlichen Seniorenringes* im Burgenland und unter anderem Autor eines im Gemeindekurier veröffentlichten *Senioren-Manifests*, in dem er seine Generation als „Opfer des Krieges" darstellte, in den sie „guten Glaubens und idealistisch" gezogen sei – kein Wort der Reue und der Mitverantwortung für die NS-Massenmorde.[179]

Ein Künstler zur ideologischen Standortbestimmung
Zu jenen rechten Freunden, zu denen sich Hofer bis heute offen bekennt, zählt der Burschenschafter und Maler Manfred Wiesinger, der sich mit Künstlernamen nach dem wichtigsten Gott der Germanen Odin nennt und seine Arbeiten mit der Odal-Rune signiert. Dieses einstige Symbol der Hitler-Jugend wurde nach dem Krieg von der neonazistischen Wiking-Jugend verwendet, die sich als Nachfolgeorganisation der Hitler-Jugend verstand und 1994 verboten wurde.[180]

Hofers Lieblingsmaler bedient rechtsextreme Codes, bedauert die Befreiung Deutschlands vom Nationalsozialismus[181] und wettert gegen die „Diktatur des Hässlichen, Minderwertigen, Würde- und Maßlosen in der Kunst"[182], immer darauf bedacht, dem Nazi-Begriff „entartet" auszuweichen. Zu den Arbeiten, die in der Vorwahlzeit die Aufmerksamkeit der Medien erweckten, zählt das Ölbild eines Burschenschafters der *Olympia*, der vor einer großdeutschen Karte posiert, die Österreich, Südtirol, Tschechien und Teile Polens inkludiert. Eine seiner Werkreihen trägt den Titel *Endsieg*.[183] Da verwundert es nicht, seinen Namen auf der Freundesliste des antisemitischen Facebook-Accounts *Itzak Wucherfil Shekelsteyn* zu finden. Als Medien die NS-Sprache von Odin Wiesinger zum Thema machten, wurde dieser von Hofer auf Facebook getröstet: „Sei dir meiner Freundschaft gewiss. Ich freue mich auf ein Wiedersehen."[184]

Für den Fall seines Wahlsieges hatte Norbert Hofer angekündigt, seine Mitarbeiter aus der rechtsextremen Szene in die Hofburg mitzunehmen, mit dem freiheitlichen „Besen durch das Land zu fegen", und hinzugefügt, man werde sich noch wundern, „was alles möglich ist". Die Bundesverfassung wäre seinem autoritären Amtsverständnis nicht im Weg gestanden. Er hätte tatsächlich die Regierung davonjagen, Strache zum Kanzler machen, den Nationalrat auflösen und mit Notverordnungen regieren können.[185] Dass diese in der Verfassung festgeschriebenen Möglichkeiten in Vergessenheit geraten sind, weil die regierenden Großparteien nie daran dachten, davon Gebrauch zu machen, hätte für ihn kein Hindernis sein müssen. Hofers Wahlkampf brachte diese unzeitgemäßen Schwächen der Verfassung in Erinnerung, vielleicht als Reaktion auf einige der von ihm gebrauchten Formulierungen, wie „Sie werden sich noch wundern, was alles möglich ist".

Was alles möglich ist, könnte sich nach der Nationalratswahl zeigen. Dass eine Regierungsbeteiligung der FPÖ zahlreiche Burschenschafter in politische und wirtschaftliche Führungspositionen bringen würde, lässt sich nicht nur aus Hofers Treue zu seinen korporierten Mitarbeitern ableiten, sondern auch aus den Erfahrungen der schwarz-blauen Koalition. Von Anfang an hatte diese mit ihrer gesicherten Mehrheit das Parlament als Selbstbedienungsladen missbraucht. Ohne Rücksichtnahme auf Kosten und Kompetenz wurde die größte politische Umfärbe-Aktion aller Zeiten durchgesetzt.

Im September 2006 veröffentlichte die Wiener Stadtzeitung *Falter* eine Liste mit 100 solcher Personalentscheidungen.[186] Was danach geschah, hat ein politisches Trauma hinterlassen, von dem sich Österreich bis heute nicht erholt hat. Im Schlagzeilen-Hagel und staatsanwaltlichen Ermittlungsdschungel von Eurofighter-Beschaffung, BUWOG-Privatisierung, Telekom-Manipulationen, undurchsichtigen Immobilien-Transaktionen, Hypo-Skandal und illegaler Parteienfinanzierung, im Geflecht politischer Freunderlwirtschaft, parteinaher Werbeagenturen, nie erbrachter, aber horrend honorierter Leistungen, nicht gerechtfertigter Provisionen, Scheingutachten, überhöhter Rechnungen, gefälschter Belege, verschwundener Unterlagen, getürkter Ausschreibungen, manipulierter Börsenkurse, „part-of-the-game"-Versprechen, undurchsichtiger Firmenkonstruktionen, steuerschonender Umgehungsversuche, undurchsichtiger Stiftungsmodelle und geheimer Auslandskonten blieb nicht nur der Anstand, sondern vor allem der Glaube an die Politik auf der Strecke. „Macht für die ÖVP, Schmiergeld für die FPÖ", titelten selbst bürgerliche Blätter wie *Die Presse*, die von der FPÖ nicht als Teile der „linken Jagdgesellschaft" verleumdet werden können.[187]

Ideologische Standortbestimmungen

In der Öffentlichkeit spielt Norbert Hofer die Rolle des Paraliberalen. Das unter seiner Redaktionsleitung und Straches Obmannschaft entstandene Parteiprogramm von 2011, das von den beiden inhaltlich zu verantwortende *Handbuch Freiheitlicher Politik* von 2013 und das ebenfalls 2013 von Hofer herausgegebene Buch *Für ein freies Österreich* des rechten Vielschreibers und Wiener FPÖ-Bezirksrates Michael Howanietz, für das Strache und Hofer Vorworte schrieben, weisen die beiden Frontmänner der FPÖ als rechtsextreme Ideologen aus.

In den von ihnen zu verantwortenden Grundsatzpapieren finden sich rechtsextreme, zum Teil auch rechts- und verfassungswidrige Politikzugänge sowie Traditionslinien und Sprachmuster der NS-Zeit. Das gilt sogar für das Parteiprogramm, obwohl dieses – wie alle Programme autoritärer „Führerparteien" – dem Grundsatz folgt: nur nichts festlegen, was die Bewegungsfreiheit des „Führers" einschränken könnte. Schon das Parteiprogramm der Nationalsozialisten hatte sich an dem Motto orientiert: Programm ist, was der Führer in seiner letzten Rede gesagt hat. Zu viel festzuschreiben, könnte in der tagespolitischen Auseinandersetzung kontraproduktiv sein.

Unter Jörg Haider war im Parteiprogramm von 1997 der Begriff der „Volksgemeinschaft" gestrichen worden, der in der NS-Zeit als „Ziel der nationalsozialistischen Weltanschauung und Staatsordnung" gegolten hatte[188] und in der wissenschaftlichen Literatur als „Zentralbegriff des nationalsozialistischen Denkens" definiert wird.[189] In den Verfassungsschutzberichten des deutschen Innenministeriums ist die „Volksgemeinschaft" volksnah als gesellschaftliches „Wunschbild der Neonazis" beschrieben. Unter Hofers Federführung und Straches Obmannschaft feierte der historisch belastete Begriff im Parteiprogramm von 2011 ein von den Medien nahezu unbemerktes Comeback.

Rechtsextreme Inhalte im FPÖ-Handbuch

Auch in dem 2013 neu aufgelegten *Handbuch Freiheitlicher Politik* findet sich die „Volksgemeinschaft". Wie einst im NS-System und heute im Neonazismus bzw. Rechtsextremismus wird das Volk als gewachsene „Abstammungsgemeinschaft" definiert, die gegen „Überfremdung" in Schutz genommen werden muss.

Auch der Kampf gegen das in der österreichischen Bundesverfassung verankerte Verbot nationalsozialistischer Wiederbetätigung wird im *FPÖ-Handbuch* aufgegriffen. Im Gegensatz zu Hofers Aussagen während des Präsidentschaftswahlkampfes werden da in Neonazi-Diktion „Anschläge auf das politische Grundrecht der Meinungsfreiheit" behauptet und es wird festgestellt: „Die FPÖ sieht durch Gesetze, die politische Meinungen unter Strafe stellen, [...] das Grundrecht auf Meinungsfreiheit und dadurch die Demokratie in der Republik Österreich insgesamt gefährdet."

Politisch entspricht das der Meinung der burschenschaftlichen FPÖ-Führung, juristisch ist diese Aussage nicht haltbar. Der seit Jahren schwelende Konflikt ist ausjudiziert. Der Europäische Gerichtshof für Menschenrechte hat in zwei Urteilen ausdrücklich bestätigt, dass das Verbotsgesetz nicht mit dem Grundrecht auf Meinungsfreiheit kollidiert (siehe Seite 54).

Rechte Ideologen wie Strache und Hofer scheinen solche Urteile nicht beeindrucken zu können. Trotz eindeutiger Gerichtsurteile halten sie daran fest, die Agitation für ein System ermöglichen zu wollen, das mehr als sechs Millionen Menschen ermordet und 55 Millionen Kriegstote verursacht hat.

Es ist nicht die einzige Textstelle, die FPÖ-Funktionäre zur Missachtung der österreichischen Bundesverfassung anregt. So wird etwa der Grundsatz vom gleichen Recht für alle im

Handbuch Freiheitlicher Politik aufgehoben: „Zugewanderte Personen dürfen … rechtlich nicht gleichgestellt werden", heißt es da ausdrücklich.

Nach Ansicht der burschenschaftlichen FPÖ-Führung sollen soziale Errungenschaften wie Sozialversicherung, Arbeitslosenversicherung, Familienförderung usw. an die österreichische Staatsbürgerschaft gebunden werden. Die Berücksichtigung der Kindererziehungszeiten bei der Pensionsberechnung soll gar der „autochthonen Bevölkerung" vorbehalten sein.[190] Autochthon, das würde bedeuten, auch Österreicher mit Migrationshintergrund auszuschließen.

Mit der Wahrheit nehmen es Strache und Hofer dabei nicht so genau. „Der soziale Staat wird unfinanzierbar, wenn Staatsbürger und Ausländer das Recht auf gleiche Sozialleistungen haben", heißt es da etwa, ohne Rücksicht darauf, dass wissenschaftliche Arbeiten zum gegenteiligen Ergebnis kommen. So belegt das Österreichische Institut für Wirtschaftsforschung (WIFO), dass Ausländer Jahr für Jahr Milliarden mehr in das Sozialsystem einzahlen, als sie herausbekommen.[191] Was das Wirtschaftsforschungsinstitut berechnet hat und seit vielen Jahren bekannt ist, wird durch Statistiken und Studien des Sozialministeriums bestätigt.

Aus der Beantwortung einer parlamentarischen Anfrage der FPÖ durch das Sozialministerium im November 2016 geht hervor: Ausländer haben 2015 insgesamt 4,5 Milliarden Euro an Sozialversicherungsbeiträgen gezahlt und im Gegenzug 2,1 Milliarden an Pensionen, Kranken- und Arbeitslosengeld erhalten. Damit wird bestätigt, was ähnliche Studien schon vor mehr als 20 Jahren festgestellt hatten: Ausländerinnen und Ausländer sind Nettozahler des österreichischen Sozialsystems. Eine Studie der OECD kommt zu dem gleichen Ergebnis und zählt Österreich zu den „Migrationsgewinnern".

Auch der Hinweis auf Österreichs vermeintlich „massives Problem mit der Ausländerkriminalität" hält einer Überprüfung nicht stand. Wissenschaftliche Arbeiten belegen: Kriminalität ist nicht von der Nationalität abhängig, sondern von Geschlecht, Alter und Wohlstand. Vergleiche der in- und ausländischen Wohnbevölkerung verfälschen das Bild. Vor allem unter Flüchtlingen ist der Anteil der Frauen unterrepräsentiert, der Anteil von Säuglingen, Kleinkindern und Greisen minimal. Zur Ausländerkriminalität werden auch Verbrechen gezählt, die von Kriminaltouristen begangen werden, die nicht in Österreich wohnhaft sind. Die Statistik erfasst zudem nur die Anzeigen, nicht die Verurteilungen. Auch dadurch wird das Bild verfälscht, weil Ausländer schneller angezeigt werden als Inländer. Vergleicht man das, was vergleichbar ist, sind Ausländer nicht krimineller als Österreicher.[192]

Das wird auch durch die Kriminalitätsstatistik 2016 belegt, die Anfang März 2017 vom Innenministerium präsentiert wurde. Deutlich gestiegen sind Wirtschafts- und Cyberkriminalität. Dagegen ist die Zahl der Einbrüche zurückgegangen. Beim Anstieg der Gewaltkriminalität sind Ausländer zwar deutlich überrepräsentiert, doch werden die Zahlen dadurch relativiert, dass der Anstieg (leichter) Körperverletzungen hauptsächlich durch Raufhändel untereinander zustande gekommen ist – vor allem in überfüllten Flüchtlingsquartieren, in denen es nicht einmal ein Mindestmaß an Privatsphäre gibt. Von den insgesamt angezeigten 6100 Fällen von Asylwerber-Kriminalität entfielen nur 26 Prozent auf österreichische Opfer.[193]

Die gleichen Verzerrungen ergeben sich in der Statistik der Sexualdelikte. Das Bild von den „dauergeilen Barbaren", mit dem FPÖ-Parlamentarier die Angst vor sexueller Belästigung und Vergewaltigung unter den Wählerinnen schüren[194], ist jedenfalls korrekturbedürftig. In Beantwortung einer parlamentarischen Anfrage der FPÖ gab der damalige Justizminister Wolfgang Brandstetter (ÖVP) Einblick in die Verurteilungsstatistik: 2015 standen 294 Schuldsprüchen von Österreichern 103 von Ausländern gegenüber.[195]

Im Verhältnis zu ihrem Anteil an Sexualstraftaten seien „Ausländer und Asylwerber in der medialen Berichterstattung weit überrepräsentiert", analysiert der Kriminalsoziologe Norbert Leonhardmair vom *Vienna Centre for Societal Security* (VICESSE). Die Politik ist daran nicht unschuldig. Im ersten Halbjahr 2016 hat es 42 Partei-Aussendungen der FPÖ zu diesem Thema gegeben, bei denen es im Wesentlichen um vier Fälle ging, die dann in den Boulevardzeitungen viele Tage hindurch ausgeschlachtet wurden.

„Die Zahl schwerer Sexualdelikte wie Vergewaltigung ist nicht gestiegen", erklärte Franz Lang, Direktor des Bundeskriminalamtes. Die erhöhten Zahlen gehen vor allem darauf zurück, dass mit Jahresbeginn 2016 der sogenannte „Grapsch-Paragraf" in Kraft getreten ist, der gegen die Stimmen der FPÖ beschlossen wurde.

Die Wirklichkeit sieht jedenfalls anders aus, als burschenschaftliche Medien und die FPÖ sie darstellen. Alle Experten sind sich einig, dass nicht einmal eines von zehn sexuellen Delikten angezeigt wird, dass diese Übergriffe vor allem in der Familie stattfinden, dass die hohe Dunkelziffer hauptsächlich österreichische Täter betrifft, dass die meisten Verbrechen gegen Frauen im österreichischen Ehebett stattfinden und dass die Angst vor dem eigenen Onkel oder Großvater jedenfalls berechtigter wäre als die vor ausländischen Sexmonstern, die Hofer „sofort ausweisen" will – was nach geltendem Recht ohnedies geschehen müsste. Dass bei Ermittlungen wegen sexueller Übergriffe und Kinderpornografie immer wieder FPÖ-Politiker als Täter oder Verdächtige im Fokus stehen, ist die traurige Kehrseite der freiheitlichen Hetzkampagne.[196]

Die einzig dramatisch gestiegene Zahl sind Eigentumsdelikte nahe dem Bagatellbereich. Ausschließlich auf diese entfällt ein Anstieg der Anzeigen (nicht der Verurteilungen) um 54 Prozent. Strache nimmt das zum Anlass, von „explodierender Kriminalität" zu sprechen: SPÖ und ÖVP ließen „unter dem Deckmantel des Asyls Kriminelle kommen", tobt er auf Facebook.

Man sollte die Zahlen nicht kleinreden, aber doch in Relation setzen: Bei den zahlreichen Fällen, in denen gegen ehemalige oder aktive FPÖ-Politiker, gegen freiheitliche Regierungsmitglieder, Abgeordnete, Parteifunktionäre und Lobbyisten wegen Korruption, Betrug, Untreue, Bestechung, unerlaubte Parteienfinanzierung, Abgabenhinterziehung, Nötigung usw. ermittelt wird oder Urteile bereits gesprochen sind, geht es um Schäden von vielen Millionen Euro. Bei der Mehrzahl der von Flüchtlingen begangenen Eigentumsdelikte liegt der Schaden zwischen 50 und 250 Euro.

All diese Statistiken kennt man seit Jahren. Durch Studien, die für jedermann im Internet in Sekundenschnelle abrufbar sind, werden die genannten Zahlen immer wieder bestätigt. Es hat also System, dass sich die burschenschaftlich geprägte FPÖ der Wahrheit verweigert. Strache und Hofer zählen zu jenen Ideologen, die freiheitliche Funktionäre mit emotional aufgeladenen Unwahrheiten versorgen und damit in Österreich ein Klima von Angst, Hass und Ausgrenzung schaffen. Die im Internet geführten Kampagnen haben als Teil der Wahlwerbung ein erkennbares Ziel: Stimmenmaximierung für die FPÖ (siehe auch Seiten 110–149).

Plebiszit als Waffe gegen Verfassung und Demokratie
Der Kampf gegen das Wiederbetätigungsgesetz und die Aufhebung des Grundsatzes „gleiches Recht für alle" sind nicht die einzigen Waffen, die das von Strache und Hofer zu verantwortende Handbuch gegen Verfassung und repräsentative Demokratie in Stellung bringt. „Direkte Demokratie ist der beste Weg, um das Vertrauen in die Politik zurückzugewinnen", heißt es da wörtlich.

Ende 2016 hatte die FPÖ mit der Ausarbeitung eines Kriterienkatalogs für künftige Koalitionen begonnen, in dessen Inhalt die FPÖ-Spitze vorab Einblick gab. „Unverhandelbarer" Kernpunkt sei der Ausbau der direkten Demokratie, um „die aktive Mitgestaltung der Bürger zu sichern", hatte sie dabei erklärt.[197] Das klingt gut, aber nur für jene, die sich für die leidvolle Geschichte der Volksabstimmungen nie interessiert haben.

Volksabstimmungen und Volksbefragungen eignen sich wie kein anderes Instrument zur Emotionalisierung der Politik, zur Mobilisierung der Anhänger und zur Bestätigung bzw. Festigung autoritärer Macht. Schon Joseph Goebbels beschrieb Volksbegehren als „taktisches Mittel, mit dem wir versuchen, zu unserem Ziel zu kommen."[198]

1929 wurde das Volksbegehren gegen den *Young-Plan* (der eine nur geringfügige Reduzierung der deutschen Reparationszahlungen vorsah) Ausgangspunkt des Aufstiegs der NSDAP. Die Erreichung des angeblichen Zieles, den *Young-Plan* zu Fall zu bringen, hatte von Anfang an nicht den Funken einer Chance. Darum ging es aber in Wirklichkeit gar nicht. Den nationalsozialistischen Propagandisten, der mit Abstand lautesten und radikalsten völkischen Gruppierung im *Reichsausschuss für das deutsche Volksbegehren*, gelang ein ungeheurer Mobilisierungsschub, der zur politischen Klimawende und neun Monate später, bei der Reichstagswahl im September 1930, zum Durchbruch führte. Mit einer Verdreifachung ihres Stimmenanteils auf 18,3 Prozent und einer Steigerung ihrer Sitze von 12 auf 107 wurde die NSDAP zweitstärkste Partei Deutschlands.

1993 nützte die FPÖ eine ähnliche Strategie. Obwohl sie wusste, dass ihr Forderungskatalog keine Chance auf Realisierung hatte, initiierte sie ihr Anti-Ausländer-Volksbegehren. Mit nur 416.000 Stimmen statt der erhofften Million fiel der Erfolg für die FPÖ enttäuschend aus. Der Mobilisierungsschub aber verhalf ihr zu Erfolgen bei den folgenden Landtagswahlen und neun Monate später zum Durchbruch bei der Nationalratswahl: Sie verbesserte ihr Ergebnis von 16,6 auf 22,5 Prozent, erhielt erstmals über eine Million Stimmen und etablierte sich, neben SPÖ und ÖVP, die ihren Status als Großparteien einbüßten, als dritte Mittelpartei.

1934 nützte Hitler eine Volksabstimmung dazu, um unter Ausschaltung der demokratisch legitimierten Gesetzgebungsorgane die Zusammenlegung der Ämter von Reichskanzler und Reichspräsident durchzusetzen.[199] 1938 ließ er die Bevölkerung über den Anschluss Österreichs an das sogenannte „Altreich" abstimmen. Viele Wochen hindurch lief die Propagandamaschine von Joseph Goebbels auf Hochtouren. Das Ergebnis ist bekannt: 99,75 Prozent entschieden sich für das Leben im Paradies, das die Nationalsozialisten ihnen versprochen hatten.

Auch international gibt es in der jüngeren Geschichte Dutzende solcher Beispiele:

- 1963 ließ Schah Reza Pahlavi per Volksabstimmung mit fast 100 Prozent seine „weiße Revolution" absegnen und Ruhollah Chomeini ausschalten.
- 1979 schlug Ajatollah Ruhollah Chomeini per Volksabstimmung zurück, die ihm mit 99 Prozent die gewünschte Verfassung und nahezu uneingeschränkte Macht sicherte.
- 2002 ließ sich der irakische Diktator Saddam Hussein mit Hilfe einer Volksabstimmung für eine weitere siebenjährige Amtszeit in seiner Position bestätigen.
- Im Februar 2014 putschte sich die Vier-Prozent-Partei *Russische Einheit* auf der Krim zur absoluten Macht – mit Hilfe einer Volksabstimmung, bei der nach dem Status quo vor der Krise nicht einmal gefragt wurde.
- In Ungarn feierte Viktor Orbán die 98 Prozent bei der Volksabstimmung gegen die EU-Aufnahmequoten für Flüchtlinge als „großen Erfolg", obwohl das Ergebnis ungültig war, weil die vorgeschriebene Beteiligung von mehr als 50 Prozent um beinahe 10 Prozent verfehlt wurde.
- Ein geradezu klassisches Beispiel für den Missbrauch des vermeintlich demokratischen Instruments hat die Türkei im April 2017 geliefert. Recep Tayyip Erdoğan hatte

nach Ausrufung des Ausnahmezustandes die oppositionellen Medien ausgeschaltet, den Staatsapparat, Gerichte und Universitäten von Gegnern und Kritikern „gesäubert", Zehntausende verhaften lassen, das Land mit einer Propagandawelle überrollt, am Wahltag unverifizierte Stimmzettel für gültig erklärt, Wahlbeobachter an der Ausübung ihrer Kontrollfunktion hindern lassen und sich mit einer Mehrheit von 51,4 Prozent zum alleinigen Führer eines autoritären Systems gekürt. Unmittelbar nach der Abstimmung verlängerte Erdoğan den Ausnahmezustand und kündigte eine Volksabstimmung über die Todesstrafe an.

▸ Ob das Schweizer Modell ein Argument für Volksabstimmungen sein kann, ist zweifelhaft. Zu einer Beteiligung von mehr als 50 Prozent kommt es dort nur, wenn mehrere Abstimmungen zusammengelegt werden oder ein besonders emotionales Thema abgefragt wird. Wenn die Änderung des Tierseuchengesetzes mit 68,3 Prozent von 26,9 Prozent der abgegebenen Stimmen beschlossen wird, haben ganze 18,4 Prozent der Bürger für dieses Vorhaben gestimmt, die meisten von ihnen, ohne Wissen über die Materie erworben zu haben.

Wie das Beispiel Brexit zeigt, können parlamentarische Entscheidungsprozesse selbst in hochentwickelten Demokratien wie Großbritannien durch Volksabstimmungen ausgehebelt werden. Verantwortung, Kompetenz und Informationszugang der Gewählten bilden das Rückgrat der repräsentativen Demokratie. Parteien und Abgeordnete haben Zugang zu Statistiken und wissenschaftlichen Untersuchungen, können solche im Zweifelsfall auch in Auftrag geben, stützen sich auf Experten, die sie zu Rate ziehen können, haben für die Auswertung der Informationen qualifizierte Beamten- und Beraterstäbe zur Verfügung.

Das befragte Volk hat nichts von alldem: von einzelnen Ausnahmen abgesehen keine Kompetenz, keinen Informationszugang, weder Experten noch wissenschaftlich erarbeitete Grundlagen, vor allem aber keine persönliche Verantwortung. Es ist darauf angewiesen, von den wahlwerbenden Gruppen korrekt informiert zu werden.

Wohin das führt, macht das britische Ergebnis deutlich: Vor der Abstimmung hatten die EU-Gegner versprochen, die 350 Millionen Pfund, die „wöchentlich nach Brüssel fließen", in Form von Sozialleistungen und Gesundheitsfürsorge verteilen zu wollen. Dass den abfließenden Millionen ein beinahe ebenso großer Betrag gegenüberstand, der regelmäßig ins Land zurückfloss, und dass die volkswirtschaftlichen Effekte des gemeinsamen Marktes einen wesentlichen Beitrag zum Wohlstand leisteten, hatten die Brexit-Befürworter verschwiegen.

Welch katastrophale Auswirkungen der EU-Austritt Großbritanniens wirtschaftlich haben kann, wird weiter verleugnet, obwohl zumindest ein Teil der Zahlen bereits auf dem Tisch liegt. Unmittelbar nach der Abstimmung hatte Finanzminister George Osborne vorgerechnet, dass der Brexit jeden britischen Haushalt 4300 Pfund (5430 Euro) im Jahr kosten werde. Laufen die Verhandlungen nicht so glatt wie von den Briten geplant, könnten es noch mehr sein: Zahlreiche Firmen haben Investitionspläne zurückgestellt, Banken damit begonnen, die Verlagerung von Teilen ihrer Geschäftstätigkeit ins EU-Ausland vorzubereiten. Die zuletzt veröffentlichten positiven Zahlen sind trügerisch: Sie sind Ergebnis von Investitionen und wirtschaftspolitischen Entscheidungen, die lange vor der Brexit-Abstimmung getätigt wurden.

Direkte Demokratie ist also ein Mittel zur Manipulation bzw. Ausschaltung des Parlaments, das sowohl von den Regierenden wie auch von der Opposition missbraucht werden kann. In der Regel gilt: Wer die Frage formuliert, bestimmt das Ergebnis. „Wollt ihr mehr Urlaub, höhere Pensionen, mehr Krankengeld?" Wer würde da Nein sagen? Dass die Regierung danach die Steuern erhöht, um das zu finanzieren, ist durch den Volksentscheid legitimiert. Das Volk hat es so gewollt – oder?

Vielleicht fragt die Regierung jedoch anders: „Wollt ihr weniger Steuern und weniger Sozialabgaben zahlen?" Wieder sagen alle Ja. Jetzt kann die Regierung die Demontage des Sozialstaates durchsetzen. Wieder legitim: Das Volk hat es so gewollt – oder nicht?

Gerade der Brexit hat gezeigt, dass Volksabstimmungen jene begünstigen, die am dreistesten die Unwahrheit verbreiten, die mit Fake News in Sozialen Medien arbeiten und ihren Mangel an Kompetenz durch Lautstärke wettmachen. Die Volksabstimmung in der Türkei ist das beste Beispiel dafür, wie gefährlich dieses angeblich „demokratische" Instrument ist, wenn autoritäre Führer es gegen die Demokratie einsetzen.

Die plebiszitäre Demokratie könnte das Ende vieler Minderheitenrechte und Freiheiten bedeuten: Soll „die Mehrheit der anständigen Steuerzahler die Schmarotzer finanzieren, die es sich in der sozialen Hängematte bequem machen"? Sollen schwer arbeitende Inländer dafür zahlen, dass Flüchtlinge einen „bequemen Asylantenurlaub verbringen, statt in ihrer Heimat am Wiederaufbau mitzuarbeiten"? Sollen „linke Chaoten" gegen jene demonstrieren dürfen, die doch nur harmlos das Tanzbein schwingen wollen – auch wenn das am Auschwitz-Gedenktag geschieht? Soll die Regierung dafür sorgen, dass „in den Redaktionen weniger gelogen wird", wie Jörg Haider es einst formulierte?[200]

Solidarität, Sozialstaat, Entwicklungshilfe und nonkonformistische Kunst könnten auf der Strecke bleiben, Versammlungs- und Pressefreiheit eingeschränkt, der nach Meinung einer uninformierten Mehrheit „unnütze" Teil der Forschung eingespart werden. Polizeistaatliche Methoden und Todesstrafe wären kein Tabu mehr. Der Initiativantrag dazu müsste nur fertig ausformuliert parat liegen, um anlässlich des passenden Terroranschlags oder Sexualmords sofort zur Abstimmung kommen zu können.

Hofers populistisches Angebot einer plebiszitären Demokratie würde die Verfassung partiell außer Kraft setzen, den Nationalrat durch das „gesunde Volksempfinden" entmachten und die durch Hass-Postings in Sozialen Medien aufgeheizte Stimmung zur Grundlage politischer Entscheidungen machen. Volksabstimmungen wären nicht länger das, wofür sie gedacht waren und was sie sind: Waffen unzufriedener Bürger, um sich gegen parlamentarische Einzelentscheidungen zur Wehr setzen zu können. Im Gegenteil: Das Volk würde instrumentalisiert, der Egoismus der Mehrheit zum Machtmittel der Herrschenden. Die FPÖ, die das Internet am professionellsten nützt und mit Fake News bzw. alternativen Fakten ihre Wahlkämpfe führt, würde profitieren.

Ausschaltung ganzer Wählergruppen durch Ende der Briefwahl?

Der Kampf gegen die repräsentative Demokratie ist nicht der einzige Versuch, Politik und Wahlen zu manipulieren. Im *FPÖ-Handbuch* wird allen Ernstes behauptet, durch die Einführung der Briefwahl seien „die Grundsätze des Wahlrechts ausgehöhlt" und es sei damit Wahlmanipulationen „Vorschub geleistet" worden. Dies werde von den Regierungsparteien in Kauf genommen, um den Aufstieg der FPÖ zu verhindern.

Unbestritten ist: Unter Brief-WählerInnen schneidet die FPÖ traditionell unterdurchschnittlich ab. Dies dürfte unter anderem damit zusammenhängen, dass Auslands-ÖsterreicherInnen im Durchschnitt über bessere Bildung und höhere Einkommen verfügen und der Anteil bildungsferner Bevölkerungsschichten, der sich durch ausländerfeindliche Parolen oder Hass-Postings im Internet beeinflussen lässt, damit geringer ist.

Die Briefwahl ist in fast allen westlichen Demokratien möglich. In der Schweiz machen bis zu 80 Prozent der Wähler von dieser Möglichkeit Gebrauch. Im US-Bundesstaat Oregon gibt es seit 1998 nur noch die Briefwahl. In mehreren Ländern führten Einsprüche gegen die Briefwahl zu Verfahren, die vom Verfassungsgerichtshof jeweils mit einer Bestätigung der Zulässigkeit abgeschlossen wurden, oft mit dem Zusatz, dass ein Verzicht auf die Briefwahl ganze Wählergruppen ausschließen und damit der Verfassung widersprechen würde.

Ein Handbuch als Kriegserklärung an die Verfassung

Und wieder haben Strache und Hofer Erklärungsbedarf. Das von ihnen zu verantwortende Handbuch liest sich wie eine Kriegserklärung an die Verfassung, die repräsentative Demokratie, an EU-Recht und Menschenrechte, an Ausländer, den Islam, Flüchtlingsorganisationen, sogenannte Sozialschmarotzer, Linke, Homosexuelle, emanzipierte Frauen und den Klimaschutz. Die einst von den Nationalsozialisten betriebene Politik der Feindbilder und Sündenböcke ist wieder da, nur dass sie sich nicht mehr in erster Linie gegen Juden richtet, sondern gegen Ausländer, Flüchtlinge und vor allem Muslime. Der Kampf gegen das „System", seine „Nutznießer" und die „systemhörige Lügenpresse" ist nahezu unverändert geblieben.

Die Agitation gegen „Massenzuwanderung" und „unbelehrbaren Multikulturalismus" mündet in die Forderung nach einem Auslaufen von Arbeits- und Aufenthaltserlaubnis, „Minus-Zuwanderung" und „Rückführung", Verlust der Arbeitserlaubnis bei Arbeitslosigkeit, Verschärfung des Staatsbürgerschaftsrechtes bis hin zur Aberkennung der Staatsbürgerschaft. Der Mindestsicherung für Ausländer wird eine Absage erteilt, weil diese „den Fortbestand unseres Heimatlandes" gefährde, wie allen wissenschaftlichen Untersuchungen zum Trotz fälschlich behauptet wird.

Entlarvend für die Politik der burschenschaftlich geführten FPÖ ist auch, dass rechtliche Maßnahmen gegen Diskriminierung und Fremdenfeindlichkeit in dem Handbuch ausdrücklich abgelehnt werden. Das Bekenntnis zur Familienförderung beschränkt sich auf „inländische" bzw. „österreichische Familien".

Die Kriege und Krisen im Nahen Osten haben Tausende Menschen in Österreich Schutz suchen lassen, die bis zu ihrer Integration an der absoluten Armutsgrenze leben. Jede weitere Kürzung müsste beinahe zwangsläufig in steigende Kriminalität münden. Wissen Strache und Hofer das nicht? Dass die systematisch geschürte Angst vor der Ausländerkriminalität zu den stärksten Wahlmotiven zählt, kann ihnen nicht entgangen sein.

Im burschenschaftlich geprägten Weltbild der FPÖ-Führung haben emanzipatorische Bestrebungen von Frauen keinen Platz. Gender Mainstreaming, ein europaweit verfolgtes politisches Konzept, das die politische, wirtschaftliche und rechtliche Gleichstellung der Geschlechter anpeilt, wird als „Strategie, welche die Auflösung der Familie verfolgt" ebenso abgelehnt wie die Einführung einer Frauenquote.

Komplettiert wird das *FPÖ-Handbuch* durch Hetze gegen den Klimaschutz, gegen Flüchtlingsorganisationen, Homosexuelle, „Staatskünstler" und die Europäische Union. Auch dabei bleibt die Wahrheit auf der Strecke. Ernsthaft wird behauptet, bei einem Ausscheiden aus der EU seien keine wirtschaftlichen Nachteile zu befürchten. Was immer das Wirtschaftsforschungsinstitut errechnen mag, zu welchen Ergebnissen universitäre Studien auch kommen mögen: Strache, Hofer und die FPÖ geben vor, es besser zu wissen. Dafür wird eine der unsinnigsten Forderungen burschenschaftlicher Waffennarren aufgewärmt: die Lockerung des Waffengesetzes.

Wie es Hofers Homepage verspricht, wird versucht, Härte in der Sache durch verbindlichen – bzw. schwülstigen – Ton zu mildern. „Jugend will Perspektive, Sinn im Leben. Jugend will Liebe, Freundschaft, Ehe, Treue, Familie, Ehrlichkeit, Freiheit und Gerechtigkeit", heißt es da beispielsweise. Warum all das für die Schulfreunde österreichischer Kinder, die zufällig zum Beispiel türkische Wurzeln haben, nicht gelten soll, bleibt unerklärt.

Dass eine renommierte Wissenschaftlerin wie Brigitte Bailer angesichts dieser Inhalte zu dem Ergebnis kommt, dieser *Leitfaden für Führungsfunktionäre und Mandatsträger der FPÖ* sei „nach allen wissenschaftlichen Kriterien als rechtsextrem einzustufen", kann nicht überraschen. Für die Tatsache, dass ein derartiges Sammelsurium verfassungsfeindlicher, menschenverachtender, menschenrechtswidriger, diskriminierender und neonazistisch interpretierbarer Inhalte unter FPÖ-Funktionären auf keinen Widerstand stieß, könnte es nur eine einzige Entschuldigung geben: Vielleicht haben sie es nicht gelesen. Eine Erklärung dafür, dass viele Menschen trotz solcher Politikinhalte die FPÖ wählen, hat Brigitte Bailer in den Vorbemerkungen ihrer Analyse formuliert: Sie wählen die Freiheitlichen aus Unsicherheit, Angst, Frustration oder Protest „und nehmen dabei den rechtsextremen Charakter nicht wahr".[201]

Von Wespenlarven, Brutpflegetrieb und militärischen Tugenden

Im selben Jahr wie das umstrittene Handbuch erschien ein Dokument politischer Paranoia, dessen Lächerlichkeit dadurch relativiert wird, dass es von Michael Howanietz, einem der umtriebigsten Ideologen der FPÖ, geschrieben, von Norbert Hofer herausgegeben und mit Vorworten von Strache und Hofer versehen wurde: *Für ein freies Österreich. Souveränität als Zukunftsmodell.*

Howanietz ist Referent im FPÖ-Parlamentsklub, Bezirksrat in Wien Brigittenau (20. Wiener Gemeindebezirk) und einer der fleißigsten Autoren der Freiheitlichen, dessen gesellschaftspolitische Hasspredigten vor allem in jenen rechtsextremen Publikationen abgedruckt werden, die von Burschenschaftern für Burschenschafter geschrieben werden.[202]

Norbert Hofer war immerhin Präsidentschaftskandidat seiner Partei und hat bisher nie Zweifel an seiner Zurechnungsfähigkeit aufkommen lassen. Das könnte sich ändern, würde er die kruden Aussagen und Prophezeiungen des von ihm herausgegebenen Buches tatsächlich zum Inhalt seiner Politik machen wollen.

Es sind vier Konstanten, die sich durch dieses schrullige, über weite Strecken rechtsextreme Machwerk ziehen:
- eine ins Exzessive gesteigerte Schwarz-Weiß-Malerei, in der die Welt in Freund und Feind, in die gute Wir-Gruppe und die böse Fremd-Gruppe, in Eroberer und Verteidiger geteilt wird;
- die Ablehnung von allem Neuen, Fremden, Ungewohnten, von gesellschaftlichem Fortschritt und wissenschaftlichen Erkenntnissen bei gleichzeitiger Glorifizierung dessen, was der Generation unserer Großväter zugeschrieben wird und teilweise schon damals als überholt gegolten hat;
- der Schwulst einer Familienidylle, männlicher – soldatischer – Tugenden und Überhöhung der Mutterrolle, wie sie im Schrifttum des Nationalsozialismus und in Hitlers *Mein Kampf* zu finden ist;
- vor allem aber die panischen Gegenwarts- und Zukunftsängste eines Verschwörungstheoretikers, der von der „Steinzeitprägung" des Menschen überzeugt ist und jede Veränderung als existenzielle Bedrohung empfindet.

Diese Ängste umfassen alle Lebensbereiche, auch wenn die „biologische Selbstauflösung" und der „rohe, gewaltvolle Verdrängungsprozess" durch „kulturfremde Zuwanderer", die „wie die Wespenlarven die Made von innen zerfressen", im Mittelpunkt stehen. Apropos Wespenlarven: Da ist sie wieder, die von den Nationalsozialisten systematisch eingesetzte Tier-Metapher[203], eines der schlimmsten sprachlichen Kampfinstrumente der Geschichte.

Die Herabsetzung des Feindes zum Tier hatte im Nationalsozialismus von allem Anfang an die Funktion, die Hemmschwelle zur Gewalt und zum Töten zu senken. Im *Österreichischen Beobachter* wurde das in Mundart so formuliert: „Woaßt, dös is genau wie mit dö Waunzn. A Mensch, der an

Wert auf a saubere Wohnung legt, der wird a jede Waunzn umbringa, dö er kräuln siacht. Do hoaßt's oanfach: Waunzn is Waunzn, ob's mi bißn hot oda nöt." In den Texten davor und danach wurden Juden als „Wanzen", „Läuse" oder „Parasiten" bezeichnet.

Auch an anderen Stellen wird neonazistisches Gedankengut sichtbar, wenn etwa die historische Aufarbeitung des Nationalsozialismus als „Selbstgeißelung der Schuldpropheten" ausgegeben oder behauptet wird, „Ehre" und „Treue" seien zum „Schimpfwort verkommen" – was nur dann Sinn ergibt, wenn der Autor damit auf den SS-Wahlspruch „Unsere Ehre heißt Treue" anspielt.

Als gefährliches Feindbild werden die „Gutmenschen" geschildert, die für den Import von „Arbeitsverweigerern", „Gastarbeitslosen", „Kriminellen", „zureisenden Warlords", für „Chaos" und „Willkür" verantwortlich gemacht werden, „Gegengesellschaften" bilden und „afrikanischen Drogendealern" die Möglichkeit geben, „unsere Kinder in Sucht und Unglück zu treiben".

Wenn die „aggressiv und fordernd auftretenden Gruppen" durch „Geldgaben" nicht mehr ruhiggestellt werden könnten, drohten „ethnisch motivierte Konflikte", „soziale Unruhen", ein „an Brutalität nicht zu überbietender Bürgerkrieg, der unterschiedliche soziale Schichten und Ethnien zu erbitterten Feinden" machen würde. Dann werde „der Kontinent brennen und die Europäer sind das Holz".

Angst artikuliert Howanietz vor politisch Andersdenkenden, vor „Linken", vor den „Volksseelenverkäufern" und „Zerstörungspredigern des Gender Mainstreaming", die Kinder in die „geschlechtslose Lebensuntauglichkeit" treiben und die Grundlagen unserer Familie ablehnen würden: die Rolle des Vaters als „Beschützer und Versorger" und den „Brutpflegetrieb der Mutter". Ziel dieser Familienzerstörer sei die Schaffung eines „dritten Geschlechts", der Frau, „die ihren Mann steht".

Die Theorie vom „Brutpflegetrieb" wird ein weiteres Mal strapaziert. Howanietz zufolge sehnt sich der „vom Thron des Familienoberhauptes gestoßene Mann" nach einer Partnerin, deren „Brutpflegetrieb" die gesellschaftlich auferlegten „Selbstverwirklichungs-Ambitionen überragt".

Die Rollen von Mann und Frau sind klar definiert: Burschen fehle durch die „Verweiblichung" der Erziehung, die keine „soldatischen Tugenden" mehr vermittle, das „maskuline Prinzip der Durchsetzung": „Ein Land, in dem mehr Partyzelte als Armeezelte stehen, ist zwangsläufig dem Untergang geweiht."

Das weibliche Rollenbild wird durch einen Satz beschrieben, der die Frauenpolitik der FPÖ in ungewollt kabarettistischer Form auf den Punkt bringt: Jede Organisation verliere „an Ansehen, je höher der Frauenanteil und je bedeutender die von Frauen bekleideten Funktionen sind". Ist das der Grund dafür, dass in der FPÖ seit Heide Schmidt und Susanne Riess-Passer keine Frauen mehr in der ersten Reihe stehen dürfen?

Absagen enthält das Buch auch an die „Entmenschung" des Stadtlebens, an Industrialisierung, Fortschritt, Wissenschaft, Technologie und Elektronik: Das „lebendige Handwerk" gelte es zu fördern, Schuster, Tischler und Schmiede seien Schlüsselkräfte „nach dem Kollaps der Überflussgesellschaft".

Tourismus wird als „Straßenstrich des Menschenflusses" beschrieben, neue Kommunikationstechnologien werden als „systemimmanente Manipulations- und Suchtgefahr" für „fehlgeleitete Internet-Junkies" bezeichnet. Der Mensch funktioniere „in seinem inneren Schaltplan" immer noch nach „Steinzeitprägung". „Archaisch siegt", meint Howanietz, rät zu einer „ländlich-wehrbäuerlichen Lebensweise" und empfiehlt „kleinstrukturierte Landwirtschaft" als das „einzige zuverlässige Zukunftsmodell".

Die EU sieht der Autor „in der letzten Niedergangs-Phase" und Österreich als (EU-)fremdbestimmte „Unrechtsgesellschaft". Die Politik, die nichts tue, um „die Revolte abzuwenden", habe es verdient, „vom Sturm der Entrüstung hinweggefegt zu werden". Howanietz sagt das Ende des Parteienstaates voraus, in dem „gnadenlos die Interessen teilkorrumpierter Eliten regieren", ohne den *Führerstaat* als Alternative zu benennen. Aber was sonst könnte er meinen?

„Haben Sie den Mut, auch hinter die Kulissen des Treibens zu sehen, Sie werden Erstaunliches entdecken." Mit diesen Worten hat Hofer dieses von ihm herausgegebene Buch einst beworben, in dessen Impressum der FPÖ-Parlamentsklub steht. Im Präsidentschaftswahlkampf vor laufender Fernsehkamera (PULS4) darauf angesprochen, findet er die „Brutpflege" zwar „hart", Kritik an dem Buch jedoch „unangebracht". Der Inhalt sei „insgesamt ganz in Ordnung".

Von der Verachtung für „Eliten" und den Sorgen des kleinen Mannes

„Sie haben die Hautevolee, ich habe die Menschen", mit diesem Satz im Wahlkampf-Duell vom 20. November 2016 auf PULS4 versuchte Norbert Hofer, Alexander van der Bellen als elitär und sich selbst als volksnah darzustellen.

Mit der Taktik, sich selbst als „Stimme des Volkes" auszugeben, haben einst die Nationalsozialisten Politik gemacht. Goebbels, der geniale Propagandaminister der Nazis, hat sie erfunden: die Verachtung für die Eliten, für Professoren, kritische Intellektuelle, Verleger, Künstler und Journalisten. Goebbels hat Begriffe wie „Lügenpresse" und „Systemparteien" zur Waffe gegen Demokratie, Meinungsvielfalt und Menschenrechte gemacht. Die verachteten „Gutmenschen" kommen als „Gutmeinende" schon in Hitlers *Mein Kampf* vor.

Nach Hitlers Einmarsch wurde die Abschaffung der Demokratie als „Sieg des Volkes" gefeiert. „Das Volk regiert", stand 1938 auf einem vom Wiener Parlament flatternden Banner zu lesen.[204]

Die Neuauflage des Eliten-Bashing[205] ist ebenso skurril wie ihre Vorbilder: Wieder ist es eine vermeintliche Elite, die versucht, die tatsächliche Elite zum Feindbild zu machen. „Nie in seinem Leben" habe Van der Bellen in der freien Wirtschaft gearbeitet, ließ Hofer seinen Gegner Geringschätzung für dessen universitäre Karriere spüren. Das sagte einer, der kaum drei Jahre in der Wirtschaft tätig war, bevor er sich einer lupenreinen Parteikarriere widmete.[206] Das sagte ein Burschenschafter, dessen „Lebensbund" das „elitäre Rollenbild" als Gegensatz zur „sozialistischen Gleichmacherei" preist – „weg von der Ideologie der Masse".[207]

Als Präsident des Nationalrats zählt Norbert Hofer nicht nur zur politischen Elite, er hat sich auch Zugang zu den elitärsten Kreisen verschafft, die sich in Österreich finden lassen: dem St.-Georgs-Orden beispielsweise, in dem er als „Ehrenritter" aufgenommen wurde.

In dieser elitärsten aller elitären christlich-monarchistischen Vereinigungen, an deren Spitze Karl Habsburg steht und die „im Geiste Habsburgs" agiert, erfolgt die Aufnahme „ausschließlich nach geprüftem Vorschlag eines Ordensmitglieds", wie es auf der Homepage heißt. Viele Ordensmitglieder dürfen ihr „von" vor dem Namen nicht mehr tragen, wie etwa der Baron Norbert van Handel, Prokurator des St.-Georgs-Ordens, dessen Beziehungsnetz sich über ganz Europa spannt.

Im September 2016 hat „der Baron" van Handel Hofers Besuch beim tschechischen Präsidenten Miloš Zeman eingefädelt. Die Anreise erfolgte in den bequemen Ledersitzen einer Cessna Citation, deren Charter für den 40-Minuten-Flug einen fünfstelligen Euro-Betrag kostet. Obwohl es ein „privater Besuch" ist, darf Hofer beim Empfang im Hradschin, der Prager Burg, über den roten Teppich schreiten.[208]

Zeman zählt zu jenen europäischen Politikern, die sich einer solidarischen Mitarbeit in der EU bei der Lösung der Flüchtlingskrise verweigern, vor einer „organisierten Invasion" warnen[209], die Massendeportation von „Wirtschaftsmigranten"[210] fordern und die Integration von Muslimen als „unmöglich" bezeichnen.[211] Da kommt ihm Hofer gerade recht.

Welchen Stellenwert Hofers Bekenntnis zum kleinen Mann und zu der von ihm vorgeblich verachteten Elite hat, zeigt sich auch am Beispiel des Akademikerballes im Januar 2017, dem von FPÖ und Burschenschaftern organisierten Treffpunkt von Rechtsextremen aus ganz Europa. Hofer hat dort nicht nur in offizieller Funktion als Dritter Präsident des Nationalrates einen Treueschwur auf die deutsche Fahne geleistet, er hat sich seine Loge für fünf Personen mit VIP-Karten vom Parlament bezahlen lassen. Den österreichischen Steuerzahler hat Hofers Ballbesuch 1000 Euro gekostet.[212]

Skurril mutet die Verachtung der Eliten auch deshalb an, weil sich die Burschenschaften ausdrücklich als solche bezeichnen. So liest man etwa auf der Website der *Libertas* unter „Leitbild": „Wir stehen für ... Elite statt Masse."

Faktencheck:
Das Märchen von der „sozialen Heimatpartei"

Mit der von der FPÖ vertretenen Ausländerpolitik hat sich Norbert Hofer den Ruf als „Stimme des Volkes" erworben. Ein Faktencheck aber macht deutlich, dass die Selbstbezeichnung „soziale Heimatpartei" Etikettenschwindel ist. Im Parlament haben sich Hofer, Strache und die burschenschaftlich dominierte Parteiführung als kämpferische Gegner sozialer Arbeitnehmer-, Pensionisten- und Gesundheitspolitik profiliert. Mit berechenbarer Regelmäßigkeit vertreten sie die Interessen von Millionären, Unternehmern, multinational agierenden Konzernen, Banken und Steuerflüchtlingen, wie die folgenden Beispiele deutlich machen.

- Während der schwarz-blauen Koalition (2000 bis 2005) wurden massive Pensionskürzungen und tiefgehende Einschnitte in das Gesundheitssystem beschlossen. Gleichzeitig gab es mit der Gruppenbesteuerung großzügige Geschenke an multinationale Konzerne.
- Als 2010 mit der Einführung der bedarfsorientierten Mindestsicherung ein Meilenstein zur Armutsbekämpfung gesetzt wurde, verweigerte die FPÖ ihre Zustimmung. Dafür forderte sie in einer Petition, die Beschränkung der Maklergebühren auf zwei Monatsmieten aufzuheben.
- 2011 stimmten die Freiheitlichen gegen die Ratifizierung der *Europäischen Sozialcharta*, in der unter anderem menschenwürdige Arbeitsbedingungen, soziale Sicherheit, gerechtes Arbeitsentgelt und der soziale Schutz von Kindern und Jugendlichen festgeschrieben wurden.
- 2011 fand die Einführung des Pflegegeldes, 2014 dessen Erhöhung gegen die Stimmen der FPÖ statt.
- 2014 stimmte die FPÖ gegen alles, was im Sinne sozialer Gerechtigkeit beschlossen wurde: gegen die Einschränkung der Steuerprivilegien durch die unter Schwarz-Blau be-

schlossene Gruppenbesteuerung, gegen die Streichung von Steuerprivilegien für Managergehälter über 500.000 Euro, gegen die Einführung eines Solidaritätsbeitrags von Spitzenverdienern und gegen die Erhöhung der Bankenabgabe zur Überwindung der Finanzkrise.

▸ Ebenfalls 2014 wurden die Förderung des Wiedereinstiegs älterer Arbeitsuchender in den Arbeitsmarkt und das Überbrückungsgeld für Bauarbeiter, um eine Schwerarbeitspension zu erhalten, gegen die Stimmen der Freiheitlichen beschlossen.

▸ Im gleichen Jahr stimmte die FPÖ gegen die Begrenzung der Luxuspensionen und gegen ein Anti-Lohndumping-Gesetz, das Strafen für untertarifliche Entlohnung festschrieb.

▸ Im österreichischen Parlament stimmte die FPÖ 2015 nicht nur gegen die Lohnsteuerentlastung, die Erhöhung des Pflegegeldes und gegen ein Sozialrechts-Paket mit vielen Verbesserungen für Arbeitnehmer, im EU-Parlament lehnte sie darüber hinaus ein Gesetz für die raschere Auszahlung von Mitteln zur Bekämpfung der Jugendarbeitslosigkeit und Maßnahmen zur Beseitigung des Lohngefälles zwischen Mann und Frau ab.

▸ 2016 versuchte die FPÖ die Verschärfung dieses Gesetzes und bessere Kontrollmöglichkeiten zu verhindern.

▸ Ebenfalls gegen die Freiheitlichen musste das Sozialbetrugs-Bekämpfungsgesetz beschlossen werden, mit dem Scheinfirmen das Handwerk gelegt werden sollte.

▸ Im Dezember 2016 stimmte die FPÖ gegen die Abschaffung der Selbstbehalte für Kinder bei Krankenhausaufenthalten.

Auch auf Landes- und Gemeindeebene profilierte sich die FPÖ als Partei sozialer Blockadepolitik. In Wien stimmte sie unter Führung des Burschenschafters und Klubobmannes Johann Gudenus *(Vandalia Wien* und *Aldania Wien)* gegen die Freigabe von Mitteln im Kampf gegen die Jugendarbeitslosigkeit, in Wels präsentierte FPÖ-Bürgermeister Andreas Rabl einen Kahlschlag sozialer Dienstleistungen, von der Kinder- und Jugendhilfe über soziale Betreuungsdienste, Altenhilfe und Wohnungshilfe.

„Mut zur Wahrheit": Einblick in die blaue Sozialpolitik

2015 gab der mittlerweile zum stellvertretenden Landeshauptmann aufgestiegene Spitzenkandidat der FPÖ, Burschenschafter Manfred Haimbuchner *(Alemannia Wien zu Linz)*, ein Buch heraus, das Einblicke in das soziale Verständnis von Burschenschaftern in der FPÖ bietet. Gemeinsam mit Alois Gradauer *(Bajuvaria Linz)*, bis 2013 Budgetsprecher der FPÖ im Nationalrat, der dem freiheitlichen Attersee-Kreis als Präsident vorsteht, wird da unter dem Titel *Mut zur Wahrheit* unter anderem gefordert:

▸ die Erhöhung des Pensionsantrittsalters,
▸ die Senkung von Mindestpensionen und Mindesteinkommen,
▸ die Anrechnung des ersten Krankenstandstages als Urlaub,
▸ die Ausgleichszulage erst ab 70,
▸ die „Wiederaufrüstung" des Heeres,
▸ die Einführung der Wehrpflicht für Frauen,
▸ der Abbau der angeblich „absurden" Klimaschutz-Vorschriften.
▸ Das „Einfrieren der Familienbeihilfe" soll durch Steuerentlastung der Eltern ausgeglichen werden – was Besserverdienende begünstigen würde.

Ähnlich wie Hofer sich als Herausgeber des Buches *Für ein freies Österreich* von „einigen Textstellen" distanziert, tut das auch Haimbuchner: „In diesem Buch kommen verschiedenste Autoren zu Wort, die auch Thesen und Denkansätze vertreten, die nicht der FPÖ-Linie entsprechen", rechtfertigt er sich für die von ihm herausgegebenen frontalen Angriffe auf den Sozialstaat. Es scheint zum Wesen von FPÖ-Politikern und Burschenschaftern zu gehören, dass sie Bücher veröffentlichen und bewerben, von deren Inhalten sie sich anschließend distanzieren, und jenen „Schmutzkübelkampagnen" vorwerfen, die sie beim gedruckten Wort nehmen.

Das gilt auch für das Abstimmungsverhalten im Nationalrat. Wann immer FPÖ-Politiker mit diesen konfrontiert werden, finden sie für ihre Gegenstimmen Argumente, die überzeugen könnten, gäbe es da nicht die in schriftlicher Form festgelegten Grundsätze. Die Zusammenführung von Abstimmungsverhalten und Schrifttum aber ergibt ein eindeutiges Bild. Dieses fasst der prominente Sozialexperte Emmerich Tálos in dem Satz zusammen: „Ich kann mich an kein einziges Sozialgesetz erinnern, bei dem die Freiheitlichen im Sinne des kleinen Mannes agiert hätten."[213]

Kampf gegen Kammern und Interessenverbände

In dieses Bild passt auch der Kampf der Freiheitlichen gegen Pflichtmitgliedschaften und Pflichtbeiträge der Kammern. Auch dieser geht auf das im FPÖ-Programm festgeschriebene Modell der „Volksgemeinschaft" zurück, das im Nationalsozialismus für die Unterordnung von Klassen-, Gruppen- oder Standesinteressen unter ein vom Führer definiertes Gemeinwohl stand.[214] Für freie Gewerkschaften, Parteien, Wirtschaftsverbände oder berufsständische Interessenvertretungen ist in der „Volksgemeinschaft" kein Platz, weil sie die „Einheit des Volkskörpers" infrage stellen.

Der nationale Rechtsaußen Andreas Mölzer hat sein Bekenntnis zur „Volksgemeinschaft" folgendermaßen formuliert: „Klassenkampf, Generationenkonflikte, berufsständische Auseinandersetzungen und Ähnliches lehnen die Freiheitlichen ab."[215] Adolf Hitler hatte ganz ähnlich argumentiert: Berufsständische Auseinandersetzungen dürften „nicht zur Kluft werden" und „die Bande der Rasse zerreißen".[216]

Arbeitgeber- und Arbeitnehmer-Organisationen gibt es auch in autoritären Systemen. Auch sie sind Interessenvertretungen, aber in umgekehrte Richtung. In Demokratien organisieren sich ArbeitnehmerInnen, um ihre Interessen nach oben (Arbeitgebern und Regierung gegenüber) durchsetzen zu können. In der „Volksgemeinschaft" (wie in anderen autoritären Systemen) werden ArbeitnehmerInnen von oben organisiert, um ihnen die Interessen des Führers bzw. der politischen Führung aufzwingen zu können. Dadurch sind Lohnstopp und Sozialabbau politisch machbar. Der Führer (die Führung, die Partei, die Regierung) hat es in der Hand, die Wettbewerbsfähigkeit der Volkswirtschaft beliebig zu erhöhen – zu Lasten der arbeitenden Bevölkerung. Die Nazis haben von dieser Möglichkeit ausgiebig Gebrauch gemacht. In der Zeit der Hochrüstung und Kriegsvorbereitung war es wichtig, über billige Arbeitskräfte zu verfügen.[217]

Im April 2015 machte sich die FPÖ, unterstützt von Neos und Team Stronach, im Parlament für ein Ende von Zwangsmitgliedschaft und Pflichtbeiträgen der Arbeiterkammer stark[218], was deren Entmachtung und stillschweigende Auflösung zur Folge hätte. In dem von Haimbuchner herausgegebenen Buch *Mut zur Wahrheit* findet sich die gleiche Forderung. Unter Punkt 9 heißt es: „Die Pflichtmitgliedschaften in Kammern werden abgeschafft."

Ohne Pflichtmitgliedschaft könnte die Arbeiterkammer ihre Beratungs-, Hilfs- und Schutzfunktion nicht aufrechterhalten. Eine ihrer wertvollsten Leistungen wird in der Öffentlichkeit kaum wahrgenommen. Im sogenannten Begutachtungsverfahren wachen ihre Experten darüber, dass bei der Verabschiedung neuer Gesetze die Interessen und Rechte der Arbeitnehmer gewahrt bleiben.

Wer den Rechtsbeistand der Arbeiterkammer schon einmal in Anspruch hat nehmen müssen, um in einer Auseinandersetzung mit seinem Arbeitgeber nicht von Haus aus auf verlorenem Posten zu stehen, kann beurteilen, welcher Schaden den ArbeitnehmerInnen durch eine Schwächung dieser Einrichtung erwachsen würde. Dass ein Politiker, der diese Einrichtungen zerschlagen oder schwächen will, sich als Sachwalter des kleinen Mannes ausgibt, zählt zu den infamsten verbalen Verschleierungen und Verrenkungen freiheitlicher Agitation.

Personen als Programm:
Barbara Kolm, Olaf Henkel und Dieter Hundt

Wenn einmal im Jahr im Parlament das Budget diskutiert wird, kommen auch ExpertInnen zu Wort. Deren Auswahl ist Programm: Beim Hearing 2015 schickte die FPÖ Barbara Kolm ins Rennen. Die Leiterin des Hayek-Instituts, die von den Freiheitlichen auch für das Amt der Rechnungshofpräsidentin nominiert wurde, hat sich mehrfach als Gegnerin des Sozialstaates geoutet. Der von ihr vertretene Wirtschaftsliberalismus wendet sich gegen eine höhere Besteuerung von Großverdienern, aber auch gegen Maßnahmen, mit denen Steuerflucht, Steuervermeidung und Steuerbetrug bekämpft werden könnten.

In Haimbuchners *Mut zur Wahrheit* kommt als Autor unter anderem Hans-Olaf Henkel zu Wort, der bei der rechtsextremen Alternative für Deutschland das große Wort führte, bevor er 2015 im Streit mit Frauke Petry austrat. Der langjährige Präsident des *Bundesverbandes der Deutschen Industrie* hat ein ganzes Berufsleben lang die Interessen der Wirtschaft gegen die „Begehrlichkeiten" des kleinen Mannes verteidigt.

Das deutlichste Signal wirtschaftspolitischer Weichenstellung aber setzte Norbert Hofer. Der wollte als Bundespräsident Dieter Hundt zu seinem wirtschaftspolitischen Berater machen.[219] Als Chef der *Bundesvereinigung der Deutschen Arbeitgeberverbände* hat Hundt zeit seines Lebens für längere Arbeitszeiten, Lohn- und Sozialabbau gekämpft und sich gegen Mindestlöhne stark gemacht.

Männliche Weltordnung:
Frauen als Opfer der „Burschenpartei"

Die Machtübernahme der Burschenschafter hat Frauen aus den Zentren der Macht an den Rand der Partei gedrängt. Das männerbündisch geprägte Rollenverständnis knüpft nahtlos an das von Hofer und Strache ins FPÖ-Programm geschriebene Gesellschaftsmodell der „Volksgemeinschaft" an, in dem, wie in einem Uhrwerk, jedes Rädchen seine Funktion zu erfüllen hat. Für Frauen wie Heide Schmidt oder Susanne Riess-Passer ist da kein Platz mehr.

Die „Volksgemeinschaft" beruft sich auf ein biologistisches Menschenbild, auf eine angeblich naturgewollte Ordnung und natürliche Hierarchie, in der Frauen in der Verfügungsgewalt des Mannes stehen und in erster Linie Mütter sind, die ihren Platz in der Familie haben. Begründet wird das mit jenen „konkreten biologischen Gegebenheiten", mit denen der Rechtsextremismus (unter – missbräuchlicher – Berufung auf Darwins Evolutionstheorie der natürlichen Auslese) auch den Rassismus zu legitimieren versucht.

Statt ethischer Normen wird das Triebverhalten der Tiere zum Maßstab menschlichen Handelns. Mit dem „Territorialtrieb" wird die Abgrenzung gegen „Andersrassige" und die Eroberung fremden Territoriums als „naturgegebenes Instinktverhalten" ausgegeben. Der „Dominanztrieb" erklärt „Führersystem" und „hierarchische Rangordnung" in der Gesellschaft. Mit Hinweis auf den „natürlichen Aggressionstrieb" und den „Reflex der Ausschließung" wird selbst Gewalt gegen Ausländerinnen und Ausländer als „natürliches Instinktverhalten" legitimiert.[220]

Dieses Denkmuster ist es, aus dem die untergeordnete Stellung der Frau abgeleitet wird: Im Tierreich sind Territorialtrieb, Dominanztrieb und Aggressionstrieb ausschließlich männliche Triebe.[221] Wie einst die Nationalsozialisten berufen sich burschenschaftliche Vordenker wie Strache und Hofer heute auf die „Gesetzmäßigkeit der Natur", die den Männern Schutz und Führung überträgt, Frauen das Recht auf Gleichberechtigung und Selbstverwirklichung abspricht und sie als Mitgestalterinnen der politischen Gesellschaft weitgehend ausschließt.[222] Burschenschaftlicher Militarismus und Männlichkeitskult weisen die Rollen zu: Den Herren der Schöpfung ist Schutz und Führung übertragen, die Frauen haben zu dienen[223], zu helfen, für Mann und Kind „verfügbar" zu sein.[224] So sieht seit der burschenschaftlichen Machtübernahme auch ihre Rolle in der Partei aus. In den Parlamenten sind Frauen unterrepräsentiert, in der Führungsriege der parlamentarischen Mitarbeiter so gut wie nicht vorhanden, in den Parteigliederungen auf untergeordnete, helfende und dienende Funktionen fixiert oder als Stellvertreterinnen auf die Rolle von Alibifrauen beschränkt. Karlheinz Klement, Straches wegen Verhetzung verurteilter Ex-Stellvertreter und Ex-Generalsekretär, der durch die Organisation von Neonazi-Treffen[225] und antisemitische Ausfälle in die Schlagzeilen geriet, brachte es auf den Punkt: „Die FPÖ ist eine Männerpartei."[226]

Unterstützung auf ihrem frauenfeindlichen Kurs erhalten Burschenschafter dabei aus dem Kreis nationaler Mädelschaften, die das reaktionäre Rollenbild glorifizieren. In dem von Barbara Rosenkranz *(Sudetendeutsche Damengilde Edda Wien)* verfassten Buch *MenschInnen*[227] werden Frauenpolitik und Familienpolitik gleichgesetzt. Familie, Heim, Kindererziehung und Altenbetreuung werden als naturgegebene Aufgaben der Frau beschrieben und alle Forderungen nach politischer, wirtschaftlicher, gesellschaftlicher und sozialer Gleichberechtigung als „Verschwörung" von Kapitalisten, Marxisten und Feministinnen zur Abschaffung biologisch bedingter Unterschiede ausgegeben.

Wie einst die Nationalsozialisten gegen den „liberalistischen Geist" kämpften, der Frauen in den Beruf treibe und sie „dem Familienleben entfremdet", wie Hitler die Frauen ermunterte, ihrer „angeborenen, arteigenen Rolle" als Mutter gerecht zu werden[228], stellt Rosenkranz dem „Emanzen-Unwesen" die „echte Weiblichkeit" und „Mutterrolle" gegenüber. In *MenschInnen* bezeichnet sie Kinderlosigkeit als „Virus" und munitioniert damit jene Burschenschafter und Parteifreunde auf, die für ihren Kampf gegen den Feminismus und die Gleichstellung der Geschlechter den Begriff „Genderwahnsinn" geprägt haben.[229] Intellektuelle Verfechter und politische Befürworter der Gleichberechtigung bezeichnet sie als „fehlgeleitete Eliten, die glauben, sich über Naturgesetze ungestraft hinwegsetzen zu können."[230]

Die Verknüpfung mit der Familienpolitik lässt Frauenpolitik zur rassistischen Agitation werden. Über die von Strache geforderte „geburtenorientierte Politik"[231] sollen „heimische" Familien dazu ermuntert werden, den „Bestand des eigenen Volkes gegen den Kinderreichtum von Zugewanderten" zu sichern.[232] Ausländer würden „die Gebärmutter als Waffe der Invasion" einsetzen, hatten FPÖ-nahe Blätter wie das Burschenschafter-Organ *Aula* mehrfach gewarnt.[233]

In Hitlers *Mein Kampf* heißt es: „Die Ehe kann nicht Selbstzweck sein, sondern muss dem einen, größeren Ziel, der Vermehrung und Erhaltung der Art und Rasse dienen." Für Joseph Goebbels war das Ziel von Ehe und Familie, dem Land „Kinder zu schenken" und damit einen „Dienst am Volksganzen" zu erbringen.[234] Das *Freiheitliche Bildungswerk* definiert als Ziel von Ehe und Familie die „Hervorbringung [...] von Nachwuchs für das staatliche Gemeinwesen".[235] Auch Anneliese Kitzmüller *(Iduna zu Linz* und *Sigrid zu Wien)* will Abtreibungen „aus demographischen Gründen" verhindern.

Die ideologische Gemeinsamkeit ist nicht zu übersehen: Der Kinderwunsch ist nicht Privatsache, nicht mehr Lebenswunsch liebender Partner, sondern Dienst am Volk, am Land, am Gemeinwesen, an der „Rasse".

Burschenschafter und FPÖ-Politiker dürfen sich bestätigt fühlen. Für die Verhöhnung von „Kampfemanzentum", „Radikalfeminismus", die „verwirrte Quotendiskussion"[236] oder die „wirre Welt der Frauenpolitik" gibt es weibliche Unterstützung – zumindest aus den eigenen Reihen.[237]

In dem unter Straches und Hofers Verantwortung formulierten Parteiprogramm und den von ihnen herausgegebenen Druckwerken sind die frauenfeindlichen Positionen der FPÖ festgeschrieben. Im *Handbuch Freiheitlicher Politik* wird die Gebärmutter als „Ort mit der höchsten Sterbewahrscheinlichkeit" bezeichnet. Im Präsidentschaftswahlkampf forderte Hofer eine „verpflichtende Bedenkzeit" vor der Abtreibung.[238] Es kann also nicht überraschen, dass er sich für die gesetzliche Diskriminierung gleichgeschlechtlicher Paare einsetzt, für Väterrechtsgruppen engagiert, gegen die Frauenquote und gegen die Erwähnung großer Töchter in der Bundeshymne agitiert. Als Bundespräsident würde er diese „in der alten Fassung" singen: „Es ist ja nicht verboten, einen anderen Text zu singen."[239]

Noch eine historische Parallele drängt sich auf: Wie Hitler steuerliche Begünstigungen und Ehestandsdarlehen jenen vorenthielt, die nicht deutschen Blutes waren, versucht die FPÖ Ausländer von Sozialleistungen auszuschließen, obwohl diese als Steuerzahler für deren Finanzierung aufkommen müssen.

Der Mann auf der Jagd, die Frau im Heim

Um die offene Diskriminierung von Frauen zu rechtfertigen, überbieten sich Burschenschafter und freiheitliche Politiker mit Aussagen, die den Unterschied zwischen Mann und Frau hervorheben. „Eine Frau ist eine Frau, ein Mann ist ein Mann", meint der Anwalt und FPÖ-Parlamentarier Peter Fichtenbauer *(Waldmark Gmünd)* tiefsinnig. „Stammesgeschichtlich hat sich die Verteilung, dass der Mann auf die Jagd geht und die Frau sich um das Heim kümmert, als Erfolgsmodell der Gattung Homo sapiens bewährt."[240] Der weibliche „Drang nach Macht ist meistens nicht so ausgeprägt wie bei Männern", weiß der *Olympia*-Anwalt und FPÖ-Parlamentarier Johannes Hübner. Frauen seien vom „Nestbauinstinkt" geprägt und suchten den „Löwenmann, der dann im Nest sitzen soll". Das wolle der Löwenmann aber nicht, „denn Alphatiere sind – wie im Tierreich – oft polygam und haben den Drang, den eigenen Samen weit zu verbreiten."[241] Männer seien „wegen des körperlichen Unterschieds stärker", hat FPÖ-Generalsekretär und EU-Parlamentarier Harald Vilimsky entdeckt. Der harte Polit-Job eigne sich eben weniger für Frauen, die „mehr darauf aus sind, zu gefallen" und „mehr Zeit für die Frisur und Kosmetik" verwenden.[242]

Ausgeladen: Frauen, die weder schön noch still sind

Einblick in das Weltbild deutschnationaler schlagender Verbindungen gibt beispielhaft eine Einladung der Burschenschaft *Olympia* aus den 1980er-Jahren, in der es heißt: „Bist Du hässlich, fett, krank oder fremd im Lande, bist Du von Sorgenfalten, Weltschmerz oder linksliberaler Gesinnung gepeinigt, trägst Du alternative oder Schicky-Kleidung oder gar ein Flinserl im Ohr, studierst du Psychologie, Politologie oder Theologie oder gar nicht, hast du den Wehrdienst verweigert oder eine Freundin mit, die weder schön noch still ist, kurz: bist du auf irgendeine Weise abnormal oder unfröhlich, dann bleib lieber zu Hause."[243]

Martin Graf *(Olympia)* gab diese Formulierung als „Scherz" aus.[244] In Wirklichkeit aber ist sie verräterisch, weil sie die Gefühlslage der Burschenschaften auf den Punkt bringt und die Nähe zum nationalsozialistischen Gedankengut sichtbar macht: Kranke, Fremdrassige, Wehrdienstverweigerer (Kriegsgegner) und Exponenten des linksliberalen oder katholischen Widerstands wurden im Nationalsozialismus als „Feinde" und „Fremdkörper", als „störend" und „abnormal" eingestuft, gnadenlos bekämpft und „ausgemerzt". Frauen waren weitgehend auf die Rolle der Mutter beschränkt und hatten sich in der politischen Männergesellschaft darauf zu beschränken, schön und still zu sein.

Identitäre: Eine PR-Aktion rechtsextremer Burschen

Mit den Identitären wolle er „nichts zu tun haben", versichert Norbert Hofer im Präsidentschaftswahlkampf. „Ich habe die Befürchtung, dass sich die in eine Richtung entwickeln, die für Österreich gefährlich sein könnte." Dass manche ihrer Aktionen in Gewalt ausarten, „verurteile ich scharf".[245]

Wieder einmal sagt Hofer nur die halbe Wahrheit: Er *hat* mit den Identitären „zu tun", auch wenn er das abzustreiten sucht. Die Führungsmannschaft der von Experten und Staatsschützern als rechtsextrem und partiell neonazistisch eingestuften Identitären Bewegung (IB) besteht fast zur Gänze aus seinen Waffenbrüdern aus dem korporierten Milieu. Zudem stehen viele von Hofers Parteifreunden den Identitären nahe, machen mit ihnen gemeinsame Sache, nehmen nicht nur an ihren Demonstrationen teil, sondern auch an gewalttätigen Aktionen jenseits aller demokratischen Spielregeln und gesetzlichen Grenzen.

Parteiobmann Strache *(Vandalia Wien)*, der sich gemeinsam mit Identitären an einem gedeckten Tisch hat fotografieren lassen, verharmlost die gewaltbereite Rechtsaußen-Gruppierung als „nicht linke Bürgerbewegung" und lobte deren „friedlichen Aktionismus".[246] Gleichzeitig leistet er der rechtsextremen, rassistischen Gruppierung massive Hilfestellung. Das über seinen Account verbreitete Werbevideo „Komm in die Identitäre Bewegung" haben in nur zwei Tagen 42.000 von Straches Facebook-Fans gesehen.[247]

Auch der stellvertretende Klubobmann der FPÖ, Herbert Kickl, hat keine Berührungsängste. Im Oktober 2016 eröffnete er in Linz den von Burschenschaftern, Identitären und Rechtsaußen-Medien veranstalteten Kongress *Verteidiger Europas* und gab sich froh, bei dieser Gelegenheit „nicht in die Gesichter mieselsüchtiger roter und grüner Parlamentarier" schauen zu müssen.[248] Danach durften sich die Partei- und

Burschenschafter-Freunde der FPÖ-Führung gemeinsam mit Neonazis und Bürgerkriegs-Propheten an den Reden rechtsextremer Einpeitscher und Verschwörungstheoretiker gegen „Bevölkerungsaustausch, eingeschränkte Meinungsfreiheit und gleichgeschaltete Medien" erfreuen.[249] Zu den Linzer Vortragenden zählte Philip Stein, Burschenschafter der *Germania Marburg*, die zahlreiche Neonazis in ihren Reihen duldet. Wenig überraschend beklagt sich Stein über Distanzierungsversuche der Identitären zu den Neonazis. Referieren durfte auch Roland Hofbauer, Chefredakteur von *Alles roger?*, einem rechtsextremen und antisemitischen Blättchen, das die im Neonazi-Milieu beliebte Verschwörungstheorie verbreitet, die Fluchtbewegung nach Europa sei von den USA gesteuert, um durch Rassenmischung den Intelligenzquotienten der Europäer zu senken.[250] Zuletzt durfte auch die regimetreue syrische Hasspredigerin Maram Susli auftreten, die Ebola für eine amerikanische Biowaffe hält und allen Ernstes behauptet, das Assad-Regime sei angegriffen worden, weil es „keine Rothschild-Bank" in Syrien haben wolle.[251]

Trotz solch eindeutig positionierter Referenten brauchte der Burschenschafter Alexander Höferl *(Gothia Wien)*, Medienkoordinator der FPÖ, keine Angst vor Gegenwind durch die „Nazikeule" demokratischer Medien zu haben: Der „systemtreuen Lügenpresse" wurde der Eintritt verwehrt – von Saalaufsicht genannten Securities, die zum Teil aus der Neonazi- und Hooligan-Szene stammen.[252]

Zahlreiche Organisationen hatten beim damaligen Landeshauptmann Josef Pühringer (ÖVP) schriftlich und in den Medien dagegen protestiert, dass die Vordenker des europäischen Rechtsextremismus ihr Netzwerktreffen im prunkvollen Rahmen der Linzer Redoutensäle abhalten dürfen. Vergeblich. Einen Brief des *OÖ Netzwerks gegen Rassismus*, dem 80 Organisationen angehören, in denen sich vor allem junge Menschen für Demokratie, Menschenrechte und ein friedliches Zusammenleben engagieren – unter anderem auch die Katholische Jugend –, hatte der Landeshauptmann nicht einmal beantwortet. Pühringer setzte sich über die Bitte des Mauthausen-Komitees hinweg, über Appelle jüdischer und christlicher Organisationen, über diplomatische Interventionen, über Mahnungen von KZ-Überlebenden aus zahlreichen Ländern, über Aufrufe von Menschenrechtsaktivisten, über die Appelle von höchsten christlichen Würdenträgern, von führenden Vertretern des österreichischen Kultur- und Geisteslebens und von Politikern – auch aus seiner ÖVP. Wild entschlossen, seinen Koalitionspartner nicht zu verärgern, gab er allen einen Korb, die von ihm demokratisches Rückgrat und politischen Anstand eingefordert hatten. So gab es am Ende dieser Veranstaltung zwar keinen Sieger, aber einen Verlierer: Ein Landeshauptmann, der viele Jahre erfolgreich für Oberösterreich gearbeitet hat, wird durch eine seiner letzten Amtshandlungen vielen Oberösterreichern als Steigbügelhalter der Neonazi- und Rechtsextremisten-Szene in Erinnerung bleiben.

Identitäre, Burschenschafter und FPÖ

Die aus Burschenschaftern bestehende Führung der Identitären muss an Hofers Aussage zweifeln lassen, mit dieser Bewegung nichts zu tun haben zu wollen. Bundesleiter und Sprecher ist Martin Sellner *(ehemals Olympia, heute Universitätssängerschaft Barden, Wien)*, von dem es Fotos gibt, wie er bei neonazistischen Veranstaltungen einträchtig mit Gottfried Küssel *(Danubo-Markomannia)* marschiert. Er teilt sich diese Funktion mit Patrick Lenart *(Verein Deutscher Studenten, Graz)*.

Die Wiener Sektion wird von Philipp Huemer *(Barden Wien)* geleitet. Alexander Markovics *(Olympia Wien)*, der vor Sellner die Führung der Identitären innehatte, ist seit Ende 2016 als Sprecher der *AG Theorie* unter anderem für Auslandskontakte zu rechtsextremen Politikern und Organisationen zuständig. Für den Internet-Auftritt der Identitären hatte Markovics ein Interview mit dem russischen Faschisten Alexander Geljewitsch Dugin geführt. Für den russischen

Propaganda-Kanal *RT Deutsch* trat er als Experte zum Thema „Flüchtlingskrise oder Völkerwanderung" auf. Im Januar 2016 präsentierte er sich am Akademikerball in Begleitung des Auslandsbeauftragten der ungarischen neonazistischen Jobbik-Jugend Szabolcs Szalay, einem berüchtigten Hetzer gegen Juden, Roma und Homosexuelle.[253]

Sellners Brüder Thomas Sellner, Leiter der Identitären in Niederösterreich, und Georg Sellner sind Mitglieder der pennalen Verbindung *Tauriska Baden*, der auch der freiheitliche Nationalratsabgeordnete Christian Höbart angehört. Der nach seiner Teilnahme an den Haus- bzw. Universitätsbesetzungen der Identitären in Graz und Klagenfurt als FPÖ-Bezirksobmann in Graz zurückgetretene Luca Kerbl trägt das Band des pennalen Corps *Austria zu Knittelfeld*. Der Salzburger Sprecher der Identitären, Edwin Hintsteiner, gehört (oder gehörte) der *Rugia Salzburg* an. Ebenfalls *Barden* sind die Führungsaktivisten Fabian Rusnjak, Richard Schermann und Maximilian Mrak. Alexander Schleyer *(Corps Hansea)* kehrte der identitären Bewegung erst den Rücken, als er zum parlamentarischen Mitarbeiter der FPÖ befördert wurde.[254]

Zahlreiche Burschenschafter, FPÖ-Politiker und Jugendfunktionäre marschieren bei Aufmärschen der Identitären mit, sprechen Einladungen aus oder halten Begrüßungsreden. Für Norbert Hofer besonders peinlich: Sein persönlicher Schützling Géza Molnár *(Hansea Wien)* ist einer von ihnen. Es war nicht zuletzt die Förderung durch den freiheitlichen Präsidentschaftskandidaten, die Molnárs Parteikarriere begründete und ihn zum Klubobmann der FPÖ im burgenländischen Landtag hat aufsteigen lassen.

Im Sommer 2015 waren die Identitären ausgerechnet vom burgenländischen *Ring Freiheitlicher Jugend* (RFJ) nach Eisenstadt eingeladen worden – und Géza Molnár hatte demonstrativ an der Veranstaltung teilgenommen.[255]

Eine FPÖ-Kundgebung in Wiener Neustadt wurde von Fahnen der Identitären dominiert. Michael Schnedlitz, der freiheitliche Vizebürgermeister von Wiener Neustadt, verwahrte sich nicht etwa gegen die Vereinnahmung der FPÖ-Veranstaltung, sondern hieß die „liebe Identitäre Bewegung" mit herzlichen Worten willkommen. Bewegungen wie Pegida und Identitäre seien „die Speerspitze" im Kampf „gegen dieses System", mit deren Hilfe man die Bundesregierung „mit nassen Fetzen aus dem Parlament treiben" werde, zeigte sich der blaue Lokalmatador erfreut.[256]

In der Steiermark ist der Schulterschluss von Identitären und FPÖ noch deutlicher sichtbar. Dort nahm der frühere Parteichef und freiheitliche Landtagspräsident Gerhard Kurzmann an einer Kundgebung der rechtsextremen Gruppierung gegen ein Asylquartier teil.[257] Der Grazer Vizebürgermeister und Burschenschafter Mario Eustacchio *(Stiria Graz)* beteiligte sich an einer Demo der Identitären in Spielfeld.[258] Als Luca Kerbl *(Austria zu Knittelfeld)* wegen seiner Teilnahme an den Gewaltaktionen in Graz und Klagenfurt seine FPÖ-Funktionen verlor, wurde er von Waffenbruder Eustacchio in Schutz genommen: Mit den Identitären aufzutreten sei „kein Widerspruch gegen das Parteistatut".[259]

In Tirol ist der Zusammenschluss fast schon vollzogen. Zu einer Kundgebung gegen eine Asylunterkunft riefen FPÖ, Identitäre und die Liste Fritz gemeinsam auf.[260]

Rechtsextreme Inhalte in jugendlicher Verpackung

Wer die Identitären sind, soll der Öffentlichkeit möglichst verborgen bleiben. Die aus Frankreich kommende Bewegung, die im Windschatten des rechtsextremen Front National entstanden ist, wurde von österreichischen Burschenschaften zu einer PR-Aktion umgeformt. Die Bewegung gibt sich jung, frech und bunt, versucht mit rebellisch klingenden Parolen Jugendliche anzusprechen, sorgt mit Anklängen an die Popkultur und einem auffallenden Logo für Corporate Identity, wirbt mit professionell auf jugendlich getrimmten Internet-Auftritten und erregt mit Schock-Aktionen öffentliche Aufmerksamkeit: Da wird in der von Flüchtlingen besetzten Votivkirche 2013 die erste „Besetzung einer Besetzung" inszeniert, da wird auf der Mariahilfer Straße in Wien eine IS-Enthauptung nachgestellt[261], da werden Särge vor der grünen Parteizentrale abgeladen[262] und Demonstrationen als jugendliche Happenings inszeniert, immer peinlich darauf bedacht, den Schein zu wahren: „Rassisten haben bei uns keinen Platz", wird da behauptet, oder „Wir distanzieren uns klar vom Nationalsozialismus". Dass die Distanzierung vom Neonazismus vor allem taktisches Manöver ist, zeigt sich an der begeisterten Unterstützung der Bewegung durch amtsbekannte Neonazis und politische Führungsfiguren des Rechtsextremismus, aber auch daran, dass prominente Identitäre aus der Burschenschafter-Szene enge Kontakte zur Neonaziszene und zu Parteien des rechten Randes pflegen und immer wieder an deren Veranstaltungen teilnehmen.[263]

Der österreichische Verfassungsschutz stuft die Identitären als neonazistische Gruppierung ein: „Die Distanzierung vom Neonazismus in öffentlichen Statements ist als taktisches Manöver zu werten, da sich in den Reihen der Bewegungseliten amtsbekannte Neonazis befinden und Kontakte in andere rechtsextreme Szenebereiche bestehen."[264]

Wie im Neonazismus versteckt man politische Absichten hinter Zahlencodes, nur dass statt mit 88 (zweimal der achte Buchstaben des Alphabets, HH, Heil Hitler) bei den Identitären mit 732, 1529/1683 und 1571 geworben wird, alles Jahreszahlen, die mit dem Kampf gegen muslimische „Eroberer" in Verbindung stehen.*

---

* 732 hat Karl Martell den Vormarsch muslimischer Eroberer in Frankreich gestoppt; 1529/1683 erinnert an die Wiener Türkenbelagerung, die von den Identitären als Abwehrkampf gegen die Islamisierung Europas gesehen wird, 1571 an die Seeschlacht von Lepanto, in der die Flotte der Heiligen Liga gegen die des Osmanischen Reiches siegreich blieb.

Die Zahlencodes zeigen, wie wenig sich die Ziele geändert haben: Unter dem von Rechtsextremen und Neonazis seit Langem benützten pseudowissenschaftlichen Schlagwort „Ethnopluralismus" wird die Gleichberechtigung unterschiedlicher Kulturen betont, jedoch gleichzeitig gegen deren „Vermischung" polemisiert. Der Kampf gegen Rassenmischung und Rassenschande des Nationalsozialismus ist wieder da, nur in sprachlicher Verkleidung, vertreten von Burschenschaftern, die behaupten, mit Rassismus und NS-Traditionen nichts zu tun zu haben.[265] Wie im Nationalsozialismus wird Politik gegen Feindbilder und Sündenböcke gemacht, wie damals wird die Welt geteilt in die (gute) Wir-Gruppe der autochthonen Bevölkerung und die (böse) Fremd-Gruppe, der die Schuld für alles Negative zugeschoben wird. Wie im Nationalsozialismus wird behauptet, die Fremdgruppe habe der einheimischen Bevölkerung „den Krieg erklärt". Unsere Kultur müsse sich gegen die „islamischen Eroberer" zur Wehr setzen, um den drohenden Bevölkerungsaustausch zu verhindern.

Also wird „zum Kampf gerüstet": gegen „Multikulti", „Gutmenschen", „Political Correctness", „Gender-Terror", „amerikanischen Kulturimperialismus", „manischen Antifaschismus" und die „Nazikeule" der politischen Gegner.

Die Website der Identitären wird von der neonazistischen AFP beworben. Zu Demonstrationen ruft die Identitäre Bewegung gemeinsam mit neonazistischen Gruppierungen wie dem *Nationalen Widerstand* auf.[266] Zu den engagiertesten Förderern zählt die deutsche NPD, die mit „Identität – Werde, wer du bist" für die neue Gruppierung warb.[267] Besonders enge Verbindungen pflegen die österreichischen Identitären mit deutschen, polnischen und ungarischen Neonazis.[268]

Eine Studie der Berliner Senatsverwaltung für Inneres kam 2015 zu dem gleichen Ergebnis: Es gebe eine „Aktionseinheit" mit rechtsextremen Bewegungen, unter anderem der neonazistischen NPD. Der deutsche Verfassungsschutz konstatiert, das „rechtsextremistische Teilnehmerpotenzial" bei ihren Aktionen schlage sich auch in der Zunahme strafrechtlich relevanter Fälle nieder.[269] Auch die deutschen Landesämter für Verfassungsschutz in Bremen, Niedersachsen und Berlin stufen die Identitären als neonazistisch bzw. rechtsextrem ein. Unter diesem Aspekt sind auch die Aktionen der österreichischen Identitären zu bewerten:

▸ In Wien stürmen Aktivisten der Identitären das Audimax der Universität, als eine Aufführung des Stückes *Die Schutzbefohlenen* von Literatur-Nobelpreisträgerin Elfriede Jelinek gezeigt wird, bei der auch Flüchtlinge auf der Bühne stehen.[270] Nur eine Woche danach versuchen die Identitären, eine Aufführung der *Schutzbefohlenen* im Wiener Burgtheater zu stören, indem sie auf dem Dach ein „Heuchler"-Transparent entrollen und Flugblätter abwerfen.[271]

▸ Als sich zehn an der Erstürmung des Audimax Beteiligte vor Gericht verteidigen mussten, wurden sie – erwartungsgemäß – von einem Burschenschafter anwaltlich vertreten. Julian Korisek ist Mitglied der *Arminia Graz*, sein Kanzleikollege Armin Zauner gehört der *Albia Wien* an, sein wissenschaftlicher Mitarbeiter Wolf Rüdiger Grabmayr der *Bruna Sudetia Wien*.

▸ Nach einer Demonstration der Identitären in Graz wurde eine Gruppe von AntifaschistInnen verfolgt und überfallen.[272] Mit Gürtelschnallen und Schlagstöcken prügelten Teilnehmer der Demo auf ihre politischen Gegner ein. Trotz übereinstimmender Zeugenaussagen, Fotos und ärztlicher Atteste stellte die Staatsanwaltschaft Graz das Verfahren ein: Die Verletzungen ließen sich nicht zuordnen, der Schlagstock sei aufgrund seiner Konstruktion „keine verbotene Waffe" und den Antifaschisten sei „keine erhöhte Glaubwürdigkeit" zuzusprechen. Der österreichische Rechtsstaat hat wieder einmal gezeigt, dass er vor allem rechts ist.

- Drei Monate nach diesem Vorfall besetzten Aktivisten der Identitären die Parteizentrale der Grünen. Während 20 bis 30 Männer vor dem Haus Flaggen mit dem Logo der Bewegung hochhielten, kletterten vier auf das Dach, entrollten ein Transparent mit der Aufschrift „Islamisierung tötet"[273] und verschütteten rote Farbe, die Blut symbolisieren sollte.[274]
- Bei ihren Überfällen machten die Identitären Grüne, Multikultis und Regierung für den Terror in Europa verantwortlich: „An den Händen der Grünen klebt das Blut von Brüssel", hieß es auf einem ihrer Transparente. Solche Parolen münden in die Drohung, die Schuldigen „zur Verantwortung zu ziehen". Alexander Markovics, damals noch Sprecher der Identitären Bewegung, erklärte in einem Video-Interview, „die wahren Schuldigen sitzen in den Regierungen Wiens, Österreichs und ganz Europas". „Das sind Positionen, wie sie der Massenmörder Anders Breivik vertrat", erklärt der Rechtsextremismus-Experte Andreas Peham. Mit der Behauptung, die wahren Schuldigen hinter dem islamistischen Terror seien die Regierenden, habe Breivik in seinem *Manifest* fast wortgleich mit Markovics versucht, Menschen zum „Losschlagen" zu motivieren.[275]
- In Klagenfurt stürmten Identitäre einen Hörsaal, in dem gerade eine Vorlesung zum Thema *Flucht und Asyl* mit 260 angemeldeten Teilnehmern stattfand. Eine teilweise vermummte Gruppe – einer der Demonstranten versteckte sich unter einer Burka – entrollte ein Transparent mit der Aufschrift „Integration ist Lüge".
Als Rektor Oliver Vitouch die Männer zum Gehen aufforderte, erhielt er einen Schlag in die Magengrube. Der Mann, der die rassistischen Botschaften über das Megafon verbreitete, ist der ehemalige FPÖ-Bezirkshauptmann und Burschenschafter Luca Kerbl, der schon bei den Demos in Graz mitgemischt hatte.[276]
- Im Anschluss an die friedlich verlaufene Demonstration ge-

gen den von der FPÖ ausgerichteten Akademikerball richtete der Burschenschafter Martin Sellner (ehemals *Olympia*, heute *Universitätssängerschaft Barden Wien*) eine Waffe auf Demonstranten, die sich als Pfefferspray-Pistole erwies. Der Führer der Identitären erklärte der Polizei nach seiner Festnahme, er habe „aus Selbstschutz" gehandelt.[277]

Auf Facebook-Seiten der Identitären wurden Namen von AntifaschistInnen veröffentlicht und „Rache" wurde angekündigt: „Man weiß ja, wo grüne Parteifilialen und deren Autos sich befinden."[278]

Die Verbindungen der Identitären zur FPÖ sind offensichtlich: Die Initiatoren der rechtsextremen und partiell neonazistischen Bewegung kommen aus denselben Burschenschaften wie die Spitzenpolitiker der Freiheitlichen. Werner Wassicek, bis Oktober 2016 Landesvorsitzender des *Rings Freiheitlicher Jugend* (RFJ) in Hofers Heimat Burgenland, der linken Gruppierungen das Demonstrationsrecht versagen will, bringt es auf den Punkt: „Wer die Inhalte der Identitären Bewegung teilt, wird FPÖ wählen."[279]

Wahlkampf: Lügen, Hass und Nächstenliebe

Der Präsidentschaftswahlkampf 2016 hat wie nie zuvor deutlich gemacht, wie Rechtspopulismus funktioniert. Noch nie hat ein Kandidat bzw. eine Partei so offensichtlich zwei einander in unversöhnlicher Opposition gegenüberstehende Wählersegmente mit Angeboten umworben, die sich gegenseitig ausschließen. In der Öffentlichkeit versuchte Hofer mit christlicher Nächstenliebe zu mobilisieren. Im geschützten Bereich der Internet-Community freiheitlicher Facebook-Fans mobilisierten seine burschenschaftlichen Waffenbrüder gleichzeitig mit menschenverachtender Ausgrenzung und blankem Hass.

Dass Burschenschafter wie Hofer oder Strache in Wahlkämpfen mit christlichen Slogans zu punkten versuchen, ist keineswegs selbstverständlich. Das sogenannte Dritte Lager, als dessen Repräsentanten sich die deutschnationalen Korporationen fühlen, war ursprünglich militant antiklerikal. Österreichs Universitätsgeschichte ist reich an Gewalttaten schlagender Burschenschaften, die ihre Vorstellungen von Deutschtum und Freiheit der Wissenschaft mit blutigem Terror durchzusetzen suchten. Nicht nur Juden bekamen das zu spüren. Auch der Katholizismus wurde als „undeutsch" und „wissenschaftsschädigend" handgreiflich bekämpft.[280]

Schon 1893 hatten katholische Abgeordnete eine Anfrage an den Unterrichtsminister gerichtet: „Was gedenken Seine Exzellenz zu tun, um die katholischen Studentenverbindungen auf einer als katholisch gestifteten Hochschule vor Überfällen und Misshandlungen zu schützen?"[281]

Strache bekannte sich lange zur antiklerikalen Tradition der Burschenschaften. Als Jörg Haider *(Silvania Wien)* 1997 die Annäherung an den nationalen Flügel der Kirche probte und Ewald Stadler *(Skalden zu Innsbruck)* das „wehrhafte Christentum" beschwor, polterte er im Wiener Gemeinderat:

„Wir stehen ideologisch auf dem Boden der nationalliberalen Tradition und können nicht in Richtung katholischer Fundamentalismus gehen."[282] Im Europawahlkampf 2009 sah er das anders: „Abendland in Christenhand" ließ er damals plakatieren, während er mit einem Kreuz in der Hand gegen ein Islam-Zentrum demonstrierte. Norbert Hofer hat diese Taktik übernommen. Mit „So wahr mir Gott helfe" auf seinen Plakaten schloss er nahtlos an Straches Slogans wie „Liebe deinen Nächsten – für mich sind das die Österreicher" oder „Pummerin statt Muezzin" an, mit denen die FPÖ versucht hatte, ihre Anti-Ausländer-Kampagnen durch Gottes Segen zu heiligen.

Wieder war die Aufregung groß, wieder erntete die FPÖ Schlagzeilen und Aufmerksamkeit. Während die Mehrheit der Kirchenvertreter gegen die Instrumentalisierung der Religion protestierte, sah der reaktionäre Bischof Andreas Laun seine Stunde gekommen. Mit einer scharfen Reaktion machte er sich zum Wahlhelfer Hofers, indem er Alexander van der Bellen als „Gottes- und somit auch Kirchenfeind … Atheist, gendergeilen Abtreibungs- und Schwulenlobbyisten und Drogenverharmloser" attackierte.[283]

Norbert Hofer dagegen führte seine Mitgliedschaft in einer antiklerikalen Burschenschaft ad absurdum, indem er in Interviews betonte, Bibeltexte als „Leitbilder für den Tag" auf seinem Schreibtisch liegen zu haben und „jeden Tag mit meinem Schöpfer" zu sprechen.[284]

In der *Aula*, für deren Werbung sich Hofer hergibt, hatte man es immer wieder anders gelesen. Da beklagten sich burschenschaftliche Autoren darüber, dass Deutschlands NPD-Vorsitzender den Verzicht auf „antichristliche Parolen" verlangt habe, oder empörten sich über die Seligsprechung des als „Pole Paule" verunglimpften Papstes Johannes Paul II.[285]

Der Wahlkampf der Burschenschafter im Netz

Für das breite Publikum war die Doppelgleisigkeit des Wahlkampfes kaum wahrnehmbar. Plakate, Fernsehen und die führenden Printmedien ließen an der Seriosität des Wahlmarathons um die Bundespräsidentschaft kaum Zweifel aufkommen. Von wenigen Entgleisungen abgesehen schienen sich da zwei seriös agierende Persönlichkeiten gegenüberzustehen, die mit – einigermaßen – nachvollziehbaren Argumenten für unterschiedliche Positionen warben.

Aber es gab auch den anderen Wahlkampf, den Burschenschafter für Norbert Hofer in der parallelen Medienwelt burschenschaftlicher und freiheitlicher Facebook-Seiten und Internet-Portale führten: einen Wahlkampf der systematisch verbreiteten Unwahrheiten, der Verschwörungstheorien, der geschürten Angst, des offenen Hasses, der provozierten Aggression, der Morddrohungen und der in eindeutig neonazistischer Terminologie formulierten Vernichtungsfantasien.

Was sich auf diesen von Burschenschaftern gegründeten und betreuten FPÖ-nahen Medien abspielte, war die mit Abstand schlimmste Belastungsprobe für den demokratischen Grundkonsens, auf dem Österreichs Bundesverfassung aufbaut und die Republik nach Ende des Zweiten Weltkrieges wiedererrichtet wurde.

Dass diese doppelte Inszenierung eines Wahlkampfes, von dem sich die FPÖ die Weichenstellung Richtung Macht versprach, nicht auf Zufall beruhte, ist offensichtlich: Während Hofers Facebook-Seite und sein Internetauftritt penibel von allem gesäubert wurde, was den Kandidaten dem Verdacht einer extremistischen, gewaltbereiten oder gar braunen Gesinnung hätte aussetzen können, wurde auf den von ihm nicht unmittelbar zu verantwortenden burschenschaftlichen und freiheitlichen oder der FPÖ nahestehenden digitalen Medien die übelste Hetzkampagne der demokratischen Nachkriegszeit inszeniert – „um Hofer schadlos zu halten", wie die Social-Media-Beraterin Judith Denkmayr formuliert.[286]

Dass dieser Anschlag auf journalistische Ethik, Menschen- und Bürgerrechte, demokratische Spielregeln und friedliches Zusammenleben in einer pluralistischen Gesellschaft nicht von unbedeutenden Underground-Medien verübt wurde, verdeutlichen die Zahlen. In Zusammenarbeit mit Wissenschaftlern des Alexander-von-Humboldt-Instituts im Rahmen eines Forschungsprojekts *Wissenschaft und Datenjournalismus* hat der *Standard* Straches digitales Universum unter die Lupe genommen. Danach hatte der FPÖ-Chef zum damaligen Zeitpunkt mit 400.000 Facebook-Fans etwa fünfmal so viele wie Bundeskanzler Christian Kern. Von Januar bis Mitte September des Präsidentschafts-Wahljahres veröffentlichte oder teilte Strache 3400 Beiträge – durchschnittlich 13 pro Tag. Laut Analysetool *fanpagekarma.com* bekommt er pro Posting bis zu 1900 Likes, die jeweils Kommentare auslösen.[287]

Das Entscheidende aber ist: Fast 400 Mal wird jeder von Straches Beiträgen geteilt, was die Zahl der Erreichten vervielfacht und auch auf Nutzer ausdehnt, die keine Fans von ihm sind. Das deutsche Nachrichtenmagazin *Der Spiegel* schätzt, dass Straches Plattform von etwa 3,5 Millionen Menschen genutzt wird. Andere Experten sind vorsichtiger: „Man kann davon ausgehen, dass Straches Beiträge einer Million Nutzer eingeblendet werden", meint der deutsche Politik- und Digitalberater Martin Fuchs.[288]

Als zweiter „Tummelplatz für Hassposter" wird vom Medienexperten Fritz Hausjell, Kommunikationswissenschaftler an der Uni Wien, *unzensuriert* genannt.[289] Die vom ehemaligen Parlamentspräsidenten Martin Graf gegründete und von Burschenschaftern geführte Plattform brüstet sich mit 3,6 Millionen Zugriffen im Monat.[290] Die beiden Flaggschiffe unter den FPÖ-nahen Mobilisierungs-Instrumenten zählen damit zu den größten Medien Österreichs.

Zum Vergleich: Das letzte TV-Duell Hofer gegen Van der Bellen erlebten 844.000 Zuseher vor den Bildschirmen. Die ZiB2 erreicht täglich an die 600.000 Menschen.

Geschäftsführer von *unzensuriert* ist der Referent im Freiheitlichen Parlamentsklub Walter Asperl. Als Burschenschafter der *Olympia* war Asperl Leibfuchs von Martin Graf. In die Schlagzeilen geriet er 2000 als dessen Büroleiter, nachdem er die damaligen Bundesminister mit burschenschaftlichem Hintergrund aufgefordert hatte, etwas gegen das Verbotsgesetz zu tun.²⁹¹

Sitz der Redaktion von *unzensuriert* ist das Haus der Burschenschaft *Gothia Wien*.

Wie Fake News und Lügen verbreitet werden

Unzensuriert trommelt mit Schlagzeilen wie „Rekord-Ansturm von illegalen Flüchtlingen", „Linksextremist prügelt AfD-Politiker krankenhausreif" oder „Tausende Asylwerber untergetaucht". Systematisch wird der Eindruck erweckt, Österreich stehe unmittelbar vor dem Kollaps: „Arabisch-Meidling" (Anm.: 12. Wiener Gemeindebezirk) erinnere an einen „Stadtteil von Bagdad". In 15 Jahren werde „die Hälfte der Bevölkerung asylwerberischer Abstammung sein."²⁹²

Mit der Wahrheit nehmen es die von Burschenschaftern hochprofessionell für ihr Publikum gestalteten Medien nicht so genau. Etwa beim Münchner Amoklauf vom 22. Juli 2016, dem neun Menschen zum Opfer fielen.

Bei dem Attentäter handelt es sich um einen psychisch schwer gestörten Rechtsextremisten, der Nazi-Symbole verwendet und Nazi-Parolen gepostet hatte. Jahrelang war dieser von Mitschülern aus dem südosteuropäischen Raum gemobbt worden und hatte seinen Fremdenhass bei Computerspielen ausgelebt.²⁹³ Dann wählte er den Jahrestag des Massenmordes von Anders Breivik für den Anschlag, bei dem er „Scheiß Türken" rief, während er schoss. Bei der Einvernahme zeigte sich der Anhänger der AfD stolz darauf, am gleichen Tag wie Adolf Hitler geboren zu sein.²⁹⁴

Strache und *unzensuriert* nahmen die iranische Herkunft eines Elternteils zum Anlass, einen islamistischen Hintergrund zu konstruieren: Der Täter habe „Allahu akbar" geschrien und gezielt auf Kinder geschossen, eine Darstellung, die den von der Polizei festgestellten Sachverhalten diametral widerspricht. Als die (bürgerlich-konservative) *Frankfurter Allgemeine Zeitung* über den Stand der Ermittlungsergebnisse berichtete, nahm *unzensuriert* die Falschmeldung nicht zurück. Im Gegenteil: „Die FAZ bastelt sich einen Rechtsextremisten", titelten die Blattmacher höhnisch.[295]

Danach verbreitete Strache den Artikel von *unzensuriert* auf seiner Facebook-Seite und legte mit einer weiteren Falschmeldung nach: Der Terrorist von München habe „offensichtlich Anweisungen von Hintermännern aus Saudi-Arabien" erhalten. Dabei berief er sich auf eine Meldung der ARD-Tagesschau, die es in dieser Form nie gegeben hat.[296]

Auch der Artikel über ein ausgehobenes Waffenlager von Dschihadisten, der am 2. August 2016 auf *unzensuriert* erschienen und von Strache geteilt worden war, erwies sich als falsch. Die zum Zeitpunkt der Veröffentlichung bereits widerlegte Meldung von „schweren Kriegswaffen", die angeblich in einer deutschen Moschee gelagert waren, wurde auf Straches Facebook-Seite zwar gelöscht, aber nie dementiert.[297]

Unkorrigiert blieb auch ein Bericht über vermeintliche Manipulationen bei der Bundespräsidentenwahl in Ybbs und Linz. Obwohl es sich um ein Missverständnis handelte, das bereits aufgeklärt war, veröffentlichte Strache die Falschmeldung mit dem Zusatz: „Viele Fragen bleiben offen."[298]

Während des Präsidentschaftswahlkampfes veröffentlichte Straches Account ein Wahlplakat Van der Bellens in türkischer Sprache, das offensichtlich nur dazu hergestellt wurde, um rassistische Emotionen als Mobilisierungsinstrument für Hofers Wahlkampf zu nützen. Straches Kommentar: „Bezeichnend!" Als Quelle der Fälschung ist im Impressum: *U.N.I.T Internationales Institut für Kunst, Kultur und Bildung* angegeben, ein „Institut", das nicht existiert.

Die unseriöse Agitation ist nicht auf Wahlkampfzeiten beschränkt. Die burschenschaftlichen Internet-Auftritte mobilisieren rund um das Jahr, Tag für Tag. Wenn es keine passenden Zeitungsmeldungen gibt, die man rassistisch kommentieren und teilen kann, werden Meldungen frei erfunden.

Im September 2015 veröffentlichte Strache ein sogenanntes „Fundstück! Ein Bürger berichtet im Netz": Von Überfällen auf die Supermärkte *Billa* und *Hofer* wurde da geschrieben, von einem „Sturm" auf die Geschäfte, der bei *Hofer* misslungen sei, weil dieser, „beinhart zugesperrt" habe. Bei *Billa* habe die polizeiliche Sondereinheit WEGA ausrücken müssen. Dann kamen Klagen über Polizei und Presse, die all das nicht gemeldet hätten und die Frage an Wiens Bürgermeister Häupl, warum die Presse „angewiesen" sei, nicht über solche Vorfälle zu berichten.

Recherchen ergaben: Nichts davon ist wahr. Den polizeilichen Einsatz hatte es nie gegeben. *Billa* teilte auf Facebook mit, dass es zu „keinerlei Vorkommnissen" dieser Art gekommen sei. *Hofer* dementierte den Bericht direkt auf Straches Seite. Dieser löschte daraufhin die Meldung, ohne sie richtigzustellen oder zu widerrufen.[299]

Nicht gelöscht wurde wenig später der Eintrag einer Constanze F., die Straches Seite nützte, um das Wort NAZI in bemerkenswerter Form zu buchstabieren: „Natürlich, Attraktiv, Zärtlich, Intelligent – das bin ich."[300]

Manche der auf Straches Seite abgedruckten Meldungen sind nicht erfunden, sondern nur alt. Da veröffentlichte der FPÖ-Chef einen dreieinhalb Jahre alten Leserbrief aus der *Kronen Zeitung*, in dem der Schreiber behauptete, alle Türken würden Österreich ablehnen, mit dem Kommentar „Guter Brief eines Bürgers". Straches Fans verbreiteten ihn. Auf rechtsextremen Seiten wie *Wir sind stolz Deutsche zu sein* wurde er vervielfältigt.

Auch der damalige Klubobmann der Freiheitlichen im Wiener Landtag, Johann Gudenus *(Aldania Wien* und *Vandalia*

Wien) verbreitete ihn, bis er 2014 – jetzt war er bereits fünf Jahre alt – auf der Facebook-Seite des damaligen Vorarlberger FPÖ-Obmannes Dieter Egger auftauchte, mit der Anmerkung: „Gedanken eines Bürgers. Wie wahr!" Seither wird der Brief auf Facebook weiter verbreitet. Die Chancen stehen gut, 2019 ein zehnjähriges „Brief-Jubiläum" feiern zu können.

Falschmeldungen verbreitete auch der damalige Kärntner FPÖ-Obmann und Landesrat Christian Ragger. In einer Aussendung berichtete er im September 2015 vom „mysteriösen Todesfall" in einem Flüchtlingsquartier in Treffen. Ein Bewohner sei „Opfer von Religionsstreitigkeiten" geworden und mit Stichwunden von der Rettung weggebracht worden. Den Blaulicht-Einsatz der Polizei hätten zwei Zeugen miterlebt.

Kein Wort davon ist wahr. Angeblich ist Ragger auf die Fehlinformation eines Parteifreundes hereingefallen, der diese von einem Bekannten erhielt, der sie von einem gehört hatte, der sie von einem gehört hatte, der sie vielleicht erfunden, wahrscheinlich aber auch von einem gehört hatte …[301]

Die Meldung aber verbreitete sich weiter. Die Chancen stehen gut, dass FPÖ-Anhänger sich noch in einigen Jahren an den angeblichen „Mord an einem syrischen Christen" durch einen muslimischen Flüchtling erinnern können. Vielleicht wird die Falschmeldung auch weiter geteilt und taucht in fünf Jahren neuerlich auf der Seite eines FPÖ-Politikers auf.

Wie langlebig im Internet verbreitete Lügen sind, zeigt ein Beispiel aus dem Jahr 2012, das immer wieder aufgewärmt wird, obwohl es längst widerlegt ist. Strache hatte damals das Einkommen einer kinderreichen Asylantenfamilie mit dem einer österreichischen Facharbeiterfamilie verglichen. Sagenhafte 3593,90 Euro ergab seine Rechnung monatlich für die Asylantenfamilie, vergleichsweise geringe 1692,73 für die österreichische Facharbeiterfamilie.

Warum sollten Ausländer, die sich ihr Asylrecht „unredlich erschlichen haben", unser Land freiwillig verlassen?, schrieb

Strache dazu. Österreich sei ein „rot-schwarzes Schlaraffenland", in dem die „Asylindustrie" gute Geschäfte „auf Kosten der Steuerzahler" mache ...[302]
Die Zahlen sind falsch. Die richtigen zu errechnen war schwierig. Experten versuchten es und kamen bei Familien mit sechs Kindern zu einem ganz anderen Ergebnis: In Wien kam eine Asylantenfamilie mit sechs Kindern auf 1243,30 Euro, eine gleich große Facharbeiterfamilie auf 4000,98 Euro.[303] Obwohl Strache und die FPÖ sofort auf die falschen Zahlen hingewiesen wurden, blieb die irreführende Rechnung vier Tage lang stehen, Zeit genug für Tausende Strache-Fans, sie weiter zu verbreiten.[304]

Wie sich kurz nach Straches Falschmeldung herausstellte, bestand der Skandal nicht nur in den falschen Zahlen, sondern auch in der Herkunft der Falschmeldung: Es war ein Propaganda-Flugblatt der neonazistischen AFP, aus dem der FPÖ-Chef abgeschrieben hatte.[305]

Entschuldigung oder auch nur Erklärung gab es keine – dafür eine Kampagne gegen die Menschenrechtsorganisation *SOS Mitmensch*, die den Skandal aufgedeckt hatte.

Immer wieder stammen von Strache zitierte „Informationen" aus Medien, an deren neonazistischer Ausrichtung kein Zweifel bestehen kann. So verbreitete er das Video einer Wahlkampfrede von US-Präsident Donald Trump, in das Ausschnitte aus Nachrichtensendungen montiert und mit deutschen Untertiteln unterlegt wurden. Straches Begleittext lautete: „Was man in unseren Medien nicht sehen wird." Quelle dieser Information war das Schweizer Portal *uncutnews.ch*, auf dem sich neben zahlreichen verschwörungstheoretischen und antisemitischen Ergüssen auch die typisch neonazistischen Phrasen über die „Holocaust-Lüge" oder das „Lügenschutzgebiet Auschwitz" finden.[306]

In dieses Bild passt auch, dass Burschenschafter in ihren Internet-Auftritten die inoffizielle SS-Hymne „Wenn alle untreu werden ..." verbreiten und ihre Leser mit „Heil" begrüßen.

„In korporierten Kreisen ist dieser Wohlergehensgruß völlig normal", erklärte dazu der ehemalige Spitzenkandidat des *Rings freiheitlicher Studenten* (RFS), Gernot Schandl *(Gothia Wien).*[307]
Die primitive Art burschenschaftlicher Medienhetze ist weder lustig noch dumm. Im Gegenteil: Die Hetze im Internet ist zum gefährlichsten Mobilisierungs-Instrument freiheitlicher Wahlkämpfe geworden. Nichts befördert Entstehung, Verbreitung, Vertiefung und Bestätigung rassistischer Vorurteile so effizient wie der geschlossene Raum einer Internet-Community, die den Teilnehmern das Gefühl gibt: Alle denken wie ich. Nichts lässt Gewaltbereitschaft so rasch eskalieren wie Mails von Gleichgesinnten, die sich mit Bild und vollem Namen zu ihren Vernichtungsfantasien bekennen. Vor allem aber: Nichts mobilisiert wirkungsvoller für einen Kandidaten, auf dem die Hoffnungen ruhen, dass er all das durchsetzen wird, was diese abgeschottete Welt der Internet-NutzerInnen zum „Willen des Volkes" erklärt.

Längst hat sich das, was burschenschaftlichem Wahlkampf-Kalkül entsprang, im Internet verselbständigt. Auf immer mehr Plattformen und Facebook-Seiten wird mit Falschmeldungen wie den folgenden gegen Ausländer gehetzt:
- 20 Prozent der Lottogewinne werden für Flüchtlinge abgezogen.[308]
- Lepra in einem Salzburger Flüchtlingscamp.[309]
- Flüchtlinge erhalten Gratis-Handys.[310]
- Krebskranker Bub darf nicht zu seiner Therapie, weil 500 Flüchtlinge erstversorgt werden müssen.[311]
- Frau in Flüchtlingsheim vergewaltigt und ermordet.[312]
- In Österreich dürfen Türken Kinder vergewaltigen, weil es sich um eine „Familientradition" handelt.[313]
- Muslime wollen Kreuze in Schulen abhängen, fordern die Abschaffung von Weihnachten bzw. des Weihnachtsmannes[314] und wollen Gipfelkreuze durch Halbmonde ersetzen.[315]

- Van der Bellen will „so viele Afrikaner und Syrer wie möglich ins Land bringen".[316]
- Polizei hat Anweisung, Straftaten von Flüchtlingen zu ignorieren.[317]

Alles nicht wahr – aber ein Großteil von Hofers Wählern glaubte daran. Vor allem aber glaubten sie daran, dass Hofer all das abstellen würde.

Die Website *mimikama.at*, die es sich zur Aufgabe gemacht hat, Internet-Missbrauch aufzuklären, veröffentlicht ganze Listen solcher Fakes – mit bedingtem Erfolg: Menschen, die ihr Weltbild und dessen Rechtfertigung aus dubiosen Kanälen rechtsextremer bzw. rassistischer Foren beziehen, scheinen immun gegen Aufklärung, sogar gegen beweisbare und bewiesene Tatsachen. Meist sind sie nicht einmal zu erreichen.

Die grausamen Fratzen des Hasses

Die Gefahr für Demokratie und Frieden geht dabei nicht nur von den verbreiteten (Falsch-)Meldungen aus, sondern vor allem von den Reaktionen, die diese auslösen. Auf Straches Facebook-Seite wird meist nur abgebildet oder geteilt, was zuvor in anderen Medien – und seien sie noch so zweifelhaft – erschienen ist. Der vom FPÖ-Chef mitgelieferte Kommentar ist jeweils nur Auftakt für das, was diese Meldungen auslösen: einen Sturm der Entrüstung, der von Posting zu Posting eskaliert. Diese Welle des Hasses, der Menschenverachtung und der Gewaltbereitschaft bis hin zur offen gezeigten Mordlust ist es, die den Medienmachern und Wahlkampfstrategen als Mobilisierungs-Instrument dient.

Ende November 2016 brachte der Wiener Rechtsanwalt Georg Zanger bei der Staatsanwaltschaft Wien eine Anzeige gegen Heinz-Christian Strache und unbekannte Personen wegen der Hetze auf dessen Facebook-Auftritt und *unzensuriert* ein. Die umfangreiche Sachverhaltsdarstellung enthielt strafrechtlich relevante Postings, die nicht oder mit großer Verspätung gelöscht wurden.

Unter anderem dokumentiert Zanger den Fall eines verzweifelten und verwirrten Asylwerbers, der Selbstmord zu begehen versuchte, indem er sich vor eine Straßenbahn warf. Als diese rechtzeitig zum Stehen gebracht werden konnte, kletterte er auf deren Dach und versuchte die Oberleitung zu erreichen. Zuletzt kollidierte er mit einem PKW und wurde verletzt in eine psychiatrische Klinik eingeliefert. Strache hatte ein Video von diesem Vorfall ins Netz gestellt. Hunderte Reaktionen darauf geben Einblick in die manipulierte Gefühlswelt seiner Fans. Hier einige Auszüge aus diesen Postings, die innerhalb einer einzigen Stunde Straches Facebook-Seite füllten:

„Hoffentlich ist er hin." „Hoffentlich tot." „Ich hoffe, die Straßenbahn hat gewonnen und nehme den Tramfahrer mal virtuell in die Arme. Wer will schon Scheiße auf der Windschutzscheibe?" „Er lebt leider noch …". „Ich hätte reingetreten." „Fangschuss und gut ist's." „Lasst ihn an den Strom!" „Mehr Strom in die Oberleitung." „Ja nicht den Strom ausschalten." „Warum hat des mit dem Strom ned funktioniert?" „Schade, dass er nicht gegrillt wurde." „Dreht den Strom hoch und lasst ihn nochmal anfassen." „Leider kam er nicht zur Leitung." „Wieso hat ihm keiner eine Leiter gebracht?" „Warum bleibt die Straßenbahn stehen?" „Drüber fahren und gut is." „Ab zum Sondermüll." „Wegn so an muaßt bremsen." „Warum bremst die Bim?" „Vollgas." „Zurück fahren und nochmals rumpeln." „Warum hat er sich nicht vor die Schnellbahn geworfen?" „Man sollte ihm erklären, dass es mit einem Zug besser funktioniert." „Sogar dafür sind sie zu blöd." „Geistig umnachtet, Inzüchtler halt." „Urwaldwesen, die hier auf die Öffis springen." „Ein Arschtritt über die Grenze." „Vor Afrika ins Meer werfen." „Ins Meer damit." „Einäschern". „Eine Kugel ist günstiger." „Exekution." „Die Raubkatzen in Schönbrunn würden sich über Frischfleisch freuen." „Ratte." „Dreckskreaturen." „Kein Mitleid." „Oder machen wir Mauthausen wieder auf." „Früher hatten wir dazu Duschen. Und gleich daneben einen Heizraum." Straches Facebook-Fans verzichten auf die neonazistische Taktik, den organisierten Massenmord zu leugnen. Sie wollen ihn reaktivieren und bekennen sich offen dazu. Erwartungsgemäß meinen die Poster auch zu wissen, wer die Schuldigen sind: „Die Politiker schauen zu, wie dieses Scheißvolk bei uns einmarschiert." „Akt des Volksverbrechens von SPÖ, ÖVP und Grün!!!" „Rot-Grün und Sobotka mit ihrem psychopathischen Zuwanderungswahn." „VdB mit ihren ganzen Anhängern sollen ihre Frauen vergewaltigen lassen." „Die Justiz soll gegen die islamischen Invasoren [vorgehen], die raubend, vergewaltigend, tottretend und bombend durch Deutschland marodieren, statt Patrioten zu verfolgen." „… diese hasserfüllte, geisteskranke, ehrlose und sozial liederliche Person, die Duzdar …" [Staatssekretärin Muna Duzdar] „Gutmenschen." „Toleranzbesoffene Grüne." „Gutmenschenanwalt." „Todesstrafe." „Schießbefehl geben." „Vor ein Standgericht bringen."[318]

Wie erwähnt: Das ist nur ein kleiner Ausschnitt aus der Lawine des Hasses, die Strache auf seiner Facebook-Seite regelmäßig auslöst. „Aus dem, was wir aus bisherigen Analysen sehen, muss die Partei wissen, was sie mit derartigen Postings auslöst", meint die Kommunikationsexpertin Uta Rußmann.[319]

Es kann nicht Straches Absicht sein, Gewalt auszulösen, zu Gewalt aufzurufen, die Endlösung mittels Gaskammern wieder ins Gespräch zu bringen. Wahrscheinlich steckt eine andere Motivation dahinter. „Emotionalisierung garantiert Mobilisierung" und „Facebook ist ein Mobilisierungsmedium", erklärt Politikberater Thomas Hofer das Phänomen.[320] Der Burschenschafter Strache macht Wahlwerbung für den Burschenschafter Hofer. Mit Erfolg. Die Angst- und

Hasskampagnen auf seiner Seite sind zum wirksamsten Mobilisierungs-Instrument für jene geworden, die sich von Hofer erwarten, was er versprochen hat: die Regierung entlassen, wenn sie an ihrer Aufnahme- und Integrationspolitik für Flüchtlinge festhalten sollte.

Die von Zanger beigelegten Screenshots entlarven diese Taktik. Auf Straches Seite werden die menschenverachtenden Mails immer wieder unterbrochen durch Aufforderungen wie „Hofer wählen!" Auf der Seite *Wir unterstützen Norbert Hofer* liest man unmittelbar unter dem Porträt des Präsidentschaftskandidaten: „Machen wir Mauthausen wieder auf" oder „Raus mit solchen Unmenschen".

Warum steht so etwas immer wieder auf FPÖ-Facebook-Seiten?, fragt Conny Bischofberger den FPÖ-Chef Strache im *Krone*-Interview. „Solche Kommentare sind natürlich zutiefst abzulehnen. Aber so etwas steht überall, auch bei *Standard Online* und auf Seiten politischer Mitbewerber." Aber dort wird es gelöscht, lässt die Interviewerin nicht locker. „Auch ich habe die unflätigen Hass-Postings auf meiner Seite umgehend gelöscht", antwortet Strache.[321]

Was nicht stimmt: Die meisten der menschenverachtenden Kommentare blieben laut Anzeige wenigstens 24 Stunden stehen. Bis die ersten gelöscht wurden, waren Dutzende bis Hunderte neue dazugekommen.

In seiner Sachverhaltsdarstellung weist Zanger nach, dass die Löschung von Postings durchaus selektiv erfolgte. Sofort gelöscht wurden nur jene Kommentare, die Strache inhaltlich angriffen. Jene, die verhetzende oder neonazistische Inhalte transportierten, blieben dagegen am längsten stehen.

Zu den sofort gelöschten zählte ein „Aufruf zur Mäßigung" des Generalsekretärs der Wiener *Caritas*, Klaus Schwertner. „Woher kommt euer Hass? Warum schreiben Menschen über einen anderen Menschen, den sie nicht einmal kennen, solche Dinge?", hatte dieser gepostet. „Der Mann ist krank. Euer Hass ist es auch." Auf Anfrage erklärte die FPÖ, Straches

Facebook-Seite sei „kein Ort für Kritiker".[322] Damit Schwertner seine Kritik nicht wiederholen kann, wurde er geblockt.[323] Aufrufe zur Mäßigung haben auf Straches Internet-Auftritt – entgegen offiziellen Beteuerungen – also nichts verloren.

Die Vernichtungsfantasien gegen Flüchtlinge, „Gutmenschen", „Lügenpresse" und PolitikerInnen der verhassten „Systemparteien" haben publizistischen Widerstand geweckt, der die angesprochene Zielgruppe jedoch kaum erreicht. Wer seine politische Meinung über die von Burschenschaftern professionell errichtete parallele Medienwelt bezieht, verliert die differenziertere Weltsicht des politisch umfassender informierten, mehrheitlich toleranteren und – zumindest tendenziell – hilfsbereiten Teils der Bevölkerung aus den Augen. Kritische Berichte und Kommentare in den führenden Printmedien, in Rundfunk und Fernsehen werden von den zu Hass und Gewalt Aufgestachelten ebenso wenig wahrgenommen wie die neu entstandenen Internet-Portale, auf denen die schlimmsten Auswüchse der freiheitlichen Lügen- und Hasskampagnen gesammelt und publiziert werden.

So hat es sich die Website *Eau de Strache* zur Aufgabe gemacht, hetzerische Postings zu sammeln, damit die Menschen „mitbekommen, was diese Politik verursacht und wo sie hinführen könnte".[324] Was da dokumentiert wird, ist eine Kriegserklärung an Demokratie, Rechtsstaat und politische Kultur. Grundsätzlich lassen sich die Postings auf Straches Facebook-Auftritt in thematische Gruppen teilen.

Am vergleichsweise harmlosesten sind *Beschimpfungen*: „Niggergfrast", „menschlicher Sondermüll", „aussortierter Abschaum" „Höhlenmenschen", „Eselsficker", „Schafficker", „Hurnskanaken", „Kotztürken", „Drecksviecher", „räudige Hunde", „elendige Ratten", „Affen im Zoo", „Parasiten", „Ebola-Bimbos", „Unrat", „Müllhaufen", „primitive degenerierte Kacke", „Fischfutter", „geisteskranke Inzüchtler", „Türkenschlampe", „Burkaschlampen", „Moslemnutte" …

Schlimmer sind *Gewaltaufrufe*. „Traiskirchen mit Blei reinigen", „Kopfschuss verpassen", „erschießen", „Feuer frei", „Wo ist das Maschinengewehr?", „Hinrichtung", „aufhängen", „abknallen", „Exekution", „Wo sind die MG-Trupps, wenn man sie braucht?", „Handgranaten", „Flammenwerfer", „Panzerfaust wäre noch besser", „Bombe aufs Lager", „Bomb, Bomb, Bomb", „sprengen", „in die Luft jagen", „Kalaschnikow in die Hand nehmen", „an die Mauer", „an die Wand", „nicht ärgern, nachladen", „Hände abhacken", „auspeitschen", „anzünden", „ausrotten", „Kopf abschneiden", „Arme und Beine abhacken", „kastrieren und die Narkose vergessen", „eine auf die Fresse", „Hirn einhauen", „abbrennen", „Rattengift für dieses Ungeziefer", „Flugzeug ab, ohne Fallschirm", „über dem Ozean die Heckklappe auf …", „aus 1000 m Höhe rausschmeißen, ohne Fallschirm", „ins Meer hineinkippen, diese Arschlöcher", „Torpedo Marsch", „Haifischfutter", „in der Donau versenken", „Minenfeld an der Grenze", „Was macht man mit Seuchen? Man rottet sie aus", „Was wir brauchen, ist ein dritter Weltkrieg". Es gibt kaum einer Art des Mordens, die Strache-Fans auslassen, wenn es gegen Ausländer, Flüchtlinge, Asylanten, „Gutmenschen", „Linkslinke", „Lügenpresse", „Rotfunk" oder „versiffte Grüne" geht.

Ein in diesem Ausmaß unfassbares Bild politischer Verhetzung zeigen jene Poster, die ihre *Gewaltfantasien in typischer NS-Diktion* formulieren und den Betreibern solcher Seiten eigentlich zeigen sollten, wen diese Art der Mobilisierung anspricht und was sie auslöst:*

„Früher gab es diverse ‚Auffanglager', die heute noch bestehen […] reaktivieren und den Gashahn aufmachen", „KZ muss seine Türen wieder öffnen", „Mauthausen aufsper-

---

* Wo das möglich war, ohne den Sinn zu verändern, wurden Rechtschreibfehler korrigiert. Es geht um Empörung über die Inhalte, nicht um Spott über mangelnde Deutschkenntnisse.

ren und ich bin der erste Heizer", "Mauthausen steht leer", "Mauthausen, Dachau oder Auschwitz", "am besten in einer Gaskammer", "Gashahn auf!", "vergasen" [mit Hitlerbild], "mir reicht's, ich ruf den Hitler an", "Adolf Hitler, wir brauchen dich dringend", neben einem Hitlerbild: "Bei mir hätte es das nicht gegeben", "Ofen an, Asyl aus", "ab in den Ofen mit dem Mistpack", "lasst uns die alten Öfen wieder anwerfen".*

Das Phänomen der Hass-Postings im Netz ist nicht ganz so neu, wie es von vielen Medien beschrieben wird. Belegbar ist nur: Strache und seine burschenschaftlichen Waffenbrüder zählen zu den Vorreitern dieser Entwicklung.

Schon im Sommer 2011, als KünstlerInnen auf Straches Plakate "Daham statt Islam" mit provokanten Aktionen antworteten, löste das auf Straches Facebook-Seite eine Lawine des Hasses und blanker Mordlust aus: "Hurenkinder", "stinkende Moslem-Sauen", "Abschaum", "Drecksmurchen", "an die Mauer", "an die Wand", "erschießen", "steinigen", "ertränken", "aufhängen", "abschlachten", "an den Galgen", "an die Laterne", "WUK anzünden", "wie wär's mit einem Putsch?"[325]

Trotz Klagedrohungen blieben die Hass-Botschaften mehre Wochen auf der Seite des FPÖ-Chefs. Als der mediale Druck schließlich zu groß wurde, ließ Strache die strafrechtlich relevantesten Postings löschen. Bleiben durften Einträge wie "Balkanaffen", "Scheiß Krüppel", "Drecksgesindel", "Dreckspack", "Vollidioten" oder "Abschaum" oder "eini in den Zug und ab nach Mauthausen. Wir brauchen nur die Weichen stellen und den Strom aufdrehen".

Wie zu erwarten, richtete sich die von Strache geschürte Volkswut nicht nur gegen Ausländerinnen und Ausländer, sondern auch gegen "linke Zecken" und "die Drecksviecher

---

* Auf *Eau de Strache* ist jede dieser Wortmeldungen mit einem Link versehen, durch den sie auf Facebook zurückverfolgt werden kann.

vom *Standard*". Und wie üblich gab es auch einen, der standesgemäß mit „Heil Strache!" grüßte.³²⁶

So geschmacklos, schlimm oder kriminell man solche Hass-Postings auch finden mag, ihr Mobilisierungseffekt ist unbestritten – kein Wunder also, dass sich auch andere Burschenschafter dieser Taktik bedienen.

▶ Da bezeichnet der Nationalratsabgeordnete Christian Höbart *(Tauriska Baden)* Flüchtlinge als „Erd- und Höhlenmenschen"³²⁷,

▶ da sieht Andreas Mölzer *(Corps Vandalia Graz)* die Europäische Union zum chaotischen „Negerkonglomerat" verkommen³²⁸,

▶ da fordert der von der FPÖ vergeblich als Präsident für den Stadtschulrat nominierte Maximilian Krauss *(Aldania Wien)*, Zuwanderer „mit türkischem Blut" in ihre Heimat zurückzuschicken, und behauptet, in Wien gebe es Gebiete, die man nicht mehr betreten dürfe: „Dort ist man als Wiener Freiwild".³²⁹

▶ Da droht Johann Gudenus den angeblich zahlreichen „Asylbetrügern", „Verbrechern", „illegalen Ausländern" und „linken Schreiern" mit „Knüppel aus dem Sack"³³⁰.

▶ Da schwadroniert der Burschenschafter Werner Kuich *(Libertas Wien)* in Vorträgen, die als „hochschulpolitische Bildungsveranstaltung" angekündigt werden, vom „Versuch des geistigen Völkermordes durch bewusste Zersetzung des Volksbewusstseins".³³¹

▶ Da will Wolfgang Kitzmüller *(Arminia Czernowitz)* „Schwuchteln hinter dem VOEST-Gelände" entsorgen, wo sich einst eine Außenstelle des Konzentrationslagers Mauthausen befand.³³²

Die Chance, solche Art von Ausgrenzung, Hass, Lügen, Verleumdung, Verächtlichmachung und Gewaltandrohung zu verhindern, ist gering. Freiwillig werden Burschenschaften und FPÖ auf den Weg politischer Kultur nicht zurückkehren – zu erfolgversprechend sind diese perfiden Mittel des Hass-Trainings für Mobilisierung und Stimmenmaximierung.

Überforderte Gerichte, hilfloser Rechtsstaat

Die gerichtliche Verfolgung der Internet-Hetzer ist schwierig, meint Christian Pilnacek, für Strafrecht zuständiger Sektionschef im Justizministerium. Zahlreiche NutzerInnen würden unter falschem Namen posten und auch der Vorsatz der Verhetzung sei schwer nachzuweisen. Dass die Zahl der Anzeigen und Verurteilungen deutlich steigt, ändert nichts an der Tatsache, dass nur ein geringer Teil der Fälle ein juristisches Nachspiel hat.

Um gerichtliche Urteile zu erzwingen, braucht es KlägerInnen, die Geld und Zeit investieren. Also wird es auch weiterhin nur einzelne Fälle geben, in denen Burschenschafter oder burschenschaftlich geführte Medien Entschädigungen zahlen müssen.

Die einzige Partei, die bereit ist, Zeit und Geld nicht nur in Verfahren gegen Hass-Postings von Politikern zu investieren, sondern auch gegen jene ihrer Fans, sind die Grünen, die bereits einige Verurteilungen erreichten und damit öffentlich machten, dass es sich bei Hetz-Kampagnen im Internet um kein Kavaliersdelikt handelt.[333]

Was also könnte man tun, um gegen Falschmeldungen und jene gezielt gestreuten Gerüchte im Internet vorzugehen, die ein Klima von Angst, Hass, Misstrauen und Gewaltbereitschaft entstehen lassen? „Der Journalismus müsste anders reagieren", meint der Kommunikationswissenschaftler Fritz Hausjell. Er müsste Geschichten über die Entstehung und Verbreitung solcher Gerüchte thematisieren und, wann immer das möglich ist, „ihre Urheber finden und nennen".[334] In Übereinstimmung mit dem amerikanischen Linguisten George Lakoff meint die Sprachwissenschaftlerin Ruth Wodak, es würde helfen, „alternative Konzepte wie Gleichheit, Diversität und Solidarität [zu] unterstützen und verbreiten".[335]

Während Hetzer im Netz meist straffrei bleiben, stehen unverhältnismäßig oft jene vor Gericht, die sich gegen die Verbreiter von Angst und Hass zur Wehr zu setzen versuchen. Wer als Privater auf Facebook Burschenschafter oder freiheitliche Politiker attackiert, geht ein extrem hohes Klagerisiko ein. Die FPÖ klagt öfter als alle anderen im Parlament vertretenen Parteien zusammen.

Mehr als siebzig Mal (!) haben Burschenschafter und FPÖ-Politiker den Datenforensiker Uwe Sailer angezeigt oder geklagt, nachdem dieser immer wieder die Verbindungen von Burschenschaftern und FPÖ-Politikern in die Neonazi-Szene aufgedeckt hatte. In keinem einzigen dieser Verfahren wurde Sailer verurteilt.* In die Abwehr dieser juristischen Hexenjagd aber hat er die Arbeitszeit vieler Monate investieren müssen und „im Gericht einen Zweitwohnsitz bezogen", wie er leicht entnervt feststellt.

Siebzig ohne Verurteilung zu Ende gegangene Verfahren sind Beleg dafür, dass hier versucht wird, einen der kompetentesten Aufdecker rechtsextremer und neonazistischer Netzwerke durch den Missbrauch des rechtsstaatlichen Instrumentariums mundtot zu machen.[336]

---

* Drei Verfahren endeten mit Vergleichen.

Die mediale Parallelwelt der Burschenschafter

Österreichs Burschenschafter haben der FPÖ eine mediale Parallelwelt erschaffen, die ihre eigenen Gesetze hat. Das vom freiheitlichen Kommunikationschef Alexander Höferl *(Gothia Wien)* gemanagte FPÖ-TV erweckt den Anschein von Authentizität, nicht zuletzt durch mangelnde Perfektion. Der Hintergrund nicht optimal ausgeleuchtet, die Kamera mit freier Hand geführt: ein deutlicher Gegensatz zu den Hochglanzergebnissen der „manipulierten Meinungsindustrie" und der geächteten „Lügensender". „Da wird mit Mitteln gearbeitet, die wir als ‚live' und ‚ungeschnitten' kennen – bis hin zur verwackelten Kamera", erklärt Medienforscher Fritz Hausjell. Dass diese Art von Fernsehen nur eine Seite zeigt, bleibt dem weniger informierten Teil der SeherInnen verborgen.

Im Präsidentschaftswahlkampf wurde es deutlich: Norbert Hofer bei seiner Pressekonferenz, Norbert Hofer bei TV-Auftritten – FPÖ-TV war immer dabei. In den danach zurechtgeschnittenen Zusammenfassungen hat Hofer immer gewonnen, war Hofer immer der Gute, der Anständige, der Korrekte – manchmal auch der von „linken Journalisten Verfolgte". Um Live-Erlebnis sichtbar zu machen, wurden einzelne Journalisten mit den Kameras sogar bis nach Hause verfolgt. „So macht man Angst", meint Corinna Milborn, Info-Direktorin von PULS4.

Die engagierte TV-Journalistin, die im September 2016 den Humanitätspreis der Heinrich-Treichl-Stiftung des Roten Kreuzes und im Mai 2017 den renommierten Robert-Hochner-Journalisten-Preis erhielt, zählt zu den von Burschenschaftern, FPÖ-Politikern und Neonazis bestgehassten MedienmacherInnen. Nach jedem Interview muss sie ihr Facebook-Profil sperren und darauf achten, dass die Online-Redaktion besetzt ist, um strafrechtlich relevante Postings sofort zu löschen. Nicht entziehen aber kann sie sich dem Hass auf freiheitlichen Facebook-Seiten, der sich in Postings wie diesem äußerte: „Ich wünsche Ihnen, dass Sie von einem Afghanen vergewaltigt werden."[337]

Auf den von Burschenschaftern betreuten Internet-Medien spielt Wahrheit keine Rolle. Abgekoppelt von Fairness, Respekt und demokratischem Anstand wird da verbreitet, was der Partei nützt. Die Verantwortlichen fungieren nur als Stichwortgeber. Die Mobilisierung durch immer neue Angst-, Hass- und Schmutzkübel-Kampagnen überlässt man Fans und Followern – mit Erfolg, wie die weiter oben angeführten Beispiele zeigen.

In dieser künstlich geschaffenen Medienwelt wird auf alles verzichtet, was sauberen Journalismus ausmacht: gewissenhafte Recherche, Überprüfung von Fakten, Nennung der Quellen, Gegenüberstellung unterschiedlicher Meinungen, Zitierungen unabhängiger Experten oder wissenschaftlicher Arbeiten und – nicht zuletzt – die Richtigstellung von Fehlern und Falschinformationen.

Über das Internet erreiche man WählerInnen, „die sich nie eine traditionelle Nachrichtensendung ansehen", weiß der Politologe Peter Filzmaier. Verstärkt wird dieser Erfolg durch den Kampf der Freiheitlichen gegen den vermeintlichen „Rotfunk" und die „gekaufte" oder „abhängige" „System-" bzw. „Lügenpresse".[338]

Dass diese Begriffe einst von Joseph Goebbels eingeführt wurden und fester Bestandteil der Propaganda in der Zeit des nationalsozialistischen Aufstiegs waren, scheint die Freiheitlichen nicht zu stören. Und auch die Täter-Opfer-Umkehr, mit der Goebbels einst Stimmung machte, ist wieder da: Die FPÖ inszeniert sich als Opfer von Zensur und Faschismuskeule, unterstellt seriösen Medien „gezielte Manipulation" und „einseitig und ideologisch gefärbte Berichterstattung".[339] Die eigenen Internet-Auftritte aber stellen sich nicht als Parteimedien dar, sondern als Wahrheitsbringer und Kämpfer für Österreich in der „Abwehrschlacht" gegen die „Invasoren".

Durch Gerichtsurteile lassen sich die burschenschaftlichen Medienmacher nicht abschrecken. Anfang 2017 wurde *unzensuriert* zu 2000 Euro Geldstrafe verurteilt (bei Drucklegung dieses Buches nicht rechtskräftig – es gilt die Unschuldsvermutung), weil Gewaltaufrufe gegen die *profil*-Redakteurin Christa Zöchling elf Tage nicht gelöscht wurden. Da hatte einer der Poster dazu ermuntert, Zöchlings Foto als „Zielscheibe für Schießübungen" zu verwenden. Ein anderer meinte Richtung *profil*-Journalistin: „Schade, dass es keine Gaskammern mehr gibt." *unzensuriert* aber empfand die Entschädigungszahlung an die „linksextreme Journalistin" als „Politjustiz".[340]

Das Zusammenspiel mit der *Krone*

Von der Öffentlichkeit weitgehend unbemerkt hat sich ein Zusammenspiel von *Kronen Zeitung*, burschenschaftlichen Internet-Medien und FPÖ entwickelt. Die *Krone* schreibt und titelt, als wäre sie Wahlkampfmedium der Freiheitlichen: „Vergewaltiger will Asyl in Österreich!" oder „Österreich völlig dichtmachen!". „Dschihad-Rückkehrer dürfen nicht hier leben." „Polit-Wirbel um Polizeieinsätze bei den Asylunterkünften".

Systematisch wird jede Gelegenheit genützt, Angst und Vorurteile zu schüren, die für die FPÖ wichtigstes Mobilisierungsthema ihrer Wahlkämpfe sind. Strache postet diese Artikel mit kurzen Begleittexten wie „unfassbar!" oder „bezeichnend!", aber auch mit Lob für die *Krone*-Macher: „Exzellent auf den Punkt gebracht!", „Wort für Wort richtig!" „Großer Respekt für den Redakteur!"[341]

Es ist ein Geschäft auf Gegenseitigkeit, bei dem beide Seiten gewinnen: Strache profitiert politisch. Die Schlagzeilen liefern ihm, was er braucht, um die Wut seiner Fans zu schüren, die beschriebene Lawine des Hasses in Gang zu setzen und deren Mobilisierungskraft zu nützen.

Die *Krone* profitiert wirtschaftlich. Das ständige Lob auf millionenfach genützten Internet-Auftritten fördert die Auflage. Es würde Hunderttausende Euro kosten, einen vergleichbaren Effekt durch konventionelle Werbung – etwa durch TV-Einschaltungen – zu erzielen.

Also macht die *Krone* gerne auch Fleißaufgaben, indem sie Meldungen nach Einschätzung der Polizei „aufbauscht, verstärkt, übertreibt und verkürzt"[342], danach ausschließlich oder zumindest bevorzugt FPÖ-Politiker zu Wort kommen lässt und Leserbriefe mit falschen Fakten oder Übertreibungen abdruckt.[343] Manchmal ist auch die FPÖ Ausgangspunkt von Meldungen, die ungeprüft übernommen werden.

Ein beispielhafter Fall ereignete sich im September 2015, als der damalige Kärntner Landesrat Christian Ragger in einer Presseaussendung wahrheitswidrig behauptete, Flüchtlinge in St. Kanzian wären in Hungerstreik getreten, um ihre „unverschämten Forderungen" – die Aushändigung von Pässen und 2000 Euro Taschengeld – durchzusetzen. Die Falschmeldung wurde von *unzensuriert* übernommen und noch verschärft, indem man die 2000 Euro mit den 870 Euro eines Mindestpensionisten verglich.

Der Text von *unzensuriert* wurde beinahe wörtlich in der *Krone* abgedruckt und danach von Strache mit der Bemerkung „ohne Worte" ins Netz gestellt. Zuletzt waren Straches Fans und Follower mit ihren Kommentaren am Wort: „Unverschämt!", „Lasst die Schweine verhungern!"

Als andere Medien und ein Politiker der Grünen den Fall überprüften, stellte sich – wieder einmal – heraus: Alles nicht wahr. Die Flüchtlinge hatten mit selbstgeschriebenen Schildern darauf aufmerksam machen wollen, dass viele von ihnen seit acht, neun oder zehn Monaten auf ihre Vernehmung im Asylverfahren warteten. Geld hatten sie nicht gefordert und auch zu dem ursprünglich angedachten Hungerstreik war es nicht gekommen.[344]

Wenn die *Krone* gerade keinen passenden Fall zur Hand hat, den man übertreiben kann, werden Meldungen auch erfunden. Zum Beispiel: Der Islamische Staat zahle 100.000 Euro „für die Entwaffnung von Polizisten und Soldaten, etwa in Spielfeld".[345]

Strache hatte schon einen Tag zuvor die Vorausmeldung von *krone.at* gepostet: „IS-Terroristen zahlen 100.000 € für Polizeiwaffe." Die *Krone* behauptet, die *Organisation für Sicherheit und Zusammenarbeit in Europa* (OSZE) habe das gemeldet. Diese aber weiß von nichts, wäre für solche Warnungen auch nicht zuständig, hat keinerlei polizeiliche, militärische oder nachrichtendienstliche Kompetenzen. Als „Beleg" legt die *Krone* schließlich einen bedruckten Zettel unbekannter Herkunft vor, der eine angebliche Übersetzung aus dem Slowenischen enthält. Den Text könnte jeder verfasst haben. Ausschließen kann man nur, dass er von der OSZE stammt.

Ein beispielloses Lehrstück journalistischer Schamlosigkeit leistete sich Christoph Biró, Chefredakteur der *Steirer-Krone*. Dieser schrieb im Herbst 2015, als zahlreiche Flüchtlinge mit Sonderzügen kamen, von „jungen, testosteron-gesteuerten Syrern", die sich „äußerst aggressive sexuelle Übergriffe" geleistet hätten, von Afghanen, die Sitze in ÖBB-Waggons aufschlitzen und darauf ihre Notdurft verrichten würden, weil sie nicht dort Platz nehmen wollen, wo Christen gesessen seien, von „Horden", die Supermärkte stürmten, Packungen aufrissen und sich „nehmen, was sie wollen", von einer „machtlosen" Polizei und von einer „humanitären Katastrophe", die „gestoppt werden" müsse.[346] ÖBB und Polizei dementierten: „Wäre das so, würden keine Sonderzüge mehr fahren", erklärte ÖBB-Sprecher Christoph Posch.[347] Fritz Grundnig, Sprecher der Landespolizeidirektion Steiermark, bezeichnete laut *Kurier* Birós Ausführungen als „absoluten Blödsinn".[348]

Als die klammheimliche Koalition von Krawallpartei und Krawalljournalismus durch Beschwerden beim Österreichischen Presserat an die Öffentlichkeit gelangte, nahm Biró sich eine „Auszeit". *Unzensuriert* reagierte, wie man es von diesem Burschenschafter-Medium erwarten konnte. Es gebe kein Gesetz, das Polizei oder ÖBB dazu „verpflichten würden, Medienanfragen wahrheitsgemäß zu beantworten", bastelte man an einer Verschwörungstheorie, um Biró in Schutz zu nehmen. Dem geschassten Chefredakteur bot man „journalistisches Asyl" an: „Für eine Zusammenarbeit, sehr geehrter Herr Biró, kontaktieren Sie uns bitte jederzeit. Wir garantieren Geheimhaltung."[349]

Strache und Hofer scheinen aus der langjährigen medialen Hilfestellung der *Krone* das Gewohnheitsrecht abzuleiten, mit Österreichs größtem Printmedium nach Gutsherrenart umspringen zu können. Als die *Krone* – diesmal korrekt und überprüfbar – darüber schrieb, dass Strache mit dem wegen einer sechsstelligen Scheinrechnung rechtskräftig verurteilten Ex-FPÖ-Werber Gernot Rumpold eine gemeinsame Firma betrieben hatte, ausgerechnet zu jenem Zeitpunkt, an dem dieser Millionenhonorare von Eurofighter einstreifte, schäumten die beiden über den „Druck der Boulevard-Medien" und die „rot-grüne Auftragsarbeit".

Dass *Krone*-Redakteur Claus Pándi gleichzeitig die „zunehmende Nervosität" vor dem FPÖ-Parteitag analysierte, brachte das Fass zum Überlaufen. Die Kritik am „willfährigen Schreiberling der SPÖ", der „mit seiner Dreckschleuder" gegen die FPÖ arbeite, zeigt jedenfalls, wie wenig die FPÖ mit unabhängigem Journalismus anfangen kann.[350]

Dass dieser Zwischenfall das Ende der Zusammenarbeit bedeuten könnte, ist unwahrscheinlich. Zu profitabel ist die mediale Hetz- und Verleumdungs-Koalition, als dass ihr zwei seriöse Artikel ernsthaft schaden könnten.

Strache: Fake News und falsche Fakten
Politik und Wahrheit vertragen sich schlecht. Das liegt in der Natur der Sache. Politiker unterschiedlicher Parteien betrachten den gleichen Vorgang aus unterschiedlichen Perspektiven, ziehen daraus unterschiedliche Schlüsse, aus denen sie „ihre eigene Wahrheit" ableiten.

Auf FPÖ-Chef Strache trifft dieser philosophische Blick auf das Wesen politischer Wahrheiten nicht zu. Er beschränkt sich nicht darauf, Fakten anders zu deuten als seine politischen Mitbewerber. Er setzt sich über sie hinweg. Er verfälscht sie. Er erfindet sie. Die Fülle belegbarer Unwahrheiten, wie man sie ohne lange suchen zu müssen im Internet findet, macht ihn zum unrühmlichen Einzelfall: Kein anderer Politiker der österreichischen Nachkriegsgeschichte hat sich mit dem, was er sagte und schrieb, derart rücksichtslos und provokant über alle Spielregeln demokratischer Kultur und persönlichen Anstands hinweggesetzt.

Trotz der großen Zahl immer neuer Unwahrheiten, die wie mit einem Schnellfeuergewehr auf Österreichs WählerInnen abgeschossen werden, ist es riskant, ihn im Einzelfall als „Lügner" zu bezeichnen. Lügen heißt, die Wahrheit *bewusst* verfälschen. Um zu lügen, müsste Strache die Wahrheit kennen. Kennt er sie? Wichtiger noch: Kann man das vor Gericht beweisen?

Vielleicht hat er etwas falsch verstanden? Vielleicht ist er nur ahnungslos? Uninformiert? Inkompetent? Unkonzentriert? Vielleicht hat er sich nur versprochen? Gegen solche Ausreden spricht, dass Strache die Wahrheit immer nur nach einer Seite verfälscht: nach der, die ihm gerade nützt.

Die Zahl der Flüchtlinge, die er nennt, ist regelmäßig zu hoch, die von ihm genannten Unterstützungszahlen an Flüchtlinge oft im Bereich des Unsinnigen angesiedelt. Die Pensionen und Einkommen der „kleinen Leute", die er diesen in seinen Rechnungen gegenüberstellt, fallen dafür regelmäßig zu niedrig aus. Die Zahlen zur Ausländerkriminalität, der Sexualdelikte, der Gewaltdelikte, mit denen er operiert, übersteigen alles, was sich aus offiziellen Statistiken herauslesen lässt.[*]

---

[*] Die von Strache und Hofer verbreiteten Unwahrheiten haben dazu geführt, dass diese von zahlreichen Blogs gesammelt werden. Die aufgezeigten Beispiele sind diesen Blogs entnommen und zur Überprüfung mit den darin zitierten Quellen verglichen. Die wichtigsten Internet-Adressen:

Bei den „Beweisen" für seine Behauptungen handelt es sich immer wieder um Fälschungen.

- Als Strache auf Facebook über Ausschreitungen bei der Demonstration gegen den Akademikerball 2014 berichtet, illustriert er das mit Fotos, unter anderem von brennenden Barrikaden, die bei Protesten in der Türkei aufgenommen wurden.[351]
- Im November 2015 behauptet er, 100.000 Polen seien gegen die „drohende Islamisierung Europas" auf die Straße gegangen, und „belegt" das mit einem Foto, das mit der „drohenden Islamisierung" nichts zu tun hat, sondern den alljährlichen traditionellen Marsch am polnischen Unabhängigkeitstag zeigt.[352]
- Drei Tage später postet Strache das Video einer angeblichen „islamischen Freudenkundgebung" nach einem Terroranschlag. In Wirklichkeit handelt es sich um das Bild einer vier Jahre zuvor aufgenommenen Siegesfeier der pakistanischen Cricket-Mannschaft, die in London den Cricket-Worldcup gewonnen hatte.[353]
- Am 13. November 2016 bestreitet Strache die Massendemos vor dem Trump-Tower. Zum Beweis dafür, dass „diverse Medien uns für dumm verkaufen", zeigt er das Video

---

https://medium.com/@fpoeticker/die-gesammelten-l%C3%BCgendes-heinz-christan-strache-8ed54e4c388c;
www.stopptdierechten.at/2015/11/17/hc-strache-eine-luge-nach-der-anderen/;
www.vice.com/de_at/article/unzensuriert-fpoe-luege;
www.aktivist4you.at/wordpress/2016/05/05/das-fpoe-luegengebaeude-stuerzt-ein-die-gesammelten-luegen-des-norbert-hofer-die-luegen-des-hc-straches-und-das-gegen-ihre-eigene-fpoe-waehlerschaft-gerichtete-abstimmverhalten-der-fpoe-mandatare-d/;
www.dahamist.at/index.php/2016/05/06/luegt-strache-wirklich/;
http://haraldwalser.at/fpoe-gebot-du-sollst-luegen/;
www.youtube.com/watch?v=WUgrsjJJGQ8;
https://kontrast-blog.at/luegen-der-fpoe-faktencheck/

des deutschen Comedians Mario Barth, das am „Veterans Day" aufgenommen wurde, an dem nicht demonstriert werden konnte, weil das Straßenstück für die traditionelle Militärparade gesperrt war.[354] Dass Trump sich auf Twitter selbst über die von Strache bestrittenen Proteste empört hatte[355] und US-Medien ausführlich darüber berichteten, muss den FPÖ-Chef nicht stören: Wer verfolgt in Österreich Trumps Tweets? Wer liest schon amerikanische Zeitungen?

Verständnis kann man allenfalls dafür aufbringen, dass Strache seine Neonazi-Vergangenheit abstreitet. Welcher Politiker mag schon zugeben, dass er mit einer der gefährlichsten und gewaltbereitesten Neonazi-Gruppierungen an einer verbotenen Demonstration teilnahm, dass er bei Neonazi-Veranstaltungen nicht nur fotografiert, sondern auch festgenommen wurde? Wer lässt sich gerne daran erinnern, dass Aktivisten der Wiking-Jugend, mit der man einst marschierte, für den blutigsten Terroranschlag der deutschen Nachkriegsgeschichte, den Anschlag auf das Münchner Oktoberfest 1980 mit 13 Toten und mehr als 200 Verletzten, für den Mord an dem jüdischen Verleger Shlomo Levin und seiner Lebensgefährtin und für zahlreiche andere Verbrechen verantwortlich waren (siehe Seiten 166–170)?

Mehrfach hat Strache behauptet, „ich war nie ein Neonazi und werde nie ein Neonazi sein". Damit verspielte er die Chance, sich durch einen ehrlichen Schlussstrich von seiner braunen Vergangenheit loszusagen, statt mit immer neuen Ausreden Zweifel an seiner heutigen Gesinnung zu schüren: Er ist es ja selbst, der einen politischen Lern- und Entwicklungsprozess, der ihn dem braunen Sumpf hat entwachsen lassen, in Abrede stellt.

Verständlich ist auch, dass Strache sich vom Ballast des schwarz-blauen Korruptionssumpfes zu befreien versucht. Unverständlich aber ist die leicht durchschaubare Art, in der er die Wahrheit zu verfälschen sucht. Mehrfach behauptete er, dass die jetzige FPÖ mit den Korruptionsskandalen der „alten FPÖ" nichts zu tun habe. „Faktum ist, dass kein FPÖ-Politiker rechtskräftig verurteilt wurde."[356] Alle Versuche, die „heutige FPÖ in diese damaligen Machenschaften hineinzuziehen", würden „völlig ins Leere" gehen.[357] Hat er die Gerichtsverfahren und Verurteilungen verschlafen? Hat er „vergessen", dass er selbst Haiders Stellvertreter in dieser „alten FPÖ" war?

Anlässlich der Pressekonferenz zur Einsetzung des Untersuchungsausschusses im März 2017 verstieg sich Strache zu der Behauptung, die FPÖ habe die Anschaffung der Eurofighter „nie unterstützt".[358] Dabei war die Entscheidung im Kabinett Schüssel einstimmig gefallen.[359] Als Verteidigungsminister war damals Herbert Scheibner zuständig, als Finanzminister Karl-Heinz Grasser, beide FPÖ.

Ähnlich unsinnig war Straches Versuch, die Prokura der „Firma Care Partners, Gesundheitsfinanzierung" zu leugnen[360], für die auch der ehemalige FPÖ-Bundesgeschäftsführer und Eurofighter-Lobbyist Gernot Rumpold tätig war. Zur Überprüfung dieser Unwahrheit reichte dem *Kurier* ein Blick ins Firmenbuch[361], in dem Straches Prokura vom März 2000 bis März 2002 dokumentiert ist.*

Die mit Abstand meisten der von Strache verbreiteten Unwahrheiten dienen der Hetze gegen Ausländer. Ob Strache behauptet, dass die Weihnachtsfeier von REWE (*Billa, Merkur, Bipa, Penny, coop, Promarkt* u. a.) wegen der Flüchtlingskrise gestrichen wurde[362], ein Christkindlmarkt in „Wintermarkt" umbenannt werden muss[363], christliche Feste wie

---

* Die stolze Summe von 6,6 Millionen Euro hat Rumpold von EADS/Eurofighter für seine „Hilfestellung" kassiert. Für den Verdacht, das seien Schmiergelder gewesen, die zum Teil an die FPÖ zurückflossen, fand das Gericht keine Beweise und stellte das Verfahren ein.

das Osterfest in Kindergärten verboten werden[364], Wiener Kindergärten mit Rücksicht auf ausländische Kinder kein Schweinefleisch mehr auf den Speiseplan setzen würden[365], ob er ein „Nikoloverbot" erfindet[366], die Zahl der in Österreich bestehenden Moscheen und Gebetsräume auf das mehr als Zwanzigfache aufrundet[367], ob er behauptet, eine Kindergartenpädagogin sei gekündigt worden, weil sie den Kindern das Weihnachtsfest erklärte[368]: Alles nicht wahr. Alles frei erfunden.

Strache behauptet, eine Wienerin sei gestorben, weil die Rettung wegen des Flüchtlingschaos zu spät gekommen sei. Er übernimmt die Falschmeldung von *unzensuriert*, ein Junge habe wegen der Behandlung von Flüchtlingen keine Therapie bekommen. Er postet, Asylanten würden bei der Wohnungsvergabe bevorzugt, Flüchtlinge dürften öffentliche Verkehrsmittel in Wien „kostenlos" benützen. Strache erfindet Schulklassen, in denen „kein Schüler Deutsch spricht". Journalisten recherchieren und kommen zu dem Ergebnis: Alles nicht wahr.

Der Mann, der Bundeskanzler von Österreich werden will, produziert Unwahrheiten wie am Fließband: Er bestreitet Kontakte seiner Partei zur neonazistischen NPD. Er behauptet, dass es an der EU-Außengrenze keine Grenzkontrollen gebe. Er echauffiert sich darüber, dass Saudi-Arabien den Menschenrechtsrat der UNO führt. Er behauptet, die Grünen hätten vom libyschen Regime unter Gaddafi einst vier Millionen Schilling erhalten. Er kritisiert, dass Bankomat- oder Kreditkarten von Russen gesperrt seien. Im ORF-Sommergespräch am 22. August 2016 behauptet Strache, die VOEST würde nicht mehr in Österreich investieren (dabei hat Österreichs Paradeunternehmen soeben den Bau eines neuen Stahlwerkes in Kapfenberg beschlossen). Er macht die „Maschinensteuer" zu einer „kommunistischen Idee", behauptet, die SPÖ habe im Europaparlament für das Freihandelsabkommen CETA gestimmt, oder – besonders unverschämt – unter Rot-Schwarz sei die höchste Steuerquote erreicht worden, obwohl dies unter Schwarz-Blau der Fall war und die Steuerquote seither leicht gesunken ist. Im Anschluss an eine FPÖ-Kundgebung, an der nach Polizeiangaben 1100 Demonstranten teilgenommen haben, rundet er auf und spricht von „über 5000" Teilnehmern. Nach dem Solidaritätskonzert für ein menschliches Europa am 3. Oktober 2015 in Wien geht die Polizei von 120.000 Zuhörern aus. Strache rundet ab und macht daraus 20.000.

Wann immer Strache als Redner auftritt, an Fernsehdiskussionen teilnimmt oder irgendwelche Schreckensmeldungen postet, kann man davon ausgehen, dass Wahrheit für ihn keine Rolle spielt, dass er mit gespielter Überzeugung auch die unsinnigsten Gerüchte in die Welt setzt, wenn sie nur jene Vorurteile schüren, die Grundlage seiner Erfolge sind.[369]

Wenn Straches Falschinformationen von den Medien thematisiert werden, wehrt er sich mit Ausdrücken wie „Lügenpresse" oder „Rotfunk" und belegt das mit weiteren Unwahrheiten: Die Medien würden die Unruhen in Paris „unter den Teppich kehren", die Existenz eines „Antifa-Bekennerschreibens" verschweigen, das vorläufige Ergebnis der Bundespräsidenten-Stichwahl zurückhalten, den Auftritt einer „Ex-Terroristin" ignorieren, die von Staatssekretärin Muna Duzdar eingeladen worden sei usw., usw. Und wieder: Alles nicht wahr, alles eindeutig als Unwahrheit, Unterstellung, Erfindung belegbar.

Dass im Internet Seiten kursieren, die Straches „alternative Fakten" auflisten, scheint ihn nicht zu stören. Unter dem Titel „Die gesammelten Lügen des Heinz-Christian Strache" hat *FPÖ watch* die stolze Zahl von 140 „nachweislichen Unwahrheiten" veröffentlicht und chronologisch geordnet: ein beispielloses Dokument politischer Unmoral und Skrupellosigkeit, das nur den Nachteil hat, von Straches Wählern nicht wahrgenommen zu werden.[370]

Die *Kronen Zeitung* spielt bei der Verbreitung von Straches Unwahrheiten eine unrühmliche Rolle: Im Januar 2016 veröffentlicht der FPÖ-Chef einen Leserbrief aus der *Krone*, in dem der muslimische Anteil an der österreichischen Bevölkerung (damals 6,8, heute an die 8 Prozent) mit 13 Prozent – also weit überhöht, angegeben wird. Im April 2016 verbreitet er unter Berufung auf die *Krone* die Falschmeldung, dass Flüchtlinge nach sechs Jahren „unbürokratisch" auch ohne Deutschkenntnisse eingebürgert werden. Am 28. August 2016 postet er eine Grafik aus der *Krone*, in der die Kosten der Asylkrise zu hoch angegeben werden. Am 22. Januar 2017 teilt Strache einen Artikel des *Krone*-Kolumnisten Tassilo Wallentin, der eine ganze Reihe jener Halb- und Unwahrheiten enthält, wie sie sonst von der FPÖ verbreitet werden.[371]

Tassilo Wallentin nimmt in der *Krone* eine Sonderstellung ein. Als einzigem Autor wird seiner Namenszeile der akademische Titel vorangestellt, was im Journalismus unüblich ist. Danach wird die Namenszeile mit „Rechtsanwalt in Wien" ergänzt, womit den Lesern suggeriert wird, hier handle es sich um einen besonders unabhängigen, korrekten Autor. Mit der Bezeichnung „Bestseller-Autor" wird nicht nur die Bedeutung des Autors, sondern auch die der *Krone* hervorgehoben. Bei Wallentins „Bestsellern" handelt es sich um die Veröffentlichung seiner *Krone*-Kolumnen in Buchform. Die immer wieder feststellbare Unterstützung der FPÖ in Wallentins Beiträgen erhält damit besonderes Gewicht.

Was korrekterweise in der Namenszeile angeführt werden müsste, aber nicht wird: Wallentin ist FPÖ-Anwalt, Anwalt des ehemaligen Dritten Nationalratspräsidenten Martin Graf und Anwalt von Strache. Was von der *Krone* als „Kolumne" verkauft wird, ist in Wirklichkeit allwöchentliche FPÖ-Propaganda durch einen FPÖ-Anwalt.

Nach dem Ehrenkodex des österreichischen Presserates für die „Wahrung der journalistischen Berufsethik" sind „Beeinflussungsversuche", „Interventionen" und die „Einflussnahme Außenstehender" unzulässig. Die FPÖ braucht das nicht zu kümmern. Wer muss schon „beeinflussen" oder „Einfluss nehmen", wer muss „intervenieren", wenn eine Kolumne vom eigenen Anwalt geschrieben wird?

Der Kampf gegen die „Lügenpresse"

Mit den Nazi-Vokabeln „Systempresse", „Systemmedien" bzw. „Lügenpresse" wird den Nutzern burschenschaftlicher und FPÖ-naher Medien suggeriert, die Medienlandschaft werde von Regierung und Establishment gelenkt und kontrolliert – eine kurios anmutende Neuauflage der von den Nazis verwendeten Täter-Opfer-Schuldumkehr: Ausgerechnet die burschenschaftliche Fälscherwerkstatt, die mit erfundenen Meldungen Hass und Gewaltfantasien hervorbringt, beansprucht die Wahrheit für sich und versucht, seriös arbeitende JournalistInnen in seriös berichtenden Medien als Lügner zu verleumden.

Bevorzugte Opfer der „Lügenpresse"-Kampagne sind nicht durch Zufall die prominentesten Programm- und Blattmacher, also jene, die den freiheitlichen Nachrichtenfälschern ein ständiger Dorn im Auge sind: Ingrid Thurnher, Chefredakteurin im ORF, ZiB2-Anchorman Armin Wolf, Corinna Milborn, Info-Chefin von PULS4, Helmut Brandstätter, Chefredakteur des *Kurier* oder Hans Rauscher, Kolumnist des *Standard*, Christa Zöchling vom *profil* oder Nina Horaczek vom *Falter* – Letztere haben sich im Kampf gegen den Rechtspopulismus auch als Buchautorinnen einen Namen gemacht.

Wenn es gegen die freie Presse und unabhängigen Journalismus geht, sind Strache, Hofer & Co in der Wortwahl nicht zimperlich: „Hetzkampagne", „Meinungsdiktatur", „Systemmedien-Manipulation", „Missbrauch der Pressefreiheit", „Rotfunk", „ORF-Manipulationsskandal", „Lügensender am Küniglberg"…

Als sich Corinna Milborn im Gespräch mit Präsidentschaftskandidat Norbert Hofer von dessen Rügen für kritische Fragen nicht hatte einschüchtern lassen, schrieb Strache:

„PULS4 bricht an Niveaulosigkeit alle Rekorde." Das Interview sei „eine Zumutung" gewesen. Das habe „mit einem fairen Journalismus nichts mehr zu tun."[372] Beim Interview durch Susanne Schnabl im *Report* ging der FPÖ-Chef auf deren Fragen kaum ein, sondern beschränkte sich darauf, in rüdem Ton seinen Vorurteilen gegen den verhassten „Rotfunk" freien Lauf zu lassen. Dabei hatte die TV-Journalistin nur gefragt, was jeder kritische Journalist hätte fragen müssen. Sie „verfälsche" die Wahrheit und sei „an Objektivität nicht interessiert", antwortete Strache. Die FPÖ habe nie für einen EU-Austritt geworben, behauptete er trotzig die belegbare Unwahrheit. Susanne Schnabl bekam keine Chance zur Nachfrage oder Präzisierung. Der rüde Redestrom des freiheitlichen Parteiobmannes hatte sie mundtot gemacht.[373]

Danach legte Strache auf Facebook für seine Fans nach bewährtem Muster nach: „tendenziös", „verzerrend", „manipulativ". Die rot-schwarze Regierungspolitik werde hochgejubelt und die FPÖ als „einzige wirkliche Oppositionspartei schlechtgemacht".[374]

Norbert Hofer verfolgte die gleiche Taktik, wenn auch in etwas verbindlicherem Tonfall. „Da hört sich bei mir das Verständnis auf", empörte er sich darüber, dass Armin Wolf die Schilderungen seiner Israel-Reise nachrecherchiert und ihn vor laufender Kamera mit den Ergebnissen konfrontiert hatte. Dass Ingrid Thurnher den von Hofer behaupteten „Terrorangriff", in den er in Israel hineingeraten sein wollte, durch einen Sprecher der israelischen Polizei dementieren ließ, bezeichnete Strache als „ORF-Manipulationsskandal".[375] Hofers Beschwerde dagegen wurde abgewiesen. Als die Medienbehörde *KommAustria* in ihrem Urteil Thurnhers „sorgfältig erlangte Rechercheergebnisse" würdigte, zeigte sich Hofer als schlechter Verlierer: Er empfinde die Begründung als „Skandal", „lächerlich", sachlich „nicht nachvollziehbar" und werde den Bescheid beim Bundesverwaltungsgericht anfechten.³⁷⁶ Strache nahm den Spruch zum Anlass, die Leiter der Behörde (Michael Ogris und Susanne Lackner) zu attackieren, deren Bestellung Norbert Hofer im Oktober 2016 als Mitglied des Nationalrats-Präsidiums in Vertretung des Bundespräsidenten selbst unterzeichnet hatte.³⁷⁷

Immer wieder legte Strache nach. Auf Facebook kritisierte er, dass Ingrid Thurnher „nicht einmal ihre Mimik im Zaum halten kann, während FPÖ-Politiker sprechen". Dass der FPÖ-Chef den Rücktritt der beiden ORF-Aushängeschilder Ingrid Thurnher und Armin Wolf forderte, konnte nicht überraschen.³⁷⁸

Straches Facebook-Fans versuchten nicht ihren Hass auf unabhängige Journalisten zu verbergen, die unbequeme Fragen stellen: „So sehen Volksverräter und Volksverbrecher aus!" Die „rotgrünschwarzen Verräter und ihre Wasserträger gehören vor Gericht und dann in ein dunkles Loch …" Oder volkstümlicher: „Die linkslinken ORF-Gfrasta gehören alle in Haft!"³⁷⁹

Ende März 2017 hatten Armin Wolfs Recherchen über Hofers Israel-Reise ein Nachspiel. Als Niederösterreichs damaliger Landeshauptmann Erwin Pröll sich nach einem ORF-Interview über Wolfs Gesprächsführung beschwerte, versuchte die FPÖ eine Koalition gegen den verhassten Journalisten zu schmieden. Wolf hatte Pröll kritisch, aber durchaus sachlich, nach Landes-Subventionen für die Erwin-Pröll-Privatstiftung befragt, die im Landesbudget nicht öffentlich ausgewiesen worden waren. Das nützte der FPÖ-nahe ORF-Online-Chef Thomas Prantner für eine rüde Attacke auf die Pressefreiheit: Es sei „unzumutbar für einen öffentlich-rechtlichen Rundfunk, wenn das TV-Studio wie ein Verhörraum oder eine Anklagebank wirkt".³⁸⁰

Wer das ORF-Gespräch gesehen hat, weiß: Es wurde von Wolf zwar hart, aber korrekt und in freundlichem Tonfall geführt. Wer das Transkript nachliest, muss feststellen: Es war Pröll, der das Gespräch ausarten ließ, Fragen ständig auszuweichen suchte, seinem Gesprächspartner „Lügen" und „Stumpfsinn" unterstellte.[381]

Als der *Kurier*-Fotograf Jürg Christandl im Juni 2015 ein Bild veröffentlichte, das FPÖ-Anhänger mit Schildern „Nein zum Asylantenheim" zeigt, während Flüchtlinge mit Kindern eintreffen, leisteten sich Strache und Wiens Vizebürgermeister Johann Gudenus einen besonders krassen Fall medialer Verleumdung. Christandl habe ein Bild „manipuliert" – also gefälscht –, behaupteten sie. Weil die rechtliche Auseinandersetzung für die FPÖ nicht zu gewinnen war, einigte man sich auf Entschuldigungen und Spenden – das Geld dafür kam ohnedies aus der Parteikasse – und irgendwas wird schon hängen geblieben sein.[382]

Die Mobilisierung während Hofers Präsidentschaftswahlkampf gegen die „Lügenpresse" zeigte jedenfalls Wirkung: Die Mitteilung „Freu mich schon, wenn Hofer Präsident ist, dann werden Judenschweine wie Sie nach Mauthausen gebracht", fand der *Kurier*-Journalist Josef Votzi in seiner Leserpost. Einen ähnlichen Brief hatte zuvor auch Christian Nusser, Chefredakteur von *Heute*, erhalten.

Auch Corinna Milborn wurde nach ihrem Interview zur Zielscheibe von Hofers Anhängern. Dass die kritischen Reaktionen auf ihre Gesprächsführung organisiert waren, scheint durch ihre Beobachtungen belegt. „Auf Twitter tauchten gestern über 25 neue Accounts ohne Profilbild und Follower auf", schrieb sie. „Was so etwas an Hass-Nachrichten nach sich zieht, kann sich jeder vorstellen." Einschüchtern wolle sie sich nicht lassen: „Wie der Mob reagiert", könne nicht Leitfaden journalistischer Arbeit sein.[383]

Kampf gegen demokratische Grundrechte

Wann immer Medien sich kritisch mit der Regierungsarbeit auseinandersetzen, bauschen Burschenschafter und burschenschaftliche Medien die Meldungen zum Skandal auf und fordern Rücktritte. Auf journalistische Recherchen in ihren

Reihen aber reagieren sie mit der parteieigenen Aufregungsmaschine.

Als der *Falter* von einem sonderbaren Treuhandvertrag des FPÖ-Generalsekretärs Herbert Kickl mit einer Werbeagentur und vom Verdacht des Geldrückflusses berichtete[384], wetterte der Nationalratsabgeordnete und freiheitliche Justizsprecher Harald Stefan *(Olympia)* gegen den „Missbrauch der Pressefreiheit".[385] Diese müsse seiner Meinung nach dort enden, wo sich Journalisten Akten und Untersuchungsunterlagen „illegal beschaffen".

Dass mit diesem Anspruch Österreichs größte Skandale – vom AKH über Telekom bis zur Hypo – mit einiger Sicherheit unaufgeklärt geblieben wären, scheint den Juristen weniger zu berühren als die „mediale Vorverurteilung" seiner Partei – die es in Wirklichkeit gar nicht gegeben hat und auch an dieser Stelle nicht geben darf. Wie heißt es so schön und so regelmäßig, wenn Vorwürfe gegen Burschenschafter und freiheitliche Politiker erhoben werden: Es gilt die Unschuldsvermutung.

Was burschenschaftliche Medien mit ihrer Hetze anrichten, hat das *International Press Institute* zwischen Anfang September und Mitte Oktober 2016 in einer Case Study erhoben: Nicht weniger als 92 Mal waren JournalistInnen auf FPÖ-nahen Seiten wilden Drohungen, Beschimpfungen und Beleidigungen ausgesetzt. Mehr als drei Viertel der Hass-Postings richteten sich gegen Frauen.[386]

Eine Analyse von *Reporter ohne Grenzen* war vor Jahren schon zu einem ähnlichen Ergebnis gekommen. Mit Angriffen und einer Flut an Prozessen würde die rechtspopulistische FPÖ Journalisten einschüchtern, hieß es da.[387]

In der Endphase des Bundespräsidenten-Wahlkampfes, vom 7. bis 20. November 2016, nahm das *profil* die Arbeit von *unzensuriert* genauer unter die Lupe. Das von Burschenschaftern gestaltete Onlinemedium, das für sich in Anspruch nimmt, „unabhängig" und „kein Parteimedium" zu sein, hat in diesen zwei Wochen 124 Artikel veröffentlicht. Dabei wurde die

Welt konsequent in Schwarz und Weiß, Gut und Böse geteilt. Hofer kam ausschließlich positiv, Van der Bellen ausschließlich negativ vor.

Ohne Ausnahme positiv wurde über die FPÖ berichtet, ausschließlich negativ über Migranten, Flüchtlinge, Muslime, Nicht-FPÖ-Medien, Eliten und die EU.[388]

Als „obersten Heilsbringer" des burschenschaftlichen Portals machte *profil* Donald Trump aus. Ausgerechnet der mit einer Stimmenminderheit gewählte Präsident, der die USA spaltet wie kein Politiker zuvor, dessen skurrile Lügen Journalisten aller Welt an seiner geistigen Verfassung zweifeln lassen, der die Mitarbeiter seriöser Medien als „Lügner" hinstellt und sie von seinen Veranstaltungen aussperrt, wird zum Hoffnungsträger der Rechten stilisiert.

Trumps Wahlkampf war Auslöser dafür, dass Google und Facebook ernsthaft darüber nachdenken, den Missbrauch sozialer Medien für politische Zwecke einzudämmen. Die Netzwerke seien zum „Schlachtfeld" von Politikern geworden, die versuchen, die öffentliche Meinung durch Fake News zu beeinflussen. Ob der Einsatz intelligenter Software und speziell ausgebildeter Analysten die von Burschenschaftern und Freiheitlichen losgetretenen Hass-Lawinen wird eindämmen können, bleibt fraglich. Aber schon die Tatsache, dass dieses Problem international erkannt und zu seiner Bekämpfung aufgerufen wird, dürfen DemokratInnen als Erfolg feiern.

Dass Hofer mit den burschenschaftlichen Hass- und Hetzkampagnen nichts zu tun hat, wie große Teile der von ihm mit Dauerlächeln umworbenen WählerInnen der politischen Mitte wahrzunehmen meinen, widerlegte er selbst. Nicht nur für die von ihm als Organ des Dritten Lagers „sehr geschätzte" *Aula*, dem publizistischen Flaggschiff des burschenschaftlichen Antisemitismus, machte er Werbung. Auch Ausdrucke von *unzensuriert* hielt er bei TV-Livesendungen in die Kamera und vermittelte damit den Eindruck, dieses Medium eigne sich als Informationsquelle für einen Präsidentschaftskandidaten, müsse also seriös sein.[389]

Als Hofers Wahlkampfmanager Herbert Kickl den von Burschenschaftern und Identitären im Oktober 2016 in Linz veranstalteten Kongress der *Verteidiger Europas* eröffnete (siehe auch Seiten 98–100), wurden Teilnahme und Berichterstattung ausschließlich rechtsextremen Medien und FPÖ-Journalisten ermöglicht. JournalistInnen unabhängiger, seriöser Medien wurden dagegen ausgesperrt. Auch wenn sich nicht feststellen lässt, wie viele Burschenschafter und FPÖ-Politiker Haiders einstige Ankündigung sinngemäß wiederholt haben, er werde dafür sorgen, „dass in den Redaktionsstuben weniger gelogen wird": Die Aussichten für seriöse, korrekt recherchierende und wahrheitssuchende Journalisten stehen schlecht, nach einem Wahlsieg der FPÖ weiterhin unabhängig und unbeeinflusst berichten zu können.

Bei Parteiveranstaltungen trifft das Schicksal der Aussperrung vorerst nur einzelne Journalistinnen wie Christa Zöchling vom *profil* oder Nina Horaczek vom *Falter*. Bekannte Pressefotografen wie Christian Müller berichten von einer „unfassbar aggressiven Stimmung" gegenüber Medien bei FPÖ-Veranstaltungen.[390]

Die Printmedien der Burschenschaften

Zu den Wegbereitern der Machtübernahme innerhalb der FPÖ zählen die von Burschenschaftern für Burschenschafter herausgegebenen Blätter *Aula, Zur Zeit* und *Eckart*. In diesen drei Medien findet die Zusammenführung von Burschenschaftern, FPÖ-Politikern, Rechtsextremisten und Neonazis statt – mit nahezu den gleichen Themen: Braune Geschichtsfälscher dürfen die deutsche Kriegsschuld leugnen, den Angriffskrieg als „notwehrhafte Präventivaktion" [...] „zum Schutz Europas" ausgeben, Hitler zum „großen Sozialrevolutionär", dessen Stellvertreter Rudolf Heß zum „kühnen Idealisten" stilisieren und das Nürnberger Tribunal als „größten Schauprozess der Weltgeschichte" lächerlich machen. Das Verbot nationalsozialistischer Wiederbetätigung wird als „menschenverachtendes Relikt aus dunkelster Besatzungszeit", Ausdruck „geistiger Unfreiheit" und „Unterwerfung" unter die „Wünsche der Umerzieher" zur „Niederhaltung unliebsamer Meinungen" ausgegeben.[391] Wie in der *Aula* wurde auch in *Zur Zeit* behauptet, „Massenvergasungen mittels Zyklon B" seien technisch gar nicht möglich gewesen. Der Holocaust und die sechs Millionen Ermordeten werden als „Mythos" und „Dogma" verhöhnt.[392] Systematisch wird der Antisemitismus geschürt, für antisemitische Veröffentlichungen geworben und erklärten Judenhassern als Autoren Raum geben. Mehrfach standen burschenschaftliche Autoren und Blattmacher vor Gericht. Unter anderem wurde Herwig Nachtmann *(Brixia Innsbruck)* als Chefredakteur der *Aula* wegen Verstoßes gegen das Verbotsgesetz verurteilt. Andreas Mölzer *(Corps Vandalia Graz)*, der die Chefredaktion von *Zur Zeit* Anfang 2014 an seinen Sohn, den freiheitlichen Bildungssprecher im Nationalrat Wendelin Mölzer *(Corps Vandalia Graz)* übergeben hat, wurde wegen Übertretung des Verbotsgesetzes mit einer Verwaltungsstrafe belegt.[393] Der mittlerweile verstorbene John Gudenus *(Aldania* und *Vandalia Wien)*, damals Mitherausgeber von *Zur Zeit*, wurde zu einer einjährigen, bedingten Freiheitsstrafe verurteilt, nachdem er die Gaskammern im Dritten Reich in Frage gestellt hatte.[394]

Bei dem zum *Eckart* mutierten *Eckartboten* der Österreichischen Landsmannschaft blieben neonazistische Inhalte bisher ohne strafrechtliche Folgen.[395]

Herausgeber der *Aula* sind die *Freiheitlichen Akademikerverbände* (FAV), eine von Burschenschaftern dominierte Vorfeldorganisation der FPÖ, auch wenn einige Landesverbände diese Bezeichnung nicht hören wollen. Auf der Website des FAV Salzburg wird gegen „Millionen Neger" gehetzt, die „ihr Unwissen, ihr Analphabetentum, ihren Hass auf uns Weiße" nach Europa bringen, wo „alles gratis und ohne Arbeit zu erhalten ist". Damit das nicht „in Chaos und Sumpf" endet, werden „Arbeitslager für Ausweislose" als Teil eines „Phasenplanes für nachhaltige Rückwanderungspolitik" gefordert.[396] Lesermeinungen werden auf der Website des FAV von den Betreibern geprüft, bevor sie online gestellt werden – oder auch nicht. Der Beitrag des *Aula*-Autors Friedrich Romig wurde also bewusst veröffentlicht. In ihm heißt es unter anderem: „Demokratische Ordnung? Demokratie schafft immer Unordnung. Sie spaltet das Volk. Sie ist ‚eine Fehlgeburt der Geschichte' (Davila), ‚die Hure des Westens' (A. Roy), [...] Gleichheit von Mann und Frau widerspricht dem Naturrecht wie der Biologie."[397]

Demokratie als „Hure des Westens" und „Fehlgeburt der Geschichte", Gleichberechtigung als Verstoß gegen „Naturrecht und Biologie": Was da auf Internetseiten der *Freiheitlichen Akademiker* veröffentlicht wird, ist eine Selbstbeschreibung, die Demokraten Angst machen kann.

In zahlreichen burschenschaftlichen Medien – nicht nur in Österreich – finden sich Belege für die antidemokratischen Traditionen der korporierten völkischen Verbindungen. Zahlreiche Burschenschafter haben in rechtsextremen und neonazistischen Parteien Karriere gemacht. Norbert Burger *(Olympia)* war gemeinsam mit anderen Burschenschaftern Gründer der NDP, die als Abspaltung der FPÖ vorübergehend stärkste Kraft des österreichischen Neonazismus war, bevor sie 1988 verboten wurde, weil ihr Programm „in wesentlichen Kernpunkten mit den Zielen der NSDAP übereinstimmte".[398]

Nur in Einzelfällen – wenn die Berichterstattung darüber Burschenschaften in Misskredit zu bringen drohte – hat das zu Ausschlussverfahren geführt, wie etwa bei Jürgen Schwab *(Thessalia zu Prag* und *Germania Graz)*, der über Jahre als Referent und Publizist (früher auch in der *Aula*) die braune Szene munitionierte. In seinen Vorträgen beschrieb er die „antidemokratischen Traditionen" als „wesentliches Prinzip" der Burschenschaften.[399]

Der Rechtsstaat als Feindbild

Auch der Rechtsstaat wird von Burschenschaftern und FPÖ-Politikern verächtlich gemacht. Seit Jörg Haider ein Erkenntnis des Verfassungsgerichtshofes als „Faschingsentscheidung" bezeichnet, dem damaligen Präsidenten „unwürdiges Verhalten" vorgeworfen und angeregt hat, Österreichs Verfassungsrichter „auf das ihnen zustehende Maß" zurechtzustutzen, ist der Ton weder respektvoller noch sachlicher geworden. Die zahlreichen Urteile gegen FPÖ-Politiker durch Zivil- und Strafgerichte wegen schweren Betrugs, Untreue, Vorteilsnahme, Bestechlichkeit und falscher Zeugenaussage werden teilweise geifernd kommentiert: *unzensuriert* spricht von „Politjustiz" und meint, die Justiz sei „in Schieflage" geraten.[400] Strache fallen Bezeichnungen wie „Politprozess", „Politwillkür", „Gesinnungsjustiz" ein, durch die er „die Restseriosität der österreichischen Justiz endgültig zerstört sieht".[401] Kickl wettert gegen „krasse, fatale Fehlurteile", gegen einen „Schandfleck für Österreichs Justiz" oder behauptet, die Richter seien „von Verurteilungsabsicht regelrecht besessen".[402]

Auch mit demokratischen Grundrechten haben Burschenschafter und FPÖ-Politiker Probleme, zum Beispiel mit dem Demonstrationsrecht. Da wurde in einem von den ehemaligen freiheitlichen Regierungsmitgliedern Herbert Haupt *(Landsmannschaft Kärnten zu Wien)* und Reinhart Wanek *(Verbindung Wartburg, Wien)* mitunterschriebenen Brief an den damaligen Bundespräsidenten Heinz Fischer Kritik an den Demonstrationen gegen den Akademikerball geübt: „Linksextreme Gruppierungen [...] außerhalb des Verfassungsbogens" würden der Demokratie und dem Recht auf Versammlungsfreiheit „schweren Schaden" zufügen.[403] Versammlungsfreiheit dürfe nicht „mit Narrenfreiheit verwechselt werden", meinte Wiens Vizebürgermeister Johann Gude-

nus *(Aldania Wien* und *Vandalia Wien)*.⁴⁰⁴ „Platzverbot statt Denkverbot"* fordert FPÖ-Generalsekretär Herbert Kickl, der die „mutwillige Überdehnung des Demonstrationsrechts" kritisiert.⁴⁰⁵
Und auch mit dem Rechtsstaat und den unabhängigen RichterInnen haben Burschenschafter und FPÖ-Politiker Probleme. Wann immer einer von ihnen wegen Betrug, Bestechlichkeit, Untreue, Vorteilsnahme, Verhetzung oder wegen eines Verstoßes gegen das Wiederbetätigungsgesetz verurteilt wird, macht das diffamierende Wort von der „Politjustiz" die Runde. Und wieder hat man mit der Taktik der Nazis aus Tätern Opfer gemacht.

Das demokratiepolitisch Gefährliche daran ist, dass Burschenschafter in zwei verschiedenen Lagern Führungsrollen innehaben und damit für die ideologische Verknüpfung unterschiedlicher Milieus sorgen: Auf der einen Seite fungieren sie als Führungskader der rechtsextremen bzw. neonazistischen Szene, die zu den erbittertsten Feinden von Demokratie, Rechtsstaat und österreichischer Verfassung zählt. Auf der anderen Seite präsentieren sie sich als akademische Elite der durch demokratische Wahlen legitimierten FPÖ.

Da wie dort sorgen Burschenschafter für die weltanschauliche Schulung, da wie dort sind sie in Programmarbeit und Organisation führend involviert, da wie dort geben sie in der tagespolitischen Diskussion den Ton an und fungieren als intellektuelle Stichwortgeber in der politischen Auseinandersetzung. Da wie dort leisten sie als Anwälte Schützenhilfe, wenn ihre Waffenbrüder oder Parteifreunde rechtsstaatliche Grenzen überschreiten und sich vor Gericht verantworten müssen.

---

* Als „Denkverbot" wird von Korporierten und FPÖ-Politikern das Verbot nationalsozialistischer Wiederbetätigung bezeichnet.

Das Spiel mit Gewalt und Bürgerkrieg
Mehrfach haben Burschenschafter und FPÖ-Politiker bereits Gewalt als Mittel der Politik ins Spiel gebracht. In der geheimen Facebook-Gruppe *Wir stehen zur FPÖ*, die 150 handverlesene Mitglieder, Burschenschafter, Nationalrats- und Landtagsabgeordnete umfasst, glaubte man, unter sich zu sein. Also wurde offen Hass gepredigt und kommuniziert. „Der ganze Muslime-Scheißhaufen gehört mit Benzin übergossen und angezündet", las man da oder: „Diese Kameldreckfresser gehören ausradiert." Zum damaligen Bundeskanzler Werner Faymann hieß es, „Ein echtes rotes Schwein, der gehört ins Grab hinein".

Als *news* von der Initiative *Heimat ohne Hass* die Zugangsdaten zu dem geheimen Facebook-Account erhielt und darüber berichtete, zogen sich Wiens Vizebürgermeister Johann Gudenus *(Aldania Wien* und *Vandalia Wien)*, Mario Eustacchio *(Stiria Graz)*, Vizebürgermeister von Graz, und Udo Guggenbichler (*Albia, Wien* und *Arminia, Graz)*, langjähriger Vorsitzender des österreichischen Pennälerringes und Organisator des WKR- bzw. Akademikerballes, aus der Facebook-Gruppe zurück.[406]

Auch burschenschaftliche Spitzenpolitiker spielen mit Gewaltfantasien. Da will Gudenus ein „kollektives Notwehrrecht" zum Widerstand gegen die „dritte Türkenbelagerung" in Anspruch nehmen. Auf Facebook ruft er dazu auf: „Europa, verteidige und wehre dich!"[407] Da antwortet er auf Kritik des damaligen Caritas-Präsidenten Franz Küberl: „Im Alten Rom wurden diejenigen, die sich am Volkswohl versündigten, verbannt. Schade, dass es diesen alten Brauch nicht mehr gibt."[408]

Im Wahlkampf des September 2010 versandte die FPÖ Wien ein Hass-Comic an alle Haushalte, in dem ein als Strache erkennbarer Ritter mit dem Schwert in der Hand einen Buben mit Steinschleuder zur Gewalt animiert: „Wannst dem Mustafa ane aufbrennst, kriagst a Hasse spendiert."

Das Machwerk enthielt auch zahlreiche NS-Anspielungen. Gleich an mehreren Stellen haben die Zeichner des Comics SS-Runen versteckt – jeweils in Form von Graffiti. Und Strache ist auch mit dem Kühnen-Gruß abgebildet: vor einem Bierstand – wo sonst? FPÖ-Parteiobmann Strache schürt mit der Vorhersage eines „Bürgerkrieges" Ängste und Aggressionen unter seinen Anhängern.[409] Wer die Postings seiner Fans zum Maßstab nimmt, kann tatsächlich Angst bekommen: Die Soldaten, Scharfschützen, Folterknechte, KZ-Betreiber und Heizer für die Verbrennungsöfen haben sich auf Straches Facebook-Seite längst gemeldet, sind mobilisiert, scheinen für den Ernstfall des Bürgerkrieges Gewehr bei Fuß zu stehen (siehe Seiten 118–125).

Gewalt als Wesensmerkmal der Burschenschaften

Für harmlos kann die Drohung mit „Notwehrrecht" und „Bürgerkrieg" nur halten, wer die in der wissenschaftlichen Literatur vielfach belegten historischen Fakten nicht kennt. Die Geschichte der Burschenschaften ist eine Geschichte der Gewalt, die von Anfang an zu den Wesensmerkmalen völkischer Korporationen zählte.

Auch bei Konflikten untereinander: Das Duell als ritualisierte Form gewaltsamer Konfliktaustragung hat sich in Form der Mensur bis heute erhalten. Dem rechtsstaatlichen System friedlicher Konfliktbeilegung und staatlichen Gewaltmonopols wird das Faustrecht des Stärkeren gegenübergestellt. In einem bewusst verteidigten rechtsfreien Raum darf zur Gewalt erzogen und die „Abstumpfung des Gefühls der Schmerzzufügung" trainiert werden.[410]

Die Hemmschwelle zur Verletzung des Gegners wird abgebaut, der körperliche Angriff moralisch legitimiert, die Ausübung von Gewalt glorifiziert: als Training zu Mut, Selbstdisziplin und Willenskraft, als Mittel mannhafter Erziehung.[411] Beim studentischen Fechten „Verletzungen in Kauf zu nehmen und dennoch stehen zu bleiben", sei eine „großartige Schule für das Leben" und „absolut unverzichtbar" für die Korporationen, befand der freiheitliche Nationalratsabgeordnete Harald Stefan *(Olympia)*.[412]

Im Dritten Reich mündete die burschenschaftliche Erziehung zu blutiger Opferbereitschaft in die Gewaltexzesse von Völkermord und Vernichtungskrieg. Heute stellt sie sich dem Ziel einer auf Toleranz und Gewaltlosigkeit beruhenden, demokratischen Konfliktaustragung in den Weg.

Seit dem Ende des Zweiten Weltkrieges hat die burschenschaftliche Gewalt neue Ziele gefunden. Hatte sie sich im Nationalsozialismus primär gegen Jüdinnen, Juden und sogenannte „Andersrassige" gerichtet, so machte sie in der Nachkriegszeit vor allem jene als Feinde aus, die das Kriegsende als Befreiung vom Nationalsozialismus feierten, ein demokratisches Österreich schufen und nationalsozialistische Wiederbetätigung unter Strafe stellten.

Die Liste der Gewalttaten, in die Korporierte verwickelt waren, ist lang. Sie reicht von Bomben- und Brandanschlägen, Schüssen auf das Parlament, der Schändung von jüdischen Friedhöfen und Gedenkstätten bis zu Überfällen auf Treffpunkte der Linken und Straßenschlachten im Zuge von Neonazi-Aufmärschen. Die Nachkriegsgeschichte des Nazi-Terrors ist damit (auch) zu einer Geschichte der Burschenschaften geworden.[413]

Burschenschafter waren überall dabei, wo mit Gewalt in das politische System eingegriffen werden sollte. Als im November 1961 mehrere Schüsse auf das Parlament abgegeben wurden, fand man am Tatort einen Karton mit der Aufschrift: „Die deutschen Burschenschaften werden kämpfen!"

Als Wiener StudentInnen 1965 gegen antisemitische Ausfälle des Nazi-Professors Taras Borodajkewycz demonstrierten, zählten Burschenschafter zu den Organisatoren der Gegenkundgebung, bei der es mit dem 67-jährigen Antifaschisten Ernst Kirchweger das erste politische Todesopfer der Nachkriegszeit gab. „Hoch Auschwitz!", „Heil Boro!" und „Juden raus" hatte die nationale Studentenschaft dabei gegrölt.[414]

Anfang der 1970er-Jahre lässt der Burschenschafter Norbert Burger *(Olympia)* seinen Südtiroler „Befreiungskampf" zum Blutbad ausarten. An die 30 Todesopfer unter Carabinieri, Grenzpolizisten, Zollwachebeamten und unbeteiligten ZivilistInnen forderte der von deutschnationalen Korporierten gemeinsam mit Neonazis geführte „Kinderkreuzzug" – so benannt wegen des jugendlichen Alters der studentischen Feierabend-Terroristen.

Gemeinsam mit Südtirol-Terroristen und Burschenschaftern gründete Burger anschließend die Nationaldemokratischen Partei (NDP), die von Anfang an auf Gewalt setzte. In den Parteiblättern *Klartext* und *Wiental aktuell* wurde die „Entsorgung" von Homosexuellen, Sozialschmarotzern, Juden und Linken als „(un)menschlicher Sondermüll" und „genetische Abfallprodukte" angekündigt.[415] Zahlreiche Gewaltakte folgten, unter anderem ein Bombenanschlag an Hitlers Geburtstag auf ein Kino, in dem ein antifaschistischer Film gespielt wurde, sowie Überfälle auf linke Jugend- und Kulturzentren.[416]

Olympen wie Martin Graf nehmen weder an den Toten noch am Nazi-Terror der NDP Anstoß: „Ich habe Norbert Burger immer geschätzt und tue das auch über den Tod hinaus", ließ der damalige Dritte Präsident des Nationalrates an der Treue zu Österreichs prominentestem Neonazi-Terroristen nie Zweifel aufkommen.[417]

Seine Verbindungsbrüder sehen das ähnlich. Der freiheitliche Universitätsrat Friedrich Stefan, wie Graf Mitglied der *Olympia*, verharmloste Burgers tödlichen Terror als „Einsatz für das bedrohte Grenzland-Deutschtum".[418] Dem anlässlich der Bundespräsidentenwahl 1980 gegründeten Komitee *Waffenstudenten für Dr. Burger* gehörten zahlreiche *Olympen* an.[419] Auf der Homepage der *Olympia* wird der Gründer der neonazistischen NDP als „hervorragender Olympe" geehrt.[420]

Ende der 1970er-, Anfang der 1980er-Jahre prügelte sich die von Burschenschaftern mitgegründete *Aktion Neue Rechte* (ANR) in die Schlagzeilen. Bei einer Schlägerei an der Universitätsrampe gab es mehrere Verletzte. Gottfried Küssel *(Danubo-Markomannia Wien)* wurde erwischt, als er den jüdischen Stadttempel mit antisemitischen Parolen beschmierte.[421] Sozialistische und kommunistische Parteilokale, linke Klubs und alternative Einrichtungen wurden überfallen, nicht angemeldete oder verbotene Demonstrationen endeten in offener Feldschlacht mit der Polizei. PassantInnen wurden misshandelt, öffentliche Gebäude mit Nazi-Parolen beschmiert.[422]

Auch an der symbolträchtig am Jahrestag von Hitlers Marsch zur Feldherrnhalle von Gerd Honsik *(Rugia Markomannia)* gegründeten *Nationalen Front,* die „nach dem Vorbild der SA die Straße erobern" wollte, waren Burschenschafter beteiligt. 1987 wurde sie verboten, nachdem der Polizei ihr *Provisorisches Programm* in die Hände gefallen war, das die „Zerschlagung der parlamentarischen Demokratie", die „Außerkraftsetzung des Staatsvertrages" (Anschlussverbot) und die „Wiederherstellung des Deutschen Reiches" als politische Ziele nannte.[423]

Höhepunkt des burschenschaftlichen Terrors war die Gründung von Küssels *Volkstreuer außerparlamentarischer Opposition* (VAPO). Die „Frontorganisation für die Ostmark" hatte sich die „Zerschlagung der Demokratie", die „Neugründung der NSDAP", den „Anschluss an Deutschland" und die „Aussiedlung der Juden" zum Ziel gesetzt. Zur Vorbereitung der militärischen Machtergreifung wurden Wehrsportübungen veranstaltet, bei denen 13- bis 20-Jährigen „militärische Tugenden" vermittelt werden sollten.[424]

Ende 1994 blieb die Verharmlosung von Wehrsportübungen als militärische Geländespiele mit Lagerfeuer-Romantik auf der Strecke, als den Geschworenen im Prozess gegen Hans Jörg Schimanek jun. das Videoband einer solchen „Ausbildung" vorgeführt wurde. Im Mittelpunkt stand der Angeklagte als Referent zum Thema „schnelles und lautloses Töten von Feinden":[425] Während er mit einem Messer in der Hand den „Angriff" am lebenden Objekt simulierte, erklärte er Schritt für Schritt: „Kameraden, eines dürft ihr nie vergessen. Das Messer muss vor dem Halswirbel in den Hals gerammt werden, weil sonst bleibt das Messer an der Wirbelsäule hängen, wenn ihr es nach vorne reißen wollt. Zweitens muss dem Feind der Mund so lange zugehalten werden, bis er am Boden liegt. Weil es gibt Leut', die sind unglaublich zäh. Die schreien auch noch mit durchgeschnittener Kehle."[426]

Fassungslos erlebten LaienrichterInnen und BeobachterInnen eine szenische Bildfolge, die keinen Zweifel daran ließ, dass Wehrsport mit Körperertüchtigung nichts zu tun hat. Sie waren Zeuge geworden, wie der Mord an Demokraten trainiert wurde.[427]

Im Juni 2009 veranstaltete die *Sozialistische Jugend* eine korporationskritische Stadtführung durch einen anerkannten Rechtsextremismus-Experten, die von vermummten Burschenschaftern überfallen wurde.[428] Sebastian Ploner, damals engster Mitarbeiter von Parlamentspräsident Martin Graf, wurde erkannt und fotografiert. Wenig später wurden auch die anderen geoutet, ausgerechnet von den *Burschenschaftlichen Blättern*, in denen „Aktive der Olympia" als Täter genannt wurden.[429]

Als im Juni 2016 ein Trupp von Identitären Parolen brüllend durch die Josefstadt (8. Wiener Gemeindebezirk) zog und in der Bude einer Burschenschaft verschwand, wurde eine ähnliche Führung auf Einladung der Grünen wiederholt: „Wir kommen eurer Einladung gerne nach", wurde daraufhin – offenbar von einem Burschenschafter – gepostet, „das Problem ist nur ... wenn wir wieder gehen, könnt ihr intelligenzbefreiten Grünwichtel womöglich für längere Zeit nicht mehr in den Spiegel schauen." Es kam zu keinen Störversuchen, vielleicht weil die Veranstaltung gefilmt wurde.[430]

Im Januar 2010 schlug eine Gruppe neonazistischer Gewalttäter, der auch Burschenschafter und Mitglieder des *Ringes Freiheitlicher Jugend* (RFJ) angehörten, unter „Heil-Hitler-" und „Heil-Strache"-Rufen Besucher eines Grazer Innenstadtlokals krankenhausreif.[431]

Auch in Deutschland sind Burschenschafter eng mit der neonazistischen Gewaltszene vernetzt. Im Thüringer Untersuchungsbericht zum Skandal um den *Nationalsozialistischen Untergrund* (NSU), jenem Mördertrio von Zwickau, dem zehn Tötungsdelikte zur Last gelegt werden, tauchte im Juni 2015 als Unterstützer der Name eines Burschenschafters der *Thessalia zu Prag in Bayreuth* auf. Der steirische FPÖ-

Nationalratsabgeordnete Axel Kassegger ist Mitglied dieser besonders weit rechts stehenden Verbindung, die sich im sogenannten *Schwarz-Blauen Kartell* (nach der Mützenfarbe) unter dem Motto „Ein Bund an drei Hochschulorten" mit der *Germania zu Graz* und der *Moldavia Wien* zusammengeschlossen hat.[432]

Die Anti-Ausländer-Wahlkämpfe der FPÖ

Angesichts dieser blutigen Vorgeschichte des burschenschaftlichen Nachkriegsterrors mutet Norbert Hofers Auftritt im Juli 2011 in der ZiB2 geradezu gespenstisch an. „Der Terror, den wir in Österreich gehabt haben, kam immer von links", behauptet er. Und: „Franz Fuchs kam aus einem roten Elternhaus."

Hofer weicht damit nicht nur von der Wahrheit ab, er stellt diese geradezu auf den Kopf. Im rechten Terror der Nachkriegszeit, der Tote und Verletzte gefordert, Schäden in Millionenhöhe verursacht, unter DemokratInnen, jüdischen Organisationen, Minderheiten und linken Kulturschaffenden Angst und Schrecken verbreitet hatte, spielten Burschenschafter gemeinsam mit Neonazis eine führende Rolle. Franz Fuchs aber tat das, was die FPÖ-Propaganda ihm suggeriert hatte.[433] Und die Motivation von Franz Fuchs sei „keinesfalls" aus dem Primärmilieu von Familie oder Freunden gekommen, sondern Ergebnis der „damaligen politischen Diskussion" gewesen, schrieb Reinhard Haller in seinem psychiatrischen Gerichtsgutachten. Die Formulierung schließt jeden Zweifel aus. Die „damalige politische Diskussion" war das von der FPÖ initiierte Anti-Ausländer-Volksbegehren. Das Jahr 1993 hatte mit dem Volksbegehren *Österreich zuerst* begonnen und mit dem Auftakt zur Briefbombenserie geendet.

Fuchs war von den Ideen des Volksbegehrens total beherrscht. Für den „Ideenfanatiker" mit „messianischem Sendungsbewusstsein" sei „Notwehr" gegen Überfremdung und „Umvolkung" „zum Programm geworden", schreibt Haller.

Die lange Liste der Bombenopfer stützt diese These. Briefbomben erhielten vor allem jene, die öffentlich gegen das Volksbegehren aufgetreten waren, unter anderem Caritas-Präsident Helmut Schüller und Flüchtlingspfarrer August Janisch, SPÖ-PolitikerInnen wie Wiens Bürgermeister Helmut Zilk und Johanna Dohnal, Politikerinnen der Grünen wie Madeleine Petrovic und Terezija Stoisits, Universitätsprofessor Wolfgang Gombocz, Vorstandsmitglied der *Organisation steirischer Slowenen*, Flüchtlingshelferin Maria Loley und Silvana Meixner, Mitarbeiterin der Minderheitenredaktion im ORF.

Während die Briefbombenanschläge zu – teilweise dramatischen – Verletzungen führten und einige Bomben keinen Schaden anrichteten, weil sie nicht explodierten, endete das Rohrbomben-Attentat in Oberwart tödlich. Vier Roma, Peter Sarközi, Josef Simon sowie Karl und Erwin Horvath, die das Schild „Roma zurück nach Indien" entfernen wollten, kamen am 4. Februar 1995 ums Leben.

Die Bomben- und Briefbombenserie ist der bleibende Beweis dafür, dass radikale Worte in radikale Taten münden *können*, wenn schizoide, paranoide Fanatiker sich einbilden, das exekutieren zu müssen, was Politiker und eine schweigende Mehrheit ihrer Überzeugung nach ohnedies wollen. Die Hetzer gegen „Umvolkung" und „Überfremdung" haben sich schuldig gemacht. Ohne ihre menschenverachtende Methode der Stimmenmaximierung wäre es vielleicht nie zu diesen Anschlägen gekommen. Die vier Roma könnten noch leben. Die völkischen Hetzer aber machen weiter.

Dass Norbert Hofer ausgerechnet den Fall Fuchs als Beleg für „linken Terror" anführt, zählt zu den schlimmsten Exzessen politischer Unaufrichtigkeit, die es in Österreich je gegeben hat. Aber vielleicht beugt Hofer nur vor. Dass sich im Kreis jener Leser und Poster auf burschenschaftlichen Internet-Medien und Facebook-Seiten, die Asylanten erschießen oder ins Meer werfen, Mauthausen wieder aufsperren und die Öfen wieder anheizen wollen, ein Psychopath findet, der Straches Drohung mit dem „Bürgerkrieg" in die Tat umzusetzen versucht, kann niemand ausschließen.

Fuchs und Breivik nahmen für sich in Anspruch, jene Gefahren abwehren zu müssen, vor denen Burschenschafter und Freiheitliche seit Jahrzehnten fantasieren. Mit Begriffen wie „Einwanderungs-Tsunami"[434], „Massenkriminalität"[435], „Drogen-Mafia"[436], „Blutfehden"[437], „Ehrenmorde"[438], „Plünderer"[439], „Ganoven"[440], „Hochverräter"[441] oder „Wiederholungstäter"[442] werden seit vielen Jahren Emotionen geschürt, die irrationale Reaktionen auszulösen drohen.

Postings wie die auf Burschenschafter- und FPÖ-Seiten könnten aber auch zu Gewalt in die Gegenrichtung animieren. Wer sich ausgegrenzt weiß, beschimpft wird, bedroht fühlt, könnte in Versuchung geraten, es „denen" zu zeigen, sich zu wehren, zurückzuschlagen ...

Dass Gewalt unmittelbare Folge des politischen Klimas ist, gilt als gesicherte Erkenntnis der Aggressions- und Terrorismusforschung. Der Massenmord des Oslo-Attentäters Anders Behring Breivik ist dafür warnendes Beispiel. Hochgradig emotionalisiert durch die politische Kampagne gegen die in der abgeschlossenen Welt rechter Internet-Foren beschworene „genetische Unterwanderung" durch den muslimischen „Einwanderungs-Tsunami", hatte er sich zum „Befreiungsschlag" gegen jene berechtigt gefühlt, die er als „Inländerfeinde" verantwortlich machte.

Die Parallelen zum Bombenattentäter Franz Fuchs sind unübersehbar: So wie Fuchs in vielseitigen Bekennerbriefen die rassistischen Argumentationsmuster der FPÖ und ihrer Anhänger während des Anti-Ausländer-Volksbegehrens übernommen und daraus die Berechtigung für seinen Kampf gegen die „Überfremdung" abgeleitet hatte, setzte Breivik die im Internet verbreiteten antiislamischen Parolen der europäischen Rechtsparteien zu einem 1500-seitigen Manifest zusammen. In diesem bezog er sich unter anderem auf Beiträge von Elisabeth Sabaditsch-Wolff, die den freiheitlichen Parteinachwuchs im Herbst 2009 mit islamfeindlichen Thesen versorgt hatte.[443]

Auch das Thüringer Mörder-Trio des *Nationalsozialistischen Untergrunds* (NSU), dessen Anschläge als „Kebab-Morde" Schlagzeilen machten, verübte seine Taten in der Überzeugung, die „deutsche Rasse" vor „Unterwanderung" schützen zu müssen.

Die Ausländerwahlkämpfe der FPÖ lösen die gleichen Reflexe aus wie die antisemitischen Wahlkämpfe der Nationalsozialisten in der Zeit vor der Machtergreifung: Sie geben potenziellen Gewalttätern das Gefühl, nur das zu tun, was sich Politiker ihrer Wahrnehmung nach offensichtlich wünschen, jedoch nicht selbst tun wollen oder sich nicht zu tun trauen.[444] Sie fühlen sich als Krieger im Dienst der Allgemeinheit, die in die Hand nehmen, wozu andere zu unentschlossen, zu wenig stark oder zu feige sind.

Waffenfreunde: Schon Kinder sollen schießen lernen

Die von Burschenschaftern und FPÖ-Politikern systematisch geschürte Angst vor Ausländerkriminalität hat die Nachfrage nach Waffen steigen lassen. Dabei lässt sich aus der Statistik herauslesen, wie irrational diese Reaktion ist: Der Anstieg der Ausländerkriminalität ist weitgehend auf verhältnismäßig geringfügige Eigentumsdelikte beschränkt, die Gewaltkriminalität richtet sich nur zu einem geringen Anteil gegen Inländer und die Zahl der Einbrüche ist deutlich zurückgegangen (siehe auch Seiten 69–71). Es gibt also keinen Grund, Angst zu haben.

Wissenschaftliche Untersuchungen zur Gewaltkriminalität stimmen zudem in den beiden wichtigsten Punkten überein: Je weniger Waffen es gibt, desto weniger Opfer von Waffengewalt gibt es. Und: Wer in einer Gefahrensituation zur Waffe greift, erhöht das Risiko, selbst Schaden an Leib und Leben zu nehmen.

Was ein problemloser Zugang zu Waffen bedeutet, sieht man in den Vereinigten Staaten, wo fast 90 von 100 Erwachsenen eine Waffe besitzen, Amokläufe und Massenerschießungen zum Polizeialltag gehören und sogar Kinder beim Hantieren mit Waffen verletzt oder getötet werden. Mit einer jährlichen Opferrate von 10,2 Toten pro 100.000 Einwohner liegen die USA innerhalb der westlichen Welt weit an der Spitze (in den meisten Staaten des Südens und Ostens fehlen statistische Zahlen). Japaner kommen indes faktisch ohne Feuerwaffen in Privatbesitz aus und haben so gut wie keine Opfer zu beklagen.[445] Österreich ist mit etwa 30 Feuerwaffen pro 100 Einwohner ähnlich wie Deutschland schon jetzt relativ stark bewaffnet.

In konsequenter Fortsetzung ihrer Hasskampagnen im Internet versuchen Burschenschafter und FPÖ-Politiker den Zugang zu Waffen zu erleichtern. Das *Handbuch Freiheitlicher Politik* will das Waffenrecht aus der „Behördenwillkür herauslösen" und fordert einen vereinfachten Zugang zum Waffenpass. Auch Norbert Hofer hat sich mehrfach als Waffenfreund zu erkennen gegeben. „In unsicheren Zeiten versuchen Menschen, sich zu schützen", meint er. Und: „Ich schieße einfach gerne".[446]

Zum Dank dafür hat die *Interessengemeinschaft liberales Waffenrecht in Österreich* (IWÖ), die die Gesetzgebung durch Lobbyarbeit zu beeinflussen versucht, eine Wahlempfehlung für Hofer ausgesprochen.[447] Strache und FPÖ-Generalsekretär Harald Vilimsky kämpfen als Mitglieder dieser Interessengemeinschaft für die „Waffe als Menschenrecht" und ein „verfassungsmäßig garantiertes Grundrecht" des Staatsbürgers, Waffen besitzen und tragen zu dürfen.[448]

Als der damals zwölfjährige Sohn des IWÖ-Vorsitzenden Georg Zakrajsek MitschülerInnen damit drohte, eine Waffe in die Schule mitzubringen, meinte der Vater lakonisch, sein Sohn werde „die Schule nicht ausrotten", denn „Amokläufer sind aus einem anderen Holz geschnitzt". Dass sein Sohn regelmäßig mit Waffen hantiert, streitet er nicht ab. Einem Buben das Schießen beizubringen, sei „ein wertvoller Teil der Erziehung". Eine waffenfreie Zone sei „tendenziell eine unsichere Zone".[449]

Im Januar 2017 wurde Zakrajsek wegen Verhetzung verurteilt (bei Drucklegung dieses Buches nicht rechtskräftig – es gilt die Unschuldsvermutung). Er hatte gepostet: „Die Muslime haben uns den Krieg erklärt. Unsere verräterischen Politiker [...] fördern und erleichtern den Terror. [...] Wir werden den Kampf führen."[450]

Mit der Verschärfung des Waffenrechts treibe „die Entrechtung der Bürger [...] schockierende Blüten", kommentiert *unzensuriert*. Diese würde „Sportschützen und rechtschaffene Bürger kriminalisieren", lässt Vilimsky in einer Presseaussendung verbreiten. Der Kampf gegen den Terror drohe, „unbescholtenen Bürgern ihr Recht auf Verteidigung von Leib und Leben zu nehmen."[451] In FPÖ-Aussendungen wird eine Verschärfung des Waffenrechts als „Anschlag auf unsere Kultur" bezeichnet.[452]

So scheinen das auch viele Burschenschafter zu sehen. Wie diese sich ein liberales Waffenrecht vorstellen, zeigt die Erstellung eines waffenpsychologischen Gutachtens in den Räumen der Salzburger *Gothia*. Normalerweise wird die dafür notwendige Überprüfung einzeln abgelegt, dauert eineinhalb bis zwei Stunden, beinhaltet ein Gespräch über das Motiv des Antragstellers, einen Persönlichkeits- und Stresstest, eine Verlässlichkeitsprüfung und die Untersuchung der Risikobereitschaft.

Der Gutachter Dr. Wolfgang Caspart, Mitglied der Gymnasialverbindung *Rugia Salzburg* und des Corps *Saxonia Wien*, Obmann jenes *Freiheitlichen Akademikerverbandes Salzburg*, auf dessen Website die Demokratie als „Hure des Westens" bezeichnet wurde, brachte das Kunststück zuwege, die Überprüfung von sechzehn Burschenschaftern der *Gothia* an einem einzigen Termin vorzunehmen. „Aus verlässlicher

Quelle haben wir erfahren, dass *alle* bestanden haben", posteten die burschenschaftlichen Waffennarren auf Facebook stolz.[453]

Die Wählermobilisierung burschenschaftlicher und freiheitlicher Medien durch Angst- und Hass-Postings hat die Nachfrage nach Waffen deutlich ansteigen lassen. Aussagekräftige Zahlen lassen sich aus den Statistiken nicht herauslesen, da die Trennung von Jagd, Sport und Selbstschutz schwierig ist. Fest steht jedenfalls: Die Zahl der Anträge ist gestiegen, hat sich in Wien sogar vervielfacht. Auch frei erhältliche Waffen wie Pfefferspray werden verstärkt nachgefragt – besonders von Zielgruppen, die bisher nur selten zur Kundschaft von Waffengeschäften zählten, wie älteren Damen.[454] Die Angstmache hat sich gelohnt – vor allem für den Waffenhandel.

Die burschenschaftliche Verwurzelung in NS-Traditionen

Für die Vernetzung von Burschenschaften und Neonazismus gibt es viele Belege, von denen aus Platzgründen hier nur einige besonders signifikante angeführt werden können.

Strache und die braune Gewaltszene

Zu den wichtigsten Beispielen zählt die politische Biografie von FPÖ-Parteiobmann Heinz-Christian Strache, dessen neonazistische Vergangenheit mehrfach Schlagzeilen gemacht hat.

Seit 1984 ist Strache Mitglied der am äußersten rechten Rand agierenden pennalen Burschenschaft *Vandalia Wien*, der auch Wiens Vizebürgermeister Johann Gudenus angehört. Freunde aus der damaligen Zeit erklärten im Gespräch mit *Österreich*-Herausgeber Wolfgang Fellner: „Wir waren eindeutig Neonazis." Man habe für Gottfried Küssels neonazistische *Volkstreue Außerparlamentarische Opposition* (VAPO) gearbeitet, Pickerl geklebt, Flugblätter verteilt und sich auf der Bude mit Hitlergruß gegrüßt. Strache habe sich „Gauleiter" nennen lassen und die führenden Neonazis der damaligen Zeit alle gekannt.[455]

Fotos, Polizeiprotokolle und Gerichtsakten der damaligen Zeit belegen, dass Strache aus dem radikalsten Teil der Neonazi-Szene kommt.[456] Zum Jahreswechsel 1989/90 hatte er an einer Kundgebung der neonazistischen *Wiking-Jugend* teilgenommen, die zu den gewaltbereitesten Gruppierungen der deutschen Neonazi-Szene zählte.

Ein Mitglied dieser Gruppierung ist für den schlimmsten Terror-Anschlag der deutschen Nachkriegsgeschichte verantwortlich: Am 26. September 1980 hatte eine Bombe auf dem Münchener Oktoberfest 13 Menschen getötet und mehr als 200 Menschen schwer verletzt. Viele von ihnen wurden nie mehr gesund, blieben an den Rollstuhl gefesselt und auf fremde Hilfe angewiesen.

Als Täter wurde ein Mitglied der *Wiking-Jugend* ausgeforscht: Der 21-jährige Geologiestudent Gundolf Köhler, der ein Hitlerbild über seinem Bett hängen hatte. Drei Wochen nach dem Oktoberfest-Anschlag die nächsten Morde von einem Mitglied der *Wiking-Jugend*: Der jüdische Verleger Shlomo Levin und seine Lebensgefährtin Frida Poeschke fielen (nach Stand der polizeilichen Ermittlungen) einem Anschlag von Uwe Behrendt zum Opfer, der auf seiner Flucht unter ungeklärten Umständen erschossen wurde.[457] Auch zahlreiche weitere *Wikinger* standen vor Gericht und wurden verurteilt – unter anderem wegen Totschlags und schwerer Körperverletzung.*

Die neonazistische Kundgebung der *Wiking-Jugend* an der innerdeutschen Grenze war keineswegs so harmlos, wie Strache das darzustellen versucht. Aufgrund des hohen Gewaltpotenzials der Neonazi-Gruppierung war die Kundgebung vom Landratsamt Fulda untersagt worden. Die *Wikinger* aber hielten sich nicht an das Verbot. Vielen von ihnen waren

---

* Gegründet wurde die *Wiking-Jugend* nach dem Vorbild der Hitler-Jugend, um Jugendliche im nationalsozialistischen Sinn zu erziehen und einem militärischen Drill zu unterwerfen. Der Name *Wiking-Jugend* verweist auf die „Nordland-Ideologie", die Vision eines geschlossenen Lebensraumes für die sogenannten „Herrenvölker" germanischer Herkunft, und auf die „Division Wiking" der Waffen-SS, zu deren Kameradschaftsverbänden anfangs enge Verbindungen bestanden. Durch die Vernetzung mit anderen einschlägigen Organisationen kam der *Wiking-Jugend* eine Schlüsselstellung innerhalb des europäischen Neonazismus zu. Im *Wiking-Ruf*, der Zeitschrift der rechtsextremen Gruppierung, ist Hitler mehrfach als „erfolgreichster Staatsmann der Geschichte", „Engel" und „Erlöser" gefeiert worden. 1999 wurde das 1994 ausgesprochene Verbot der *Wiking-Jugend* durch das Bundesverwaltungsgericht in Berlin bestätigt.

schon bei der Anreise Schuss- und Stichwaffen abgenommen worden. Um den Sturm auf eine Synagoge zu verhindern, wurden 21 Nazi-Demonstranten in neunstündige Verwahrungshaft genommen – darunter Heinz-Christian Strache, seine Verlobte Gudrun Burger (Tochter des Südtirol-Terroristen und NDP-Gründers Norbert Burger) und Jürgen Hatzenbichler, der spätere Autor der Gründungsfestschrift von Norbert Hofers *Marko-Germania zu Pinkafeld*.[458] Strache tat und tut alles, um seine damaligen Neonazi-Kontakte zu verheimlichen. Man kann davon ausgehen, dass sich an seiner Taktik nichts ändern wird. Zugegeben wird nur, was durch Fotos, Dokumente, Gerichtsakten, Polizeiprotokolle oder Zeugenaussagen beweisbar ist.

Fest steht jedenfalls: Sein Aufmarsch mit der *Wiking-Jugend* an der innerdeutschen Grenze war nicht die einzige Neonazi-Veranstaltung, die er besuchte. Anfang 2007 tauchten erste Fotos auf, die Strache mit der Elite der damaligen Neonazi-Szene beim „Wehrsport" zeigten. Danach kamen immer mehr Details ans Licht: seine enge Beziehung zu Norbert Burger, Österreichs prominentestem Neonazi-Terroristen, Mitbegründer der Burschenschaft *Olympia* und Gründer der neonazistischen NDP, der Strache „zu einer Art Vaterersatz" wurde[459], sein Kontakt zu Gottfried Küssel, Österreichs bekanntestem Neonazi-Führer.[460]

1990 nahm Strache an einer Veranstaltung der *Deutschen Volksunion* (DVU) teil, die innerhalb des rechtsextremen Lagers als Sammelbecken von Altnazis und unverbesserlichen Hitler-Verehrern galt. Auch das wäre wohl nie ans Licht gekommen, hätte die Polizei ihn damals nicht festgenommen, ihm einen Schreckschuss-Revolver abgenommen und ihn mit einer Strafe von 8000 Schilling belegt.[461]

Auch den Besuch einer Wahlkampfveranstaltung der neonazistischen Gruppierung *Nein zur Ausländerflut* kann er nicht abstreiten. Auch da wurde er polizeilich kontrolliert.[462]

Als sich im November 1989 der britische Holocaust-Leugner David Irving in Wien vor seinem geplanten Vortrag im Parkhotel Schönbrunn der Verhaftung durch Flucht entzog und die Veranstaltung aufgelöst wurde, hatte Strache neuerlich Pech: Schon wieder wurde er fotografiert.

Die größten Probleme bereitete Strache ein Foto, auf dem er mit jenem Kühnen-Gruß zu sehen ist, den Neonazis anstelle des verbotenen Hitlergrußes verwenden:[463] Daumen, Zeigefinger und Mittelfinger werden zum W gespreizt, was „Widerstand" gegen das verhasste (demokratische) System bedeutet.[464] In Deutschland ist dieser Gruß als Nazi-Geste verboten, in Österreich steht er nur dann unter Strafe, wenn das Gericht ihn als „propagandistische Pose" wertet, wie Andreas Scheil, Strafrechtsexperte an der Universität Innsbruck, im ORF-Interview erklärte.

Entstanden ist das Foto 1994 am Rande des Innsbrucker Freiheitskommerses. Österreich-Herausgeber Wolfgang Fellner erzählt, „zwei ehemalige Freunde von Strache und Aussteiger aus der Burschenschafter-Szene" hätten ihm das Foto persönlich angeboten. Sie seien dabei gewesen, als Strache „mit dem Neonazi-Gruß gegrüßt hat".[465]

Natürlich spielte der FP-Chef auch diesmal den Unschuldigen. „Drei Bier" habe er bestellt. Was immer JournalistInnen ans Licht brachten, wurde von ihm mit abenteuerlich klingenden Ausreden beantwortet, dementiert, bestritten, beschönigt. „Fälschung", „Manipulation", „Unterstellung", „medienpolitischer Skandal", „Hetzkampagne", „Menschenhatz", „Gesinnungsterror", „Faschismuskeule", „Lynchjustiz" – die Ausdrücke sind stets die gleichen.

Die auf Goebbels zurückgehende Nazi-Taktik der Täter-Opfer-Schuldumkehr zählt seit Jahren zu Straches politischem Repertoire: Ausgerechnet jene Medien, die seine rechtsextremen Kontakte aufgedeckt hatten, verglich er mit dem nationalsozialistischen Hetzblatt *Der Stürmer*. Nicht die Teilnehmer von Neonazi-Aufmärschen, sondern die journalistischen Aufdecker würden im Stil des Naziterrors agieren, suggerierte er seinen Anhängerinnen und Anhängern.[466]

Am Beispiel *Olympia*: Bewahrer brauner Traditionen

Während über Norbert Hofers Burschenschaft *Marko-Germania zu Pinkafeld* wenig bekannt ist, weil sie weder durch programmatische Schriften noch durch gedruckte Einladungen oder öffentliche Internet-Auftritte in Erscheinung tritt, agiert die *Olympia* seit Jahrzehnten offensiv in der Öffentlichkeit. Auch wenn es sich bei der *Marko-Germania* um eine pennale und bei der *Olympia* um eine akademische Verbindung handelt, gibt es kaum ideologische Unterschiede. Die weltanschauliche Ausrichtung ist in beiden Fällen an die nahezu identen Programme der Dachverbände gebunden.

Unterschiede gibt es in der öffentlichen Darstellung. Keine der österreichischen Burschenschaften trägt ihre Verwurzelung in den Traditionen des Nationalsozialismus so offen zur Schau wie die Wiener *Olympia*, der einige der einflussreichsten FPÖ-Politiker angehören.

Nach Kriegsende waren zahlreiche *Olympen* in Glasenbach interniert, wo die amerikanischen Besatzer ein Anhaltelager für belastete NS-Funktionäre eingerichtet hatten. Im Vereinsorgan *Der Olympe* wurden die „politische Verfolgung" und die „Berufsverbote" beklagt.[467]

„Politische Verfolgung" ist ein Begriff aus der neonazistischen Kampfsprache, der darüber hinwegtäuschen soll, dass viele der in Glasenbach Festgehaltenen in Wirklichkeit strafrechtlich verfolgt waren – für die in der Zeit des Nationalsozialismus begangenen Verbrechen. Berufsverbote aber erhielten jene, die aufgrund ihrer exponierten Stellung im Nationalsozialismus oder ihrer Verstrickung in NS-Verbrechen für eine berufliche Tätigkeit, die Respekt vor demokratischen Grundsätzen erfordert, nicht geeignet schienen.

Im Juni 1962 wurde die *Olympia* verboten (ihre Neukon-

stituierung erfolgte 1973), nachdem sie als organisatorisches Zentrum des neonazistischen Südtirol-Terrors fungiert hatte. Der Verfassungsgerichtshof begründete das Verbot unter anderem mit den zahlreichen anhängigen Strafverfahren gegen Mitglieder der Burschenschaft – nach dem Sprengstoffgesetz, dem Staatsschutzgesetz und dem NS-Verbotsgesetz.
Erwähnt wird in dem Urteil auch ein Vorfall nach einer Heldenehrung in der Aula der Wiener Universität. Der *Olympe* Herbert Fritz hatte auf dem Heimweg das unter das Verbotsgesetz fallende nationalsozialistische Kampflied „Es zittern die morschen Knochen" gesungen, mit dem Refrain: „Denn heute gehört uns Deutschland und morgen die ganze Welt." Bei seiner Anhaltung durch die Polizei hätten zwei andere *Olympen* interveniert und dabei den Beamten „Verletzungen verschiedenen Grades" zugefügt. „Wartet nur, bis der Hitler wiederkommt, dann lass ich euch alle aufhängen, ihr demokratischen Schweine", hatte Fritz Einblick in die Geisteshaltung seiner Verbindung gegeben. Einer seiner Begleiter bekräftigte: „Die Polizei und die Richter sind doch eine Brut im demokratischen Österreich."[468]

Als 1967 aus dem Kreis der Südtirol-Terroristen unter Norbert Burgers Führung die NDP gegründet wurde, machten *Olympen*, die vorübergehend Unterschlupf in der *Vandalia* gefunden hatten, die NDP zu stärksten Kraft des österreichischen Neonazismus – gemeinsam mit braunen Gewalttätern, Auschwitz-Leugnern und Demokratieverächtern wie Gottfried Küssel oder Gerd Honsik.

1988 wurde die NDP verboten, weil ihr Programm „in wesentlichen Kernpunkten mit den Zielen der NSDAP übereinstimmte". Die Übereinstimmung sahen die Verfassungsrichter vor allem im „biologisch-rassistischen Volksbegriff" und der „großdeutschen Propaganda".[469]

Beides ließ sich die *Olympia* durch den Richterspruch nicht nehmen. Beim *Burschentag* in Eisenach stellte sie 1991 einen Antrag, in dem es unter anderem hieß: „Die Unterwanderung

des deutschen Volkes durch Angehörige fremder Völker" bedrohe dessen „biologische [...] Substanz".⁴⁷⁰
Dem in der Bundesverfassung verankerten Anschlussverbot, das auch ein Verbot großdeutscher Propaganda enthält, steht die *Olympia* in unversöhnlicher Opposition gegenüber. Österreich ist für sie bis heute Teil des „deutschen Vaterlandes" geblieben.
1959 wurde in einer Festschrift der *Olympia* die österreichische Nation als „Hirngespinst" lächerlich gemacht. In den 1980er-Jahren verteilten Mitglieder Flugblätter, die ein Großdeutschland in den Reichsgrenzen von 1939 zeigten.⁴⁷¹
Als die *Olympia* 1996 den Vorsitz der *Deutschen Burschenschaft* übernahm, traten gemäßigte deutsche Verbindungen aus dem großdeutschen Dachverband aus. Begründet wurde dieser Schritt mit der Forderung der *Olympia*, Österreich und Teile Polens „in die Wiedervereinigung Deutschlands einzubeziehen".⁴⁷²
1997 kritisierte Martin Graf (*Olympia*), die heutigen Staatsgrenzen seien „willkürlich gezogen", und ergänzte das durch die Forderung, das deutsche Volkstum müsse sich „frei in Europa entfalten können".⁴⁷³ Grafs Verbindungsbruder Harald Stefan, FPÖ-Abgeordneter zum Nationalrat, stellte 1989 in einer Festschrift der *Olympia* fest, in Österreich stelle der Kampf gegen die „so genannte österreichische Nation" eine „neue Form des Volkstumskampfes dar."⁴⁷⁴ 2008 erklärte er im ORF: „Ich fühle mich als Deutscher".⁴⁷⁵
Auch gegen das Verbot nationalsozialistischer Wiederbetätigung kämpfen *Olympen* seit Jahren an. Rechtliche Schritte gegen die „Auschwitzlüge" wurden als „Rückfall in eine längst überwunden geglaubte Zeit der geistigen Unfreiheit" bezeichnet.⁴⁷⁶ 1993 riefen Volker Lindinger und Mathias Konschill in ihren Funktionen als Sprecher und Schriftwart der *Olympia* zum Widerstand gegen den „Gesinnungsterror" des NS-Verbotsgesetzes auf.⁴⁷⁷
Norbert Nemeth, Klubdirektor der Freiheitlichen im Parla-

ment, leistete in einer Festschrift der *Olympia* Gottfried Küssel Schützenhilfe unter dem Titel „Wider die Gesinnungsjustiz".[478] In der von Martin Graf gegründeten und von seinen Mitarbeitern betreuten Internet-Zeitung *unzensuriert* durfte ein User im April 2011 „Freiheit für Küssel" und „Freiheit für alle politischen Gefangenen" fordern.[479]

Auf einem Flugblatt brüstet sich die *Olympia* mit ihrer eigenen Unbelehrbarkeit: „An uns sind Umerziehung, Trauerarbeit und Betroffenheit […] spurlos vorbeigezogen."[480]

Beim Landesparteitag der Wiener FPÖ 2006 gab der *Olympe* Walter Sucher Einblick in das bis heute unverändert gebliebene Weltbild seiner Burschenschaft. Die „Deutschvölkischen" dürften es sich nicht nehmen lassen, Lieder wie „Wenn alle untreu werden" (die als SS-Hymne gilt) auch heute noch zu singen. Sucher beendete seine Rede mit dem Gruß, „der wirklich unser alter Gruß ist […]. Ich grüße euch mit einem kräftigen: Heil!"[481]

Walter Asperl, Grafs Leibfuchs bei der *Olympia* und Geschäftsführer von *unzensuriert*, agitierte in der Zeit der schwarz-blauen Koalition gegen das Verbotsgesetz. Der *Olympe* Sebastian Ploner, parlamentarischer Mitarbeiter von Martin Graf, hatte sich bei der Störaktion gegen eine korporationskritische Stadtführung der *Sozialistischen Jugend* hervorgetan. 2006 bestellte er beim deutschen *Aufruhr-Versand* Bekleidung mit Neonazi-Sprüchen[482] sowie CDs von *Kraftschlag* und der Nazi-Band *Landser*, die in Deutschland als kriminelle Vereinigung verboten ist.[483] Sein Waffenbruder Martin Pfeil gab sich im deutschen Magazin *blond* unter dem Decknamen Roland als Bewunderer der neonazistischen NPD zu erkennen, weil in dieser „Volk und Heimat […] gewahrt" würden.[484]

Sommerlager nach dem Vorbild der Reichsführerschulen

Die *Olympen* Asperl, Ploner und Pfeil waren auch Organisatoren des Sommerlagers *Sturmadler*, bei dem „deutsche

Werte" vermittelt, Fechten und Schießen trainiert, „Heldengedenken" veranstaltet und Lieder des NS-Funktionärs Hans Baumann gesungen wurden, der für den Feierkult der Hitler-Jugend verantwortlich war.[485] Symbol des Ausbildungs-Camps war die Tyr-Rune, einst Abzeichen der Reichsführerschulen der NSDAP.

Der Leitsatz des Camps, „Jugend führt Jugend", wurde vom NS-Dichter und SA-Mitglied Herybert Menzel geprägt.[486] Die Sinnsprüche im *Sturmadler-Kalender* sind den Ergüssen von Nazi-Poeten entnommen, wie Georg Stammler, Verfasser des *Jungdeutschen Führerbuchs,* oder Josef Hieß, Gauredner der NSDAP.[487] Postanschrift für das nationale Sommerlager war die Bude der *Olympia*. Sebastian Ploner war Inhaber der Web-Domain.[488]

Neonazistische Redner bei *Olympia*-Veranstaltungen

Als selbstverständliche Gegenleistung für die materiellen Vorteile der Mitgliedschaft wie billiges Wohnen, Unterstützung beim Studium sowie politische und berufliche Protektion danach wird vom studentischen Nachwuchs der *Olympia* die Teilnahme an *Bildungsveranstaltungen* vorausgesetzt. Was die *Olympen* Bildung nennen, ist in Wirklichkeit neonazistische Indoktrination, wie die Referentenliste verdeutlicht. Bei den Vortragenden handelt es sich vorwiegend um braune Geschichtsfälscher, Demokratieverächter, Verfassungsfeinde, Führungsfiguren des Neonazismus und deutschnationale Rassentheoretiker.

Auffallend ist der große Anteil von Teilnehmern aus den Reihen der NPD, der stärksten Kraft des deutschen Neonazismus, in deren Umfeld braune Gewalttäter wie die Gruppierung *Nationalsozialistischer Untergrund* (NSU) des Mördertrios von Zwickau materielle Hilfe, Tarnung und Unterschlupf fanden.

Der Verfassungsschutz des Deutschen Innenministeriums schreibt der NPD eine „ausgeprägte Affinität zur Ideologie des Nationalsozialismus" zu. Im Verfassungsschutzbericht heißt es: „Die Agitation der Partei ist darüber hinaus rassistisch, antisemitisch, revisionistisch und verunglimpft die demokratische rechtsstaatliche Ordnung des Grundgesetzes."[489] Holger Apfel, der bis 2013 als Bundesvorsitzender fungierte, hat mehrfach betont: „Jawohl, wir sind verfassungsfeindlich!"[490]

Neben neonazistischen Verfassungsfeinden geben sich Europas profilierteste Exponenten der braunen Geschichtsfälscher-Szene bei der *Olympia* die Türklinke in die Hand. Nachdem die *Freiheitlichen Akademikerverbände* David Irving schon 1989 zu einer Vortragsreihe quer durch Österreich vermittelt hatten, sollte der mehrfach vorbestrafte Auschwitz-Leugner 2005 einen Vortrag beim Stiftungsfest der *Olympia* halten. Die Veranstaltung wurde abgesagt, weil Irving verhaftet und vor Gericht gestellt wurde. Die Verhandlung endete mit einem Schuldspruch wegen nationalsozialistischer Wiederbetätigung.[491]

Es war nicht Irvings erstes Prozessdebakel. Europas skrupellosester Geschichtsfälscher, der in zahlreichen Ländern mit Einreiseverbot belegt wurde, ist immer gescheitert, wenn es darum ging, Gerichte von seinen braunen Thesen zu überzeugen. Rechtskräftige Urteile erlauben es, ihn „Lügner", „Fälscher", „Antisemit", „Rassist", „Hetzer" und „Neonazi" zu nennen.[492]

Bruno Haas, Führer der neonazistischen *Aktion neue Rechte* (ANR), der auch Burschenschafter der *Olympia* angehörten, durfte zum Thema „Politjustiz in Österreich" referieren. Da ist er Experte: Ende der 1970er-, Anfang der 1980er-Jahre hatte sich seine braune Schlägertruppe in die Schlagzeilen der österreichischen Zeitungen geprügelt. Brand- und Bombenanschläge, Überfälle auf linke Treffpunkte und Parteilokale und Straßenschlachten mit der Polizei gingen auf das Konto der Terror-Truppe.[493]

2001 lud die *Olympia* gleich drei Referenten aus dem

rechtsextremen Milieu ein, um bei ihrem *Burschenschaftlichen Abend* über das Verbotsgesetz zu referieren: Für den ideologischen Teil war der Publizist Jürgen Schwab zuständig, der als führender Experte rechtsextremer Demokratiekritik gilt.[494] Die Beantwortung juristischer Fragen besorgte Neonazi-Anwalt Herbert Schaller, dessen Kampf gegen die von ihm so genannte „Gaskammern-Lüge" ihm mehrere Disziplinarverfahren eingetragen hat. Bis zuletzt behauptete er, der Holocaust sei „nicht ordnungsgemäß bewiesen", von einem „Nachweis der NS-Gaskammern" könne „nach wie vor keine Rede sein" und ihre Existenz scheine „im Rang eines quasi-religiösen Dogmas zu stehen".[495] Dritter im Bunde war Günter Rehak, dem eine Neugründung der NSDAP in Form einer Vermengung mit Elementen der Sozialdemokratie vorschwebte.[496]

Bei dem von der *Olympia* im November 2004 mitveranstalteten *Konrad-Lorenz-Symposium* trat unter anderem der neonazistische Multiaktivist und NPD-Politiker Rolf Kosiek auf. Der radikale Antisemit und Rassentheoretiker, der zu den führenden Ideologen des braunen Milieus zählt, kämpft seit Jahrzehnten gegen das „gefährliche Gift" des jüdischen Einflusses und die „Zersetzung der deutschen geistigen Tradition"[497], gegen „Multikultur", „Umvolkung" und die „Landnahme durch Millionen Ausländer".[498]

Im Juni 2000 hatte die *Olympia* wieder einmal den prominenten Nazi-Barden Frank Rennicke eingeladen, den der deutsche Verfassungsschutz zu den „zentralen Figuren" des Neonazismus zählt.[499] Wenige Wochen zuvor hatte dieser in Coburg, Oberfranken, ein Benefizkonzert für das damals untergetauchte Thüringer Nazi-Trio gegeben, dem zumindest zehn Morde zur Last gelegt werden.[500] Als Uwe Böhnhardt, Uwe Mundlos und Beate Zschäpe untertauchen mussten, fanden sie in Frank Rennicke einen Unterstützer. 3000 bis 4000 D-Mark sollen bei seinem Konzert für die Verdächtigen gesammelt worden sein.[501]

Rennicke, der sonst bei Neonazi-Veranstaltungen wie dem *Rudolf-Heß-Gedenkmarsch* auftritt, ist bekannt für seine schwülstigen Hitler- und Heß-Balladen, wie zum Beispiel:
 „Landauf, landab, im kleinen wie großen
 Wirst du immer auf's neue auf Adolf stoßen (...)
 Gewöhn' dich daran ..." [502]
Ein anderer Sänger, der bei der *Olympia* für Unterhaltung sorgen durfte, ist der mittlerweile verstorbene Burschenschafter Michael Müller *(Teutonia zu Regensburg).*[503] Auch er hat für die NPD kandidiert und überall aufgespielt, wo sich Neonazis, Rechtsextreme und Burschenschafter trafen. Zu trauriger Berühmtheit gelangte Müller durch seine menschenverachtende Umdichtung des Schlagers von Udo Jürgens, „Mit 66 Jahren ...", in der er die jüdischen Opfer des Nationalsozialismus verhöhnt:
 „Mit sechs Millionen Juden,
 da fängt der Spaß erst an,
 bis sechs Millionen Juden
 da bleibt der Ofen an (...)" [504]
2008 hatte die *Olympia* den im Bundesvorstand der NPD sitzenden Liedermacher Jörg Hähnel eingeladen. In der Bezirksversammlung Berlin Lichtenberg hatte dieser vorgeschlagen, den nach einem NS-Widerstandskämpfer benannten Anton-Saefkow-Platz in Waldemar-Pabst-Platz umzubenennen.[505] Pabst war jener Freikorps-Offizier, der 1919 die Ermordung von Rosa Luxemburg und Karl Liebknecht befohlen hatte.[506]
 Ausdrücklich hatte Hähnel die Morde an den beiden Galionsfiguren der deutschen Arbeiterbewegung als „mutigen Einsatz" und „Akt des Demokratieerhalts" gebilligt.[507] Nachdem Hähnel den Gesangsabend auf der Bude der *Olympia* gestaltet hatte, durfte er als Ehrengast am Wiener WKR-Ball teilnehmen.[508]

Arminia Czernowitz: Werbung mit NSDAP-Plakat

Ende April 2010 war der mittlerweile verstorbene antisemitische Verschwörungstheoretiker und rechtsextreme „Experte" für Nahostfragen, Richard Melisch, bei der Burschenschaft *Arminia Czernowitz* in Linz als Referent zu Gast. Sein Vortrag ließ kein antisemitisches Klischee aus, weder die „jüdische Weltverschwörung" noch die Warnung vor den „Hintermännern der Hochfinanz" oder die „Kriegserklärung der Zionisten an das Deutsche Reich".[509]

Der Skandal aber bestand nicht nur im Inhalt des Vortrages, sondern vor allem in der Aufmachung der Einladung. Die *Arminia Czernowitz*, der auch der Linzer FPÖ-Stadtrat Detlef Wimmer, der freiheitliche Gemeinderat Markus Hein und zahlreiche andere FPÖ-Funktionsträger angehören, warb mit einem Originalsujet der NSDAP, auf dem nur das Hakenkreuz übermalt war.[510]

In deutschen und österreichischen Internet-Foren wird Wimmer von Neonazis als „Zukunftshoffnung" gefeiert und gegen den Vorwurf in Schutz genommen, *kein* Nationalsozialist zu sein. Im Gegensatz zu „Arschlöchern" und „liberalen Systemlingen" in der FPÖ sei Wimmer „in unserem Sinn ganz in Ordnung". Nur das Verbotsgesetz zwinge ihn zu „pragmatischer Zurückhaltung".[511]

Mario Moser, Funktionär der FPÖ Linz, betreibt eine Facebook-Seite mit dem Titel *Detlef Wimmer mit uns – und wir mit Detlef Wimmer*. Daneben wirbt Moser durch Links für die deutsche Neonazi-Band *Zillertaler Türkenjäger*, die gelegentlich mit der als kriminelle Vereinigung verbotenen Neonazi-Band *Landser* gemeinsame Titel wie „Arisches Kind" aufnimmt.[512]

Im Wahlkampf zu den oberösterreichischen Landtagswahlen 2009 warb Wimmers *Ring Freiheitlicher Jugend* (RFJ) mit Aufklebern, auf denen eine Zigarettenpackung mit Warnhinweis abgebildet war: „Gemischte Sorte. Zuwanderung kann tödlich sein." Dennis Russell Davies, Chefdirigent des Linzer

Bruckner-Orchesters, erstattete daraufhin Anzeige wegen rassistischer Diskriminierung.[513]

Wimmer unterhielt über Jahre beste Beziehungen zum neonazistischen *Bund Freier Jugend* (BFJ), bei dessen Veranstaltungen braune Prominenz wie Gottfried Küssel oder Felix Budin mit Mitgliedern des FPÖ-Nachwuchses ideologische Fragen diskutiert und gemeinsam feiert.[514] Das Heeresnachrichtenamt verweigerte Wimmer aufgrund seiner Neonazi-Kontakte die Offizierslaufbahn, weil er „Distanz zu verfassungsfeindlichen Bestrebungen vermissen" lasse.[515]

In einem Gutachten über die *Arbeitsgemeinschaft für demokratische Politik* (AFP) und deren Jugendorganisation *Bund Freier Jugend (BFJ)* kam der Verfassungsrechtler Heinz Mayer 2005 zu dem Urteil, mit der „Verherrlichung nationalsozialistischer Ideen", der „zynischen Leugnung von nationalsozialistischen Gewaltmaßnahmen" und einer „hetzerischen Sprache, die sich in aggressivem Ton gegen Ausländer, Juden und Volksfremde" richte, sowie mit einer Darstellung der Deutschen als „Opfer" werde in den Publikationen „massiv" gegen das Verbotsgesetz verstoßen. Von besonderer Aggressivität seien die Beiträge im *Jugendecho* des BFJ. Hier werde ständig die „Kampfbereitschaft der nationalen Jugend" eingefordert, NS-Biografien würden als „Vorbild" dargestellt, „Rassenhass" werde propagiert.[516]

Als oberösterreichischer Landesvorsitzender des *Ringes Freiheitlicher Jugend* (RFJ) hat Wimmer die Parteijugend mit der neonazistischen Kaderschmiede des BFJ zusammengeführt und Doppelmitgliedschaften ebenso geduldet wie die Teilnahme an Veranstaltungen der neonazistischen NPD. Die Internet-Auftritte des oberösterreichischen FPÖ-Nachwuchses belegen die Früchte von Wimmers „Jugendarbeit": Nazi-Symbole, Nazi-Sprüche, Werbung für Nazi-Foren und Nazi-Bands, die als kriminelle Vereinigung verboten sind.[517]

Unter Wimmers Führung ist aus dem *Ring Freiheitlicher Jugend* eine rechtsextreme Gruppierung entstanden, die sich des Schutzes der FPÖ bedient und damit das Risiko juristischer Verfolgung minimiert.[518] Dass diesem Mann, der wie kein anderer dazu beigetragen hat, Jugendliche rechtsextremer Indoktrination auszusetzen, das *Ehrenzeichen für Verdienste um die Oberösterreichische Jugend* verliehen wurde, ist nicht bloß ein bedeutungsloser Treppenwitz der Nachkriegsgeschichte. Dieser frontale Angriff auf die Bundesverfassung, in der sich Österreich dazu verpflichtet hat, alle Spuren des Nationalsozialismus aus Gesellschaft und Politik zu tilgen, markiert das tragische Ende der politischen Karriere des ehemaligen Landeshauptmannes Josef Pühringer. Ein Politiker, der so viel für dieses Land geleistet hat, verabschiedet sich als Förderer des Rechtsextremismus in den Ruhestand.

Libertas: Ein Preis für junge Neonazis

Während die Würdigung von Neonazi-Aktivitäten durch einen Landeshauptmann der ÖVP hoffentlich als tragischer Einzelfall in die Geschichte eingehen wird, zählt die Preisvergabe an Neonazis durch eine Burschenschaft fast schon zum Alltag. Die Wiener *Libertas*, der prominente Freiheitliche wie der niederösterreichische FPÖ-Vorsitzende Walter Rosenkranz angehören, hat dem *Bund Freier Jugend* (BFJ) 2008 den Carl-von-Hochenegg-Preis verliehen – für „herausragende Taten im Sinne des national-freiheitlichen Gedankens".[519]

Begründet wurde die Preisvergabe mit der Tatsache, dass sich der BFJ „für seine volkstreuen Aktivitäten stärkster staatlicher Repression" ausgesetzt sieht (tatsächlich sind mehrere Mitglieder des BFJ wegen Wiederbetätigung vorbestraft).[520] Die Exekution des Wiederbetätigungsgesetzes bezeichnet die *Libertas* als „staatliche Repression". Im Konflikt zwischen Rechtsstaat und Neonazismus stellt sie sich auf die Seite der Neonazis.[521]

Ein Preisgeld für „volkstreue Aktivitäten", die vom Verfassungsrechtler Heinz Mayer als neonazistisch klassifiziert wurden: Die neonazistische Agitation des BFJ zu finanzieren fiele unter den Tatbestand nationalsozialistischer Wiederbetätigung. Nicht nur Freiherr Ritter von Schönerer, Hitlers Vorbild und Erfinder des Rassen-Antisemitismus, war Mitglied der *Libertas*, sondern zahlreiche prominente Nationalsozialisten, wie zum Beispiel Johann Stich. Der Generalstaatsanwalt am Wiener Oberlandesgericht hatte noch in der Endphase des Krieges Todesurteile am laufenden Band erwirkt und war dafür nach Kriegsende verurteilt worden. Von seinen Waffenbrüdern wurde er dennoch – oder gerade deswegen? – als „Symbol für Charakterstärke und echten Glaubenssinn" gefeiert.[522]

Cimbria: Gemeinsam mit Nazis gegen die Wehrmachtsausstellung

Im April 2002 organisierten Mitglieder der *Grenzlandsmannschaft Cimbria* gemeinsam mit der *Kameradschaft Germania* eine Demonstration gegen die *Wehrmachtsausstellung* in Wien. Anmelder war Clemens Otten *(Cimbria)*, der überall dabei ist, wo Freiheitliche und Neonazis gemeinsam marschieren – was sich mit der Position eines Generalsekretärs des *Ringes Freiheitlicher Jugend* (RFJ) offenbar vereinbaren ließ. Mitorganisatoren waren Wilhelm Ehemayer *(Tafelrunde zu Wien)* und Küssel-Freund Felix Budin *(Cimbria)*, ehemaliger Führungskader der neonazistischen *Neuen Jugend Offensive* (NJO).

Bei der *Kameradschaft Germania* handelt es sich um eine neonazistische Organisation, deren Mitglieder sich im Internet als „junge nationalgesinnte Ostmärker" bezeichneten.[523] Ihre Homepage strotzte vor nationalsozialistischen Kürzeln wie „88" (zweimal der achte Buchstaben im Alphabet: HH = Heil Hitler) oder „18" (Adolf Hitler). Die Nutzer der Seite wetterten in ihren Postings gegen das „Holocaust-Lügengebäude" und die „Abzocke der Juden".[524]

Die *Cimbria* schien an dieser Zusammenarbeit keinen

Anstoß zu nehmen. Gemeinsam mit Neonazis und FPÖ-Mitgliedern marschierten die Teilnehmer durch die Wiener Innenstadt, skandierten „Sieg Heil" und „Deutschland den Deutschen".

Silesia im Rotlichtbezirk: Straches Sekretärin holt Gottfried Küssel

Im März 2010 feierte die *Silesia* in einem Rotlicht-Lokal am Wiener Gürtel eine Burschenschafter-Fete, bei der es gegen drei Uhr morgens zum Streit kam. Straches Sekretärin Elisabeth Keyl und ihr Ehemann Hubert Keyl, persönlicher Referent des damaligen Dritten Nationalratspräsidenten Martin Graf, gerieten aneinander. Als Keyl den Fehler beging, sich mit einem der professionellen Rausschmeißer anzulegen, der ihn aus dem Lokal „geleiten" wollte, wurde er krankenhausreif geschlagen. Straches Sekretärin holte daraufhin einen besonders guten Freund zu Hilfe, der ihr so nahe steht, dass er selbst zu so ungewöhnlicher Stunde nicht zögerte, mir ihr an den Tatort zu kommen. Es war kein Geringerer als Österreichs bekanntester Neonazi Gottfried Küssel.[525]

Teutonia: Nazi-Schulung „im Einklang mit der Bundlinie"

Im September 2010 schrillten bei der FPÖ alle Alarmglocken. Wenige Wochen vor der Wiener Landtags- und Gemeinderatswahl war aufgeflogen, dass Jan Ackermeier *(Teutonia)*, damals parlamentarischer Mitarbeiter des FPÖ-Abgeordneten zum Nationalrat Harald Stefan *(Olympia)*, sich als Organisator der *Andreas-Hofer-Wander- und Vortragswoche* betätigt hatte.

Veranstalter war die *Junge Landsmannschaft Ostdeutschlands* (JLO), die mit dem *Trauermarsch* in Dresden auch das größte Neonazi-Treffen Deutschlands organisierte, dem 2010 durch die Demonstration Tausender Dresdnerinnen und Dresdner ein Ende bereitet wurde.[526] Ackermeiers Beteuerungen, nie Mitglied der JLO gewesen zu sein, wird durch das

Protokoll einer Bundesvorstandssitzung der neonazistischen Gruppierung widerlegt, in dem Ackermeier als Beisitzer und Protokollführer genannt wird.[527]
Vier Wochen vor der Wiener Wahl mussten Harald Stefan und die FPÖ reagieren. Ackermeier wurde als parlamentarischer Mitarbeiter entlassen. Seine Burschenschaft *Teutonia* reagierte – mit Rücksicht auf die FPÖ – erst nach der Wahl mit der „Klarstellung", dass Ackermeiers „Vorgehensweise […] im Einklang mit der allgemeinen Bundlinie" stehe.[528]
Die Aussendung konnte weder Burschenschafter noch Staatspolizei überraschen. In der *Teutonia* haben zahlreiche Mitglieder von Gottfried Küssels neonazistischer VAPO Unterschlupf gefunden, die für die Wiederzulassung der NSDAP und die Wiederherstellung des Deutschen Reiches gekämpft hatten.[529] Auch ein prominenter Politiker ist Mitglied dieser Verbindung, die Neonazismus „im Einklang mit der Bundlinie" sieht: Vorarlbergs FPÖ-Parteiobmann Reinhard Eugen Bösch.

Wenn Burschenschafter und Neonazis gemeinsame Sache machen

Burschenschafter sind überall dabei, wo Neonazis ihre Treue zum *NS-System* zelebrieren, ihren Hass auf Demokratie und DemokratInnen ausleben und gegen die Verfassung agitieren. Ob bei Gedenkveranstaltungen der Waffen-SS, bei denen Kriegsverbrechern, KZ-Schergen und Massenmördern ehrend gedacht wird, ob bei den traditionellen Trauerfeiern zum 8. Mai, bei denen der Untergang Hitler-Deutschlands betrauert wird, während das demokratische Österreich die Befreiung vom Nationalsozialismus feiert, ob bei Kranzniederlegungen an Gräbern von Nazi-Ikonen wie Walter Nowotny oder bei den traditionellen Sonnwendfeiern des völkischen Lagers: Stets machen Neonazis und Burschenschaften bei den Vorbereitungen gemeinsame Sache, stets agieren sie Seite an Seite.

Besonders gut dokumentiert sind die so genannten *Akademien* der neonazistischen *Arbeitsgemeinschaft für Politik* (AFP), bei denen die bekanntesten Brandredner der braunen Szene Seite an Seite mit Burschenschaftern und Spitzenpolitikern der FPÖ auftreten. Zu den Referenten der AFP zählten Kriegsverbrecher, Terroristen, Gaskammern-Leugner, radikale Antisemiten, Rassisten und NPD-Funktionäre – unter anderem der spanische Neonazi Pedro Varela, dessen CEDADE *(Circulo Español de Amigos de Europa – Spanischer Kreis der Freunde Europas)* Wiederbetätigern wie Gerd Honsik oder Walter Ochensberger Fluchthilfe leistete und Unterschlupf bot, als diese sich der Strafverfolgung entzogen. Im trauten Kreis der AFP bezeichnete Varela Adolf Hitler als „zweiten Erlöser der Menschheit" und meinte, dass die „von ihm vorgeschlagenen Lösungen ohne Weiteres angewendet werden könnten."[530]

Eigentlich ist es schwer vorstellbar, dass Burschenschafter, die in der FPÖ Führungspositionen bekleiden, bei Neonazi-Veranstaltungen auftreten, bei denen Hitler glorifiziert, die nationalsozialistischen Morde einmal geleugnet, ein andermal zur Wiederholung empfohlen werden, gegen Demokratie und Verfassung gehetzt und Gewaltfantasien öffentlich ausgelebt werden. Und doch ist es anhand gedruckter Einladungslisten und Zeugenaussagen von Ermittlern, die undercover teilgenommen haben, eindeutig belegt, dass FPÖ-Politiker der ersten Reihe diesen Neonazi-Veranstaltungen durch ihre Auftritte den Anschein wissenschaftlicher und politischer Seriosität gegeben haben, u. a. Wiens Vizebürgermeister Johann Gudenus *(Vandalia Wien* und *Aldania Wien)*, Wiens FPÖ-Landesparteisekretär Hans-Jörg Jenewein *(Silesia)*, Andreas Mölzer *(Corps Vandalia Graz)*, bis 2014 Mitglied des Europaparlaments, langjähriger Herausgeber und Chefredakteur der Burschenschafter-Zeitung *Zur Zeit*.[531]

Ein rechtsextremes Milieu und sein freundlicher Darsteller

Mit diesen wenigen Beispielfällen ist das burschenschaftliche Milieu, dem Norbert Hofer sich als 37-jähriger, politisch versierter und historisch belesener Mann aus freien Stücken angeschlossen hat, ausreichend charakterisiert. In der Öffentlichkeit aber versteht er es, den authentischen, selbstsicheren und freundlichen Saubermann zu spielen. Das hat er im Präsidentschaftswahlkampf eindrucksvoll bewiesen. Kein Wunder: Die verbale und nonverbale Manipulation durch Tricks, Ablenkungsmanöver und Untergriffe hat er viele Jahre lang gelernt, trainiert und gelehrt.

„1995–1999 verhaltenstechnische Seminare wie Rhetorik, Kommunikation, Crash Rhetorik, Team Design sowie NLP, Medienarbeit, Projektmanagement; anschließend Ausbildung zum Kommunikations- und Verhaltenstrainer", so stand es auf seiner Website zu lesen, bevor er den Eintrag löschte, um sich im Präsidentschaftswahlkampf als authentisch verkaufen zu können. Er habe nie NLP-Seminare besucht, behauptete er[532], bevor im Archiv des ORF der obige Text gefunden wurde. „Ich mag kein Coaching", erklärte er zwischen TV-Debatten. „Ich gehe lieber frei hinein und schau, was passiert." Er habe nicht gerne „Sätze dauernd im Hinterkopf".[533]

Ganz bei der Wahrheit scheint er da nicht geblieben zu sein, wie Analysten der TV-Duelle herausfanden. Immer wieder gab es Sätze und ganze Diskussionsteile, die er offenbar auswendig gelernt hatte, um sie im gleichen Wortlaut bei jedem seiner Auftritte zu wiederholen. Etwa wenn er gegen die Türkei wetterte: „Da wird auf Frauen geschossen am Weltfrauentag, mit Gummigeschoßen. Da wird eine Zeitung gestürmt, weil sie anders berichtet, als Erdoğan das will. Die Frau des Präsidenten träumt vom Harem." Mit minimalen Abweichungen spulte er die Satzfolge ein ums andere Mal ab, jeweils so vorgetragen, als käme das ganz spontan aus ihm heraus.⁵³⁴

Statt auf Fragen und vorgegebene Themen einzugehen, beschränkte er sich darauf, die vorbereiteten Botschaften zu wiederholen. In der ORF-Elefantenrunde will Ingrid Thurnher von ihm wissen, ob er als Bundespräsident etwas dazu sagen würde, dass an diesem Tag 500 Flüchtlinge im Mittelmeer ertrunken sind. Hofer antwortet mit „Ja ... weil klar ist, dass ein falsches Signal ausgesandt worden ist. Das, was Merkel getan hat, ‚wir schaffen das‘, hat ja erst dieses Problem mit verursacht. ... Wozu ich mich aber auf jeden Fall geäußert hätte, wäre dieser Deal mit der Türkei. Ich halte das für ganz fürchterlich. Da wird am Weltfrauentag mit Gummigeschoßen auf Frauen geschossen. Da wird eine Zeitung gestürmt, weil sie anders berichtet hat, als Erdoğan das will ..."*

Nichts und niemand kann Hofer dazu bringen, über den Tod von Flüchtlingen und ihren Familien zu sprechen, Empathie, Betroffenheit oder gar Mitleid zu zeigen. Eine Frage zum tragischen Tod von 500 Menschen beantwortet er mit „Merkel" und „Erdoğan". Mit der Wendung „weil klar ist", wird ein Zusammenhang zu Thurnhers Frage hergestellt, den es in Wirklichkeit nicht gibt.

Der Fachausdruck für diese Technik heißt Reframing (schnelles Umdeuten), erklärt der Kulturhistoriker und Professor für Ökonomie und Kulturgeschichte, Walter Ötsch, der mit *Haider Light* ein Standardwerk zur Demagogie des Rechtspopulismus geschrieben hat. „Das kann man lernen." Hofer hat das gelernt – und unterrichtet.⁵³⁵

---

* Im Interview mit *Österreich* formuliert Strache am 19. 3. 2016 fast wortgleich: eine Partnerschaft mit Erdoğan, „der am Weltfrauentag mit Gummigeschoßen auf Frauen schießen lässt, der mit Polizeigewalt Oppositionsmedien übernimmt ..." Strache und Hofer sagen immer wieder die gleichen Sätze, verwenden immer wieder die gleichen Formulierungen ... kein Coaching?

Wie seine medialen Verbündeten auf den burschenschaftlichen Internet-Seiten teilt er die Welt in Gut und Böse, in *Die* und *Wir*, in Täter und Opfer. *Wir*, das sind die „Anständigen und Fleißigen", die kleinen Leute mit ihren Sorgen, für die Hofer zu kämpfen vorgibt – obwohl er im Nationalrat bei der Abstimmung über Sozialgesetze immer gegen deren Interessen gestimmt hat. *Die*, das sind die Vertreter des „Systems", die abgehobene „Elite", die „Befehlsempfänger aus Brüssel", das sind die „Chaoten", die Hofers Plakate zerstören – Van der Bellens Anhänger also. *Die*, das sind auch die 500 ertrunkenen Flüchtlinge, die ihm als Vorwand dienten, seine vorformulierten Wahlwerbe-Sätze in die TV-Kameras zu sprechen.

Und immer wieder die Täter-Opfer-Schuldumkehr: Den geballten Hass seiner Anhänger, der sich während des Präsidentschaftswahlkampfes nur auf *unzensuriert* oder Straches Facebook-Seite austoben darf, weil seine Seite von Mitarbeitern präsidial sauber gehalten wird, projiziert er auf die politischen Gegner. Dass die Hassposter gegen ihn nur eine verschwindende Minderheit sind im Vergleich zur Anzahl jener, die auf burschenschaftlichen Facebook-Seiten mit Mord und Bürgerkrieg drohen, wird auf diese Weise geschickt verborgen.

Das auf burschenschaftlichen Internet-Auftritten und Straches Facebook-Seite errichtete Lügengebäude (siehe Seiten 112–118 und 133–141) lässt Hofer verschwinden, indem er seinem politischen Gegenüber „Lügen" unterstellt. Gezählte 24 Mal hat Hofer während des Präsidentschaftswahlkampfes allein im ORF das Wort „Lüge" gegen Van der Bellen gerichtet.[536] Er selbst aber ist Meister darin, Unwahrheiten zu verbreiten, ohne Lügner genannt werden zu dürfen.

Als er darauf angesprochen wird, dass seine Burschenschaft die österreichische Nation verneine, antwortet er überzeugend: „Es steht in den Statuten überhaupt nichts davon, dass Österreich keine Nation ist." Juristisch gesehen hat Hofer nicht gelogen. Dass die *Marko-Germania* die österreichische Nation als „geschichtswidrige Fiktion" ablehnt, steht in ihrer Gründungsfestschrift, die zum Unterschied zu den Statuten öffentlich geworden ist.

Bei einem seiner Wahlkampfauftritte formuliert Hofer mit geschickt gespielter Empörung: „Kennt ihr einen Moslem, der im Pflegebereich arbeitet, der bereit ist, unseren Senioren vielleicht die Windeln zu wechseln? Ich kenne keinen!" Caritas und Krankenhausbetreiber bestätigen: Es gibt Hunderte davon. Hofer hat die Unwahrheit verbreitet. Trotzdem darf man seine Aussage nicht als Lüge bezeichnen. Er hat ja nicht behauptet, dass es keinen *gibt*. Er hat nur gefragt, ob jemand *einen kennt*. Und er hat gesagt, er *kenne keinen* – was für ihn als Schriftführer des Sozialausschusses ein Armutszeugnis wäre, würde es stimmen.

Bei den TV-Diskussionen packt Hofer das ganze Repertoire rhetorischer Untergriffe aus, das er gelernt und gelehrt hat. Um Van der Bellen alt aussehen zu lassen, behauptet er immer wieder: „Sie sind vergesslich." „Sie vergessen, was Sie gesagt haben." „Sie vergessen Ihre Interviews." „Erinnern Sie sich doch!" „Sie machen den zerstreuten Professor …" „… weil Sie es vielleicht vergessen haben." Dabei wirkt er nur selten aggressiv. Stimmlage und Körperhaltung vermitteln eher, er habe Mitleid mit dem alten Mann, dessen Vergesslichkeit ihn für das höchste Amt im Staat ungeeignet mache.

Es gab viele solcher Vokabeln, die Hofer systematisch einsetzte: „Nervös", „wehleidig", „oberlehrerhaft", „aggressiv", „langsam", „untergriffig". Der freiheitliche Präsidentschaftskandidat ließ nichts aus, um seinen Kontrahenten als ungeeignet, unqualifiziert oder inkompetent darzustellen: Van der Bellen rede nur über Wirtschaft, habe aber „nie in der Wirtschaft gearbeitet". Das sagt ein Mann wie Hofer, der nach der Matura ganze drei Jahre beruflich tätig war, bevor er sich ausschließlich der Politik widmete – und er sagt es zu einem Universitätsprofessor der Volkswirtschaft.

In der freiheitlichen Kampfrhetorik gilt: Gehe nie auf Kritik ein, sprich nicht über dich, verteidige dich nicht, sondern gehe zum Gegenangriff über. Hofer ist Meister in dieser Kunst. Wenn es für ihn kritisch wird, lenkt er ab. Als Van der Bellen feststellt, er sei eine Marionette von Strache und Kickl, unterbricht Hofer: „Sie zeigen da mit dem Finger so böse auf mich." Der Angriff ist weg, die Zuschauer haben den Faden verloren.

Als Van der Bellen seine breite Unterstützerplattform anspricht, um die politische Isolierung der FPÖ deutlich zu machen, lässt sich Hofer nicht auf dieses Thema ein, sondern antwortet: „Herr Doktor, Sie sind so böse. Ich weiß nicht warum. Ich habe Ihnen nichts getan." Dass neben der Mehrzahl junger, gebildeter Wählerinnen und Wähler die wichtigsten Vertreter der Wissenschaft, der Kunst, des österreichischen Kultur- und Geisteslebens nahezu geschlossen hinter Van der Bellen stehen, darf kein Thema sein. Also lenkt er ab, indem er seinen Kontrahenten persönlich angreift.

Hofer hat bei Diskussionen – wie fast alle Politiker – Stichwortzettel vor sich liegen. Gelegentlich hält er einen Ausdruck von *unzensuriert* auch sichtbar in die Kamera und macht damit Werbung für jenes burschenschaftliche Organ, das seinen Wahlkampf mit Hetzkampagnen und Hass-Postings begleitet.[537] Das hindert ihn nicht daran, solche Zettel bei politischen Gegnern zum Totschlagargument zu machen: Als der SPÖ-Kandidat Rudolf Hundstorfer zu einer kritischen Frage ausholt, unterbricht ihn Hofer, indem er auf die Zettel deutet: „Ihr Team hat schon wieder etwas vorbereitet für Sie. Bitte lesen Sie runter."

Hofer ist aber nicht nur verbal geschult. Er ist auch Meister der Mimik, der Gesten und der Körpersprache. Angriffe pariert er mit Kopfschütteln und mitleidigem Lächeln. Nonverbal suggeriert er: „Ist doch lächerlich!" und: „Da steh ich drüber". Inhaltlich aber lässt er sich nicht darauf ein, sondern redet von etwas anderem.

Ein anderes Stilmittel ist seine Bewegungslosigkeit. Aufrecht und gerade sitzt er, sein Lächeln, seine Hände immer ruhig, immer unter Kontrolle. Diese Körperhaltung vermittle Autorität, wie man Schulungsunterlagen in Kampfrhetorik entnehmen kann.

Wer so geschult ist und in so staatsmännischer Pose agiert, dem nimmt man auch Unwahrheiten ungeprüft ab. Untergriffe und Verleumdungen werden oft nicht einmal registriert. Bis ein Faktencheck Hofers Falschaussagen im Fernsehen widerlegen kann, haben sie in burschenschaftlichen Medien und auf Facebook längst jene Welle des Hasses ausgelöst, die wichtigstes Mobilisierungsinstrument freiheitlicher Wahlkämpfe ist.

Fünf Mal während einer einzigen Diskussion bezeichnet Hofer seinen politischen Gegner als „Kommunist"[538], bei Wahlkampfauftritten vor seinen AnhängerInnen auch als „grünen faschistischen Diktator"[539]. Van der Bellen habe „Kontakte zu Fidel Castro" und sei ein „Ostblock-Spion".[540] Alles nicht wahr, aber es bleibt etwas hängen.

Eigentlich müsste Hofer wissen, dass er Falschmeldungen verbreitet. Etwa beim Spionage-Vorwurf: 2001 hat sein Parteifreund Martin Graf eine Anfrage an den Innenminister gerichtet, die dieser eindeutig beantwortet hat: Es gebe „keine Erkenntnisse" über Kontakte von grünen Politikern zu dem angeblichen Stasi-Spion. Die Ermittlungen gegen den Verdächtigen waren bereits im Juni 1980 eingestellt worden.[541]

Eindeutiger kann das Ergebnis eines Faktenchecks nicht sein: Es gab keinen Spion, es gab keine Zusammenarbeit mit dem angeblichen Spion und die Geschichte ist seit 37 Jahren aufgeklärt.[542] Nur für Hofer nicht, der auch diese Chance nützte, seinen Gegner anzupatzen.

Für die Hetze seiner Helferinnen und Helfer fühlt sich Hofer nicht zuständig, nicht einmal für Ursula Stenzel, die bei einem gemeinsamen Fernsehauftritt Van der Bellens Vater in die Nähe des Nationalsozialismus rückte. Als Van der Bellen sich bei der folgenden Diskussion mit einem Bild seines Vaters wehrt, bezeichnet Hofer das als „schweres Foul" und beginnt, gegen ihn (Hofer) gerichtete Hass-Postings vorzulesen. Dass er den Unterschied zwischen einem anonymen Posting und der im Fernsehen vor Hunderttausenden Zusehern begangenen Verleumdung eines Verstorbenen durch eine freiheitliche Politikerin nicht erkennen kann, ist unwahrscheinlich. In Norbert Hofers burschenschaftlicher Welt aber spielt das keine Rolle. Medienarbeit hat ihre eigenen Gesetze. Im Wahlkampf hat er so ziemlich alle erlernbaren Unanständigkeiten medialer Öffentlichkeitsarbeit ausgereizt.

Wie nicht anders zu erwarten, zeigten sich Hofers Anhängerinnen und Anhänger fassungslos darüber, dass ein „Ausländerfreund", „Lügner", „faschistischer Diktator", „Kommunist" und „Ostspion" mit „Castro-Kontakten" aus einer „Nazi-Familie" mehr Stimmen als Hofer bekommen konnte. Sofort machte das Gerücht von einem „erneuten Wahlbetrug" die Runde. Bürgerkriegsstimmung lag in der Luft. „Anschlag bitte auf diese Adresse", stellte ein User unter Van der Bellens Wohnadresse eine gefährliche Aufforderung zur Gewalt ins Netz. Ein anderer will Grün-Wähler „ausrotten", „Die Glock ist geladen", „Waffe ist ausgepackt", VdB-Wähler solle man „am Scheiterhaufen verbrennen", das Parlament gehöre „gestürmt", „Ab jetzt heißt es kämpfen", „Selbstjustiz".[543] Die weiblichen „Wähler" sollten sich „gefälligst von Asylanten vergewaltigen und erschlagen lassen".

Wo steht Norbert Hofer politisch?

Ist Norbert Hofer rechtsextrem?

Wie lässt sich Norbert Hofer nach dieser Bestandsaufnahme einordnen? Die Frage ist wichtig, gerade weil es sich bei Norbert Hofer um keinen der freiheitlichen Scharfmacher handelt, weil er zu den wenigen zählt, die ihren Internet-Auftritt von menschenverachtenden Wutausbrüchen und neonazistischen Anspielungen frei halten, weil er nicht dazu neigt, den Stammtisch durch rechtsextreme Sprüche bei Laune zu halten.

Es würde der Sache nicht gerecht, die FPÖ nach jenen Schreihälsen zu beurteilen, deren neonazistisch anmutende Ausraster immer wieder für Schlagzeilen sorgen und oft durch Parteiausschlüsse geahndet werden müssen, um braune Flecken an der blauen Parteifassade zu vermeiden.

Bei Norbert Hofer ist das anders. Erfolgreich hat er sich im Präsidentschaftswahlkampf als das freundliche Gesicht der FPÖ präsentiert. Über seine ideologische Positionierung aber sagt das nichts aus. Nur um diese aber kann es bei einer solchen Einordnung gehen.

Für die Einschätzung von Politikern gibt es zwei Maßstäbe: Die in der wissenschaftlichen Literatur nachlesbaren Kriterien und die Urteile von Höchstgerichten, die eine verbindliche Grundlage unseres Rechtssystems darstellen. An diesen Maßstäben muss Norbert Hofer gemessen werden, an diesen Maßstäben muss sich er und muss sich die FPÖ messen lassen.

An dieser Stelle ist es notwendig, noch einmal die bereits erwähnte Rechtsextremismus-Definition von Willibald Holzer zu zitieren, die keine Außenseitermeinung ist, sondern gängige Lehrmeinungen in einem Kriterienkatalog übersichtlich und schlüssig zusammenfasst: Antiliberalismus, Antipluralismus, Reduktion komplizierter sozialer Zusammenhänge auf ein Freund-Feind-Schema, Frontstellung gegen die (repräsentative Parteien-)Demokratie, autoritäres Führer- und Gefolgschaftsprinzip, Volksgemeinschaftsideologie, völkischer Nationalismus, Rassismus, Antisemitismus, Antifeminismus, die Behauptung naturgegebener sozialer Differenzen, Stärke- und Männlichkeitskult sowie unterschiedliche Formen des Revisionismus (Geschichtsfälschung).

Wer Hofer (als stellvertretenden Parteichef der FPÖ und Mitglied einer völkischen Verbindung) an diesen Kriterien misst, kommt zu einem eindeutigen Ergebnis. Der ewige Gelehrtenstreit, wie viele solcher Kriterien für eine Klassifizierung als rechtsextrem zutreffen müssen, erübrigt sich. Für sämtliche in der wissenschaftlichen Literatur genannten Merkmale lassen sich beim stellvertretenden FPÖ-Vorsitzenden Belege finden. Willibald Holzers Kriterienkatalog lässt keinen Zweifel zu: Norbert Hofer ist ein rechtsextremer Politiker – auch wenn er das in staatsmännischer Pose wegzulächeln versucht.

Ist Norbert Hofer Neonazi?

Diese Frage zu beantworten ist schwieriger, vor allem, weil das Oberlandesgericht Innsbruck diese mit Nein beantwortet und Ingo Mayr, den ehemaligen Landesparteivorsitzenden der Tiroler SPÖ, wegen eines „Nazi"-Vorwurfs auf Facebook verurteilt hat.

Ob dieses Urteil vor dem Europäischen Gerichtshof für Menschenrechte (Presse- und Meinungsfreiheit sind Menschenrechte) gehalten hätte, ist fraglich. Nach ständiger Judikatur des EGMR muss für politische Wertungen kein Wahrheitsbeweis erbracht werden, wie er früher von österreichischen Gerichten gefordert wurde. Es reicht, wenn eine Meinung ausreichend durch Tatsachensubstrat belegt ist.

Österreichische Gerichte haben diese verbindliche Judikatur mehrfach außer Acht gelassen. Ingo Mayr entschied sich dafür, die Strafe zu zahlen, statt die gerichtliche Auseinandersetzung endlos in die Länge zu ziehen, um letzten Endes vielleicht doch noch Recht zu bekommen.*

Trotz solch juristisch strittiger Fragen und eines damit eventuell verbundenen Prozessrisikos bleibt dem Autor dieses Buches die Antwort nicht erspart. Wichtige Hinweise auf diese finden sich in den zahlreichen Urteilen des österreichischen Verfassungsgerichtshofes (VfGH), in denen die Tätigkeit neonazistischer Parteien und Gruppierungen juristisch bewertet wird.

Die von Burschenschaftern gegründete *Nationaldemokratische Partei* (NDP) wurde verboten, weil deren Programm „in Kernpunkten mit den Zielen der NSDAP" übereinstimmte. Als solche werden in dem Urteil der „biologisch-rassistische Volksbegriff" und die „großdeutsche Propaganda" genannt.

Beide Merkmale finden sich – in Form der „deutschen Volksgemeinschaft" und im Bekenntnis zum „deutschen Vaterland"– im Programm der FPÖ und im *Handbuch Freiheitlicher Politik*, die beide unter Hofers Verantwortung zustande kamen. Als „Abstammungsprinzip" zählt der in den Höchstgerichtsurteilen genannte „biologisch-rassistische Volksbegriff" zu den Grundsätzen jener Burschenschaften, denen die Spitzen der FPÖ angehören. Nicht zuletzt wird er in der Gründungsfestschrift von Hofers Burschenschaft *Marko-Germania zu Pinkafeld* verwendet, die auch das Bekenntnis zum „deutschen Vaterland, unabhängig von bestehenden Grenzen" enthält.

---

* Der Autor dieses Buches war in Österreich dafür verurteilt worden, die ehemalige Landesparteivorsitzende und Präsidentschaftskandidatin der FPÖ, Barbara Rosenkranz, als „Kellernazi" bezeichnet zu haben. Der EGMR verurteilte Österreich wegen Verletzung der Meinungsäußerungsfreiheit und sprach dem Autor einen Schadenersatz für die (erstmalige und einzige) Speicherung seiner Daten im Strafregister zu. Neun Jahre nach der Veröffentlichung erfolgte schließlich der rechtskräftige Freispruch.

Unter anderem wurden in den Urteilen des Verfassungsgerichtshofes folgende Ausdrücke und Tathandlungen als „nationalsozialistische Politikinhalte" gewertet: das Bekenntnis zur „deutschen Nation", die Behauptung, Österreich sei „Teil Deutschlands", die Werbung mit „großdeutschen Landkarten", Propaganda für eine „großdeutsche Wiedervereinigung" und Begriffe wie „Missgeburt der österreichischen Nation" oder „Verlust der nationalen Identität".

Als neonazistische Agitation klassifizierten die Verfassungsrichter Forderungen nach „Beseitigung des Staatsvertrages", in dem sich Österreich dazu verpflichtet hat, alle „Spuren des Nationalsozialismus" zu tilgen, und der damit Grundlage des österreichischen Wiederbetätigungsgesetzes ist, das von Burschenschaftern und Freiheitlichen seit Jahren bekämpft wird.

Als „fremdenfeindliche Schlagworte nach Art der NS-Propaganda" wurden vom österreichischen Verfassungsgerichtshof gewertet: „Überfremdungspolitik", „Umvolkung", „Massenzuwanderung", „Ausländische Unterwanderung", „Austausch der heimischen Bevölkerung", „Minderheit im eigenen Land", „schleichender Völkermord", „Wien verliert seinen mitteleuropäischen Charakter", „ganze Viertel werden von Fremden geprägt", „in der eigenen Stadt nicht mehr heimisch fühlen". Jede einzelne dieser Formulierungen findet eine nahezu wortgleiche Entsprechung in der politischen Agitation von Freiheitlichen und Burschenschaftern.

Nationalsozialistisches Gedankengut erkannten die Verfassungsrichter auch in der Forderung, die Zuwanderung von „Nichtdeutschen" und „schmarotzenden Ausländern" zu verhindern. Die „Abschiebung volksfremder Elemente" sei eines der Hauptziele der NSDAP gewesen, stellten sie in der Urteilsbegründung fest. Der belastete Ausdruck „volksfremde Elemente" wird heute nicht mehr verwendet. Inhaltlich aber hält die FPÖ an diesem „Hauptziel" der NSDAP bis heute fest.

Als Begriffe aus dem „Sprachgebrauch der Nationalsozialisten" wurden Ausdrücke wie „arbeitsscheuer Abschaum",

„Sozialschmarotzer", „Parasitendasein", „die hier wie die
Maden im Speck leben" (Tier-Metapher) gewertet.
 Weitere Kriterien der Entscheidungen waren „Kontakte zu neonazistischen Gruppierungen in anderen Ländern",
die Werbung für Veranstaltungen brauner Geschichtsfälscher
und die revisionistische Umdeutung der Zeitgeschichte – alles
Punkte, die auf Burschenschaften und FPÖ belegbar zutreffen.
 Nicht zuletzt wurde die Agitation gegen die „politischen
Lügen der Presse", „hasserfüllte Journalisten" und den „verbrecherischen Einfluss der Medien" als Ausdruck nationalsozialistischer Gesinnung gewertet. Ausdrücklich genannt
wurde in einem der Urteile die Bezeichnung des *Kurier* als
„Stimme Israels" und des *profil* als „jüdische Zeitung".[544]
Das hindert Burschenschafter und Freiheitliche nicht daran,
mit Begriffen wie „System-" oder „Lügenpresse", die Goebbels einst als Waffe gegen Demokratie, Meinungsvielfalt und
Menschenrechte einsetzte, unabhängige Medien und korrekt
berichtende Journalisten zu attackieren.
 Burschenschafter und FPÖ-Politiker haben ganze Arbeit
geleistet. Was in den 1980er-Jahren noch als nationalsozialistische Agitation gewertet wurde und Verbote neonazistischer
Parteien und Gruppierungen nach sich zog, ist durch kleinweise und systematische Übernahme in den Wortschatz der
Freiheitlichen zur politischen Gewohnheit und Pseudo-Normalität geworden, an der kaum jemand mehr Anstoß nimmt.
Das aber ändert nichts an der Tatsache, dass die politische
Agitation der FPÖ, wie wir sie Tag für Tag erleben, zahlreiche
Elemente jener Propagandaphrasen enthält, die der österreichische Verfassungsgerichtshof als „neonazistisch" eingestuft
hat.
 Diese Kritik kann sich nicht nur gegen Burschenschaften
und FPÖ richten. Die demokratischen Parteien der Mitte haben zugelassen, dass diese vom Verfassungsgerichtshof definierten „nationalsozialistischen Politikinhalte" im „Origi-

nalwortlaut nationalsozialistischer Propagandaphrasen" die politische Auseinandersetzung bis heute bestimmen. Den aus Konzentrationslagern befreiten Opfern und den vom Nationalsozialismus befreiten Bürgern wurde nach dem Krieg das Versprechen gegeben, „alle Spuren des Nationalsozialismus" aus Gesellschaft und Politik zu entfernen. Durch den Staatsvertrag wurde es in die Verfassung geschrieben. Eingehalten wurde es nicht.*

Trotz Eindeutigkeit der höchstgerichtlichen Urteile ist zweifelhaft, ob die Berufung auf diese ausreichen würde, Burschenschaftern und führenden FPÖ-Politikern neonazistische Gesinnung zu unterstellen. Bei Hofer gibt es jedoch zusätzliche, schwerwiegende Argumente, die als Tatsachensubstrat angeführt werden können:

Anders als Gymnasiasten, die oft als politisch Uninformierte von Freunden oder Verwandten zu Burschenschaften mitgenommen werden und danach zu schwach sind, sich der ideologischen Indoktrination zu entziehen, ist Norbert Hofer im Alter von 37 Jahren als gebildeter, politisch versierter und historisch belesener Mann diesem Lebensbund beigetreten. Einem Mann wie ihm konnte die weltanschauliche Ausrichtung der Burschenschaften nicht verborgen geblieben sein.

---

* 1985 wurde durch einen vom Wirtschafts- und Menschenrechtsanwalt Gabriel Lansky erstrittenen Spruch des österreichischen Verfassungsgerichtshofes Rechtsgeschichte geschrieben: In der Auseinandersetzung um die Zulassung der *Aktion Neue Rechte* (ANR) zur Hochschülerschaftswahl urteilten die Höchstrichter, der Grundsatz der Verfassung, „alle Spuren des Nationalsozialismus" aus dem „politischen, wirtschaftlichen und kulturellen Leben zu entfernen", gelte uneingeschränkt für jede Staatstätigkeit. Als „Generalklausel" stehe das Wiederbetätigungsgesetz „über allen Einzelvorschriften". Jedes Staatsorgan habe es „im Rahmen seines Wirkungsbereiches" zu beachten. „Ausnahmslos jede Staatstätigkeit hat sich an diesem Verbot zu orientieren."

Bis heute haben die Burschenschaften ihren in der nationalsozialistischen Terror- und Tötungsmaschinerie engagierten Waffenbrüdern die Treue gehalten. Nicht einmal die schlimmsten Massenmörder der Nazizeit wurden aus ihren Verbindungen ausgeschlossen. Im Gegenteil: Beim alljährlichen Totengedenken wird ihrer „besonderen Verdienste" gedacht, im burschenschaftlichen Schrifttum und auf Gedenktafeln das „ehrende Andenken" bewahrt.

Der Dachverband *Deutsche Burschenschaft in Österreich* (DBÖ) hat das demokratische Österreich 1987 mit dem Vorschlag provoziert, Hitlers Stellvertreter Rudolf Heß den Friedensnobelpreis zu verleihen[545], nachdem dieser vor dem Nürnberger Tribunal ein Bekenntnis zur Fortsetzung der NS-Verbrechen abgelegt hatte.

Seit Kriegsende haben sich die Burschenschaften aus den Traditionen des Nationalsozialismus nicht befreit, wie anerkannte Wissenschaftler dokumentieren.[546] Im Gegenteil: Die berüchtigtsten Neonazis und die brutalsten neonazistischen Gewalttäter der demokratischen Nachkriegsgeschichte sind aus ihren Reihen hervorgegangen. Ein Komitee *Waffenstudenten für Dr. Burger* unterstützte den Gründer der neonazistischen NDP und Südtirol-Terroristen 1980 bei seiner Kandidatur um die Bundespräsidentschaft.

Hofers Burschenschaft *Marko-Germania zu Pinkafeld*, der er auch im Falle einer Wahl zum Bundespräsidenten die Treue gehalten hätte, ließ sich in ihrer Gründungsfestschrift von Jürgen Hatzenbichler, ehemals einer der radikalsten Führer der Neonazi-Szene, als Autor repräsentieren. Unter der Tarnkappe des Abstammungsprinzips hält sie am nationalsozialistischen Arier-Paragrafen fest. In ihrer Gründungsfestschrift bezeichnet sie die österreichische Nation als „geschichtswidrige Fiktion" und bekennt sich zum „deutschen Vaterland, unabhängig von bestehenden Grenzen".

Das von Hofers Burschenschaft vertretene „elitäre Rollenbild" lässt deutliche Parallelen zum Herrenrasse-Dünkel der Nazizeit erkennen. Das in Burschenschaften und FPÖ geltende „Führerprinzip" verschwindet notdürftig getarnt hinter unverfänglich klingenden Worthülsen wie „Durchgriffsrecht" oder „weg von der Ideologie der Masse und der sozialistischen Gleichmacherei".

Hofer macht sich zum Werbeträger der von den *Freiheitlichen Akademikerverbänden* herausgegebenen *Aula*, dem publizistischen Flaggschiff des österreichischen Antisemitismus, das die 1945 befreiten Häftlinge des Konzentrationslagers Mauthausen als „Massenmörder", „Landplage" und „Kriminelle" diffamierte, gegen das Verbot nationalsozialistischer Wiederbetätigung agitierte und rechtskräftig wegen Verbreitung der „Auschwitzlüge" verurteilt ist. Er trug bei offiziellen Anlässen das Nazi-Symbol der Kornblume am Revers, das für die *Alldeutschen* des Burschenschafters Georg Ritter von Schönerer Symbol des Judenhasses war, während der Verbotszeit den illegalen Nationalsozialisten statt des verbotenen Hakenkreuzes als Erkennungszeichen diente und Innenminister Oskar Helmer 1950 „als Nazi-Symbol" Anlass für die zwangsweise Auflösung des steirischen VdU-Landesverbandes war.[547]

Gemeinsam mit Waffenbrüdern und Neonazis machte sich Hofer wiederholt gegen das Verbotsgesetz stark. 2008 regte er eine Volksabstimmung an, 2013 meinte er neuerlich, das Verbotsgesetz spieße sich „mit der Meinungsfreiheit", obwohl diese Frage längst ausjudiziert und der Europäische Gerichtshof für Menschenrechte (EGMR) in zwei Grundsatzentscheidungen zu dem Ergebnis gekommen ist, es sei „notwendiger Bestandteil" einer demokratischen Gesellschaft.

Hofer hat sich an diese Entscheidung offenbar nicht gebunden gefühlt. In dem unter seiner Federführung entstandenen *Handbuch Freiheitlicher Politik* wird das Verbotsgesetz als Anschlag auf das „politische Grundrecht der Meinungsfreiheit" ausgegeben. In FPÖ-nahen Medien, die von Burschenschaftern für Burschenschafter herausgegeben werden, wird es als „menschenverachtendes Relikt aus dunkelster Besatzungszeit" diffamiert.

Der von Jörg Haider einst eliminierte Begriff der „Volksgemeinschaft", der in der wissenschaftlichen Literatur als „Zentralbegriff nationalsozialistischer Weltanschauung und Staatsordnung" beschrieben wird, wurde im Parteiprogramm von 2011 unter Hofers Federführung reaktiviert. Auch in dem unter Hofers Verantwortung 2013 neu aufgelegten *Handbuch Freiheitlicher Politik* findet sich dieser belastete Begriff, der im Verfassungsschutzbericht des deutschen Innenministeriums als gesellschaftliches „Wunschbild der Neonazis" beschrieben wird.

Nicht nur rechtsgültige Urteile des österreichischen Verfassungsgerichtshofes lassen in der Agitation von Burschenschaften und Freiheitlicher Partei Anleihen aus der nationalsozialistischen Propaganda erkennen. Auch in dem unter Hofers Verantwortung entstandenem Parteiprogramm, in seinem *Handbuch Freiheitlicher Politik* und in dem von ihm herausgegebenen Buch *Für ein freies Österreich* finden sich deutlich erkennbare Anlehnungen an nationalsozialistische Politikinhalte und Formulierungen: Wieder wird der Rassismus zum Motor für Emotionalisierung und Radikalisierung, wieder steht die Rückführung von Ausländern (im NS-Jargon: „volksfremder Elemente") im Mittelpunkt der politischen Forderungen, wieder wird gegen Feindbilder und Sündenböcke, „Sozialschmarotzer" und „Arbeitsverweigerer" agitiert.

Belegt wird die ideologische Positionierung von Hofer und seiner Partei auch durch die Absage an Menschenrechte, Pluralismus, Gleichheit und Gleichberechtigung. Auch die Tier-Metapher (Parasiten, Wespenlarven) ist wieder da, die Täter-Opfer-Schuldumkehr, der Kampf gegen das „System" und die „systemhörige Lügenpresse", die Verachtung für „Gutmenschen", Homosexuelle und „Staatskünstler" sowie das auf Hausarbeit, Kinder und Familie reduzierte Frauenbild.

Als Präsident des Nationalrates beschäftigte Hofer Mitarbeiter, die eindeutig als politische Rechtsausleger zu identifizieren sind – unter anderem René Schimanek als Büroleiter, der auf einem Foto von 1987 mit Schlagstock und Springerstiefeln zu sehen ist, wie er sich gemeinsam mit seinem Bruder Hans Jörg (jun.) an einer von Gottfried Küssels Wehrsportübungen beteiligte.

Als stellvertretender Vorsitzender der FPÖ hat sich Hofer nie kritisch dazu geäußert, dass die Parteijugend Kontakte zu neonazistischen Gruppierungen unterhält und an Neonazi-Veranstaltungen teilnimmt. Er toleriert schweigend, dass Spitzenrepräsentanten seiner Partei an Traditionsveranstaltungen der Waffen-SS teilnehmen, die für die schlimmsten Verbrechen der Nazizeit verantwortlich war und Wächter für die Konzentrationslager stellte. Statt kritische Distanz dazu zu zeigen, dass führende FPÖ-Politiker bei neonazistischen Veranstaltungen als Redner auftreten, wertet er eine burschenschaftlich geführte NPD-Postille auf, indem er ihr als Interviewpartner zur Verfügung steht.

Die in diesem Buch dokumentierten Fälle sind anhand der wissenschaftlichen Literatur und der in Österreich gesprochenen höchstrichterlichen Urteile als Beispiele nationalsozialistischer und neonazistischer Politik eindeutig einzuordnen.

Als Demokrat darf man Ingo Mayrs Entscheidung bedauern, den von Norbert Hofer angestrengten Prozess nicht weitergeführt zu haben. Ein Erkenntnis des Europäischen Gerichtshofes für Menschenrechte über die ideologische Klassifizierung von FPÖ-Politikern, die heimische Gerichte mehrfach beschäftigt hat und zweifellos weiter beschäftigen wird, hätte für Klarheit sorgen können, wie weit KritikerInnen gehen dürfen, wenn sie versuchen, Österreichs antifaschistische Bundesverfassung und das Wiederbetätigungsgesetz zu verteidigen.

Die Taktik des Populismus: Auf beiden Seiten dabei

Vielleicht aber ist das nur die halbe Wahrheit. Norbert Hofer reproduziert ja nicht nur nationalsozialistisches Gedankengut, er widerspricht ihm auch – oft sogar nahezu gleichzeitig oder zumindest in unmittelbarer zeitlicher Abfolge: Als Mitglied des antisemitischen Lebensbundes der deutschen Burschenschaften, dessen Exponenten maßgeblich an der nationalsozialistischen Ausrottungspolitik von Juden beteiligt waren, und als Ehrenmitglied einer Burschenschaft, die am Arier-Paragrafen festhält, tritt er 2016, am Jahrestag des November-Pogroms von 1938, in Anwesenheit israelischer Politiker als Mitveranstalter eines Symposions auf, unter dem Titel: „Haben wir aus der Geschichte gelernt?"

In Interviews gibt er sich als engagierter Judenfreund, erklärt wahrheitswidrig, er sei als erster FPÖ-Politiker im israelischen Parlament offiziell empfangen worden – um gleichzeitig als Werbeträger für die *Aula* zu posieren, deren hasserfüllter Antisemitismus soeben Schlagzeilen gemacht hat.

Im Präsidentschaftswahlkampf beteuerte Hofer in staatsmännischer Haltung, er wolle am Wiederbetätigungsgesetz nicht rütteln, das im *FPÖ-Handbuch* als „Anschlag auf die Meinungsfreiheit" ausgegeben wird.

Im Präsidentschaftswahlkampf spielt er den über alle Zweifel erhabenen Demokraten und klagt den ehemaligen Tiroler SPÖ-Vorsitzenden wegen eines Nazi-Vergleichs. Zuvor aber hat er mit der „Volksgemeinschaft" einen unter Haider eliminierten zentralen Begriff der nationalsozialistischen Staatstheorie wieder ins Programm und in das *Handbuch Freiheitlicher Politik* geschrieben und nichts daran gefunden, dass seine Burschenschaft sich als Autor ihrer Gründungsfestschrift einen der radikalsten Führer der Neonazi-Szene ausgewählt hatte.

Im Präsidentschaftswahlkampf bekennt sich Hofer zur österreichischen Nation, während seine Burschenschaft diese als „geschichtswidrige Fiktion" ablehnt und sich zum „deutschen Vaterland" bekennt – was Hofer im Fernseh-Interview wahrheitswidrig bestreitet.

Im Präsidentschaftswahlkampf wird Van der Bellen als Repräsentant der Elite dargestellt, während Hofer sich als Sachwalter des kleinen Mannes ausgibt. Hofers Burschenschaft aber bekennt sich – ebenso wie die meisten anderen Verbindungen, zu einem „elitären Rollenbild". Er selbst ist Mitglied des elitären St.-Georgs-Ordens, reist um einen fünfstelligen Euro-Betrag zu einem „Privatbesuch" im Privatflugzeug zum tschechischen Präsidenten Miloš Zeman und lässt für seine Loge am Akademikerball die Steuerzahler aufkommen.

Während Hofers burschenschaftliche Waffenbrüder die vor allem gegen das Haus Habsburg und den Adel gerichtete Revolution von 1848 mit einem im Juni 2014 zelebrierten *Fest der Freiheit* – unberechtigt – für sich beanspruchen, wird der St.-Georgs-Orden, bei dem Hofer Mitglied ist, von Karl Habsburg geführt, agiert „im Geiste Habsburgs" und zählt zahlreiche Adelige zu seinen Mitgliedern.

Burschenschaften haben von jeher militant antiklerikal agiert, haben den christlichen Glauben als „undeutsch" und „wissenschaftsschädlich" bezeichnet, haben Ende des 19. Jahrhunderts katholische Studenten angegriffen und misshandelt. Das hindert Hofer nicht daran, mit seinem Wahlslogan „So wahr mir Gott helfe" die burschenschaftliche Tradition zu verleugnen, während seine Waffenbrüder gleichzeitig in burschenschaftlichen Medien gegen den Verzicht auf „antichristliche Parolen" protestieren und über die Seligsprechung von „Polen-Paule" (Papst Johannes Paul II.) spotten.

Im Präsidentschaftswahlkampf erklärte Hofer, mit den Identitären wolle er nichts zu tun haben. Dass manche ihrer Aktionen in Gewalt ausarten, verurteile er „scharf". Die Führungsmannschaft dieser zumindest teilweise neonazistischen Gruppierung aber besteht fast ausschließlich aus Hofers burschenschaftlichen Waffenbrüdern und wird auf der

Facebook-Seite von Parteiobmann Strache mit einem Video beworben. Zahlreiche Burschenschaften haben mit Identitären gemeinsame Veranstaltungen bestritten. Zahlreiche Spitzenpolitiker der FPÖ haben an Veranstaltungen der Identitären teilgenommen, darunter auch Hofers Protektionskind Géza Molnár *(Corps Hansea zu Wien)*, Klubobmann der FPÖ im burgenländischen Landtag. Hofers Wahlkampfleiter Herbert Kickl hat den Kongress *Verteidiger Europas* in Linz eröffnet, an dem Identitäre beteiligt waren, während die demokratische Presse ausgesperrt blieb.

Im Präsidentschaftswahlkampf gibt sich Hofer als Vertreter einer „sozialen Heimatpartei" und Kämpfer für den kleinen Mann. Im Parlament aber hat er gemeinsam mit seiner FPÖ gegen so gut wie alle Sozialgesetze gestimmt, wann immer diese auf der Tagesordnung standen: gegen die Einführung des Pflegegeldes, gegen die Förderung des Wiedereinstiegs älterer ArbeitnehmerInnen, gegen Lohnsteuerentlastung, gegen ein Sozialrechtspaket für Arbeitnehmer.

Dafür machte er sich gemeinsam mit seiner Partei für die Interessen von Unternehmern und Millionären stark. Er stimmte für Steuergeschenke an multinationale Konzerne, gegen die Einschränkung von Steuerprivilegien und die Einführung eines Solidarbeitrages für Spitzenverdiener, gegen die Begrenzung von Luxuspensionen, gegen eine Erhöhung der Bankenabgabe. Im Präsidentschaftswahlkampf kündigte er an, den langjährigen Chef der *Bundesvereinigung der Deutschen Arbeitgeberverbände*, Dieter Hundt, zu seinem wirtschaftspolitischen Berater zu machen, der zeit seines Lebens für längere Arbeitszeiten, Lohn- und Sozialabbau gekämpft und sich gegen Mindestlöhne stark gemacht hat.

Das von Hofer formulierte Parteiprogramm enthält ein Bekenntnis zur Förderung der Bildung, zur „freien Entwicklung der Wissenschaft" sowie zur „gezielten Forschungs- und Entwicklungsarbeit". Das von ihm herausgegebene Buch *Für ein freies Österreich* beinhaltet Absagen an Fortschritt, Wissenschaft, Elektronik, moderne Kommunikations-Technologien und empfiehlt den Lesern eine „ländlich-wehrbäuerliche Lebensweise" als „Zukunftsmodell".

Im Parlament setzt sich die FPÖ für eine „Stärkung des Tourismus ein", der in dem von Hofer herausgegebenen Buch als „Straßenstrich des Menschenflusses" verhöhnt wird. Mit diesen Beispielen ist Hofers politische Position klar definiert: Er ist Mitglied einer antisemitischen Gemeinschaft, aber gegen Antisemitismus, er ist gleichzeitig für und gegen die österreichische Nation, für und gegen das Wiederbetätigungsgesetz, er schreibt nationalsozialistische Politikelemente in das Parteiprogramm, ist aber gegen Nationalsozialismus, er ist für und gegen die christliche Kirche, für und gegen Habsburg und den Adel, für und gegen die Identitären, für den kleinen Mann, aber gleichzeitig auch für Unternehmer und Millionäre und jedenfalls gegen Sozialgesetze, für und gegen Wissenschaft und Forschung, für und gegen den Tourismus. Diese Grundsatz(un)treue hat einen Namen. Man nennt sie Rechtspopulismus.

Wie weit die Skrupellosigkeit von Populisten wie Hofer geht, erkennt man an einer seiner parlamentarischen Anfragen: Einer bizarren Verschwörungstheorie zufolge vergiften böse Mächte die Atmosphäre klammheimlich mit gefährlicher Chemie, die als Kondensstreifen von Flugzeugen, den sogenannten Chemtrails, sichtbar werden.[548]

Norbert Hofer hat die Höhere Technische Lehranstalt Eisenstadt, Fachabteilung Flugtechnik, absolviert und danach als Bord- und Systemingenieur für Triebwerke und Hilfsgasturbinen gearbeitet. Als Flugtechniker weiß er den pseudowissenschaftlichen Unsinn richtig einzuschätzen. Trotzdem thematisiert er die Chemtrails in einer parlamentarischen Anfrage an den Landwirtschaftsminister: „Was werden Sie auf nationaler, europäischer und internationaler Ebene tun, um dem Phänomen der Chemtrails nachzugehen und zu vermei-

den, dass über österreichischem Boden derartige Chemikalien freigesetzt werden?"[549]
Hofer weiß, wie absurd diese Frage inhaltlich ist. Politisch aber macht sie Sinn. Es gibt Zehntausende in Österreich, die an solchen Unsinn glauben, an Chemtrails ebenso wie an Jörg Haiders Ermordung, die Fälschung der Mondlandungs-Aufnahmen in einem Filmstudio oder die CIA-Urheberschaft am Anschlag auf das World Trade Center am 11. 9. 2001. Um diese Wähler geht es.
Die FPÖ hat schon mehrmals versucht, die Verschwörungstheoretiker unter ihren WählernInnen zu bedienen. Da wurde der Klimawandel als „Lügengebäude" und „ideologische Pseudowissenschaft" bezeichnet[550], da wurde im Parlament allen Ernstes die Anfrage gestellt, ob das österreichische Bundesheer „auf einen Angriff durch die EU ausreichend vorbereitet ist".[551] Hofer und die FPÖ geben den Paranoikern, die Verschwörungen aller Art zu ihrem Glaubensbekenntnis gemacht haben, mit unsinnigen parlamentarischen Anfragen das Gefühl, ernst genommen zu werden. Auch so kann man Zehntausende Stimmen dazugewinnen. Darum geht es. Nur darum.

Was droht unter einer FPÖ-Regierung?

Bleibt zuletzt die Frage zu beantworten: Was würde geschehen, käme die FPÖ neuerlich in Regierungsverantwortung und würden damit Burschenschafter die Macht übernehmen? In Diskussionen zu diesem Thema bekommt man immer wieder die gleiche Antwort zu hören: Gar nichts (oder fast nichts) würde geschehen, weil die FPÖ keinen Partner fände, ihre burschenschaftlich geprägte Distanz zu Verfassung, Rechtsstaat und Demokratie in konkrete politische Ergebnisse umzusetzen.

Diese verharmlosende Sicht ist falsch, wie ein Blick in die schwarz-blaue Vergangenheit zeigt. Die Aufarbeitung der zahlreichen Korruptionsfälle dieser Zeit ist zwölf Jahre nach ihrem Ende – trotz einiger mittlerweile erfolgter Schuldsprüche – juristisch längst nicht abgeschlossen.

Nicht abgeschlossen ist auch der rechtsstaatliche und sicherheitspolitische Skandal um die Einstellung des Rechtsextremismus-Berichts. Dieser war für das Jahr 2001 erstellt, aber dem Parlament nicht zugeleitet worden. Alle Forderungen der Opposition nach Veröffentlichung wurden von der schwarz-blauen Koalition abgeschmettert. Aus nachvollziehbaren Gründen, wie mittlerweile bekannt ist: Ausführlich war die Staatspolizei auf das Beziehungsgeflecht von Burschenschaften, Rechtsextremisten und FPÖ-Politikern eingegangen, hatte die *Olympia* und deren rechtsextreme Referenten direkt angesprochen und vor der Gefahr rechtsextremer (verfassungsfeindlicher) Ideologieverbreitung gewarnt. Ausdrücklich wurde festgehalten, dass der Durchsetzung „völkischer Interessen", der Werbung für einen „volkstumsbezogenen Vaterlandsbegriff", dem Bekenntnis zur „deutschen Nation" und der „Volksgemeinschaftsideologie des Nationalsozialismus" im Sinne des Sicherheitspolizeigesetzes „besonderes Augenmerk" zugewendet werden müsse.[552]

„Besonders Augenmerk" für die führenden Köpfe des Koalitionspartners – das war zu deutlich für die unter „freiheitlicher Geiselhaft" (SPÖ-Sicherheitssprecher Rudolf Parnigoni)[553] stehende Regierung Schüssel. Also ließ sie den bereits fertiggestellten Bericht verschwinden und ihren Sicherheitssprecher Paul Kiss behaupten, dieser sei in dem „umfassenden Verfassungsschutzbericht" aufgegangen. Die Staatspolizei, die so eindringlich auf die von Burschenschaften ausgehenden Gefahren hingewiesen hatte, wurde durch das neu geschaffene Amt für Verfassungsschutz und Terrorismusbekämpfung ersetzt, was mit der personellen Umbesetzung von Schlüsselpositionen verbunden war.

Beide Maßnahmen erfüllten die von der Regierung Schüssel offenbar in sie gesetzten Erwartungen: Der Verfassungsschutzbericht blieb nichtssagend und klammerte die Burschenschaften aus. Das Amt für Verfassungsschutz und Terrorismusbekämpfung stellte die von der FPÖ als „Bespitzelung" kritisierte Beobachtung der Burschenschaften ein.

Die ÖVP-geführte Regierung hatte damit das größte rechtsextreme (verfassungsfeindliche) Netzwerk des Landes polizeilicher Überwachung und juristischer Kontrolle entzogen. In einem Land, in dem so etwas möglich ist, ist alles möglich.

Demokratinnen und Demokraten sollten also ernst nehmen, was freiheitliche Politiker gesagt, geschrieben, im freiheitlichen Parteiprogramm oder in den von ihnen herausgegebenen Büchern gefordert und angekündigt haben. Zum Beispiel die Demontage des Sozialstaates: die Senkung von Mindestpensionen und Mindesteinkommen, die Anrechnung der ersten Krankenstandstage auf den Urlaub, die Schwächung oder Auflösung der Arbeiterkammer, die Ausrichtung der Wirtschaftspolitik an den Grundsätzen jener rücksichtslosen Kapitalismus-Verfechter, die sich FPÖ-Politiker als Berater oder Mitautoren ihrer Bücher ausgesucht haben.

Ein nicht weniger gefährliches Beispiel ist der Kampf gegen das Friedens- und Wohlstandsprojekt Europäische Union:

Strache hatte auf seiner Facebook-Seite für das angeblich überparteiliche Austritts-Volksbegehren geworben. Nach der ersten Runde der Präsidentenwahl in Frankreich feierte er den Erfolg von Marine Le Pen vom rechtsextremen Front National, die im Wahlkampf mit der „Zerschlagung der EU" und der „Befreiung Frankreichs" geworben hatte, als „historischen Erfolg". Nach dem Austritts-Votum der Briten gratulierte die Parteispitze der Freiheitlichen den Briten zum Brexit.

Der ehemalige Europaparlamentarier und Burschenschafter Andreas Mölzer belegt die EU mit Ausdrücken wie „impotenter Eunuch" oder „Negerkonglomerat", beschwört einen „Notwehrmodus der Völker", versteigt sich zu der Behauptung, Nationalsozialismus und Stalinismus seien im Vergleich zur „bürokratischen Diktatur" der EU „liberal" gewesen[554] und warnt vor einem „Bürgerkrieg".[555]

Norbert Hofer forderte nach dem Brexit Veränderungen innerhalb eines Jahres, sonst müsse es auch in Österreich eine Volksabstimmung geben.[556]

Auch die Verwirklichung verfassungsfeindlicher Grundsätze, wie sie sich im burschenschaftlichen Schrifttum und in den Programmen der Dachverbände finden, ist keineswegs unvorstellbar. Was in den 1980er-Jahren vom Verfassungsgerichtshof noch als nationalsozialistische Wiederbetätigung klassifiziert wurde und ausreichte, Parteien als neonazistisch zu verbieten bzw. nicht kandidieren zu lassen, wurde von der FPÖ Schritt für Schritt in den politischen Sprachgebrauch integriert und zum Vokabular ihrer Wahlkämpfe gemacht. Warum sollte das nicht auch möglich sein, wenn es um die Ablehnung der österreichischen Nation, den „Volkstumskampf" der Burschenschafter für ihre „deutsche Heimat" und um die Forderung der *Olympia* geht, Österreich „in die Wiedervereinigung Deutschlands einzubeziehen"?

Ähnliches gilt für das Verbotsgesetz, das das Verbot nationalsozialistischer Wiederbetätigung regelt, und das im *Handbuch Freiheitlicher Politik* der FPÖ als „Anschlag auf die Meinungsfreiheit" ausgegeben, von Strache als „Zensur" gewertet und in burschenschaftlichen Medien als „menschenverachtendes Relikt aus dunkelster Besatzungszeit" und Ausdruck „geistiger Unfreiheit" gewertet wird. Dass Hofer mit der „Volksgemeinschaft" einen zentralen Begriff der nationalsozialistischen Staatstheorie wieder in das FPÖ-Programm und das *Handbuch Freiheitlicher Politik* geschrieben hat, kann als Vorgriff auf angestrebte gesetzliche Änderungen gelten. Gleiches könnte für die in der Bundesverfassung festgeschriebenen Grundsätze von Gleichheit und Gleichberechtigung gelten. Hofer will die Anrechnung von Kindererziehungszeiten bei der Pensionsberechnung auf die „autochthone" Bevölkerung beschränken und damit österreichische Familien mit Migrationshintergrund von diesen ausschließen.

Auf der Strecke zu bleiben drohte unter freiheitlicher Führung auch die Gleichberechtigung der Frau. Wie einst die Nationalsozialisten berufen sich Burschenschafter und Freiheitliche auf die „Gesetzmäßigkeit der Natur", die den Männern Schutz und Führung überträgt, Frauen das Recht auf Gleichberechtigung und Selbstverwirklichung abspricht und sie als Mitgestalterinnen der politischen Gesellschaft weitgehend ausschließt. Frauen haben der Familie zu „dienen", für Mann und Kind „verfügbar" zu sein.[557] Schon Haider postulierte einst, eine Beziehung bestehe aus zwei Teilen: dem „dienenden" und dem „führenden" Teil.[558]

Gender Mainstreaming, ein europaweit verfolgtes politisches Konzept, das die politische, wirtschaftliche und rechtliche Gleichstellung der Geschlechter anpeilt, wird als „Strategie, welche die Auflösung der Familie verfolgt", bekämpft.

In dem von Hofer herausgegebenen Buch *Für ein freies Österreich* von Michael Howanietz wird die Frauenpolitik der Freiheitlichen in ungewollt kabarettistischer Form auf den Punkt gebracht: Jede Organisation verliere an Ansehen, „je höher der Frauenanteil und je bedeutender die von Frauen bekleideten Funktionen sind."

Das von FPÖ-Politikern verwendete Vokabular zeigt, was Frauen unter ihrer Führung zu erwarten hätten: „Brutpflegetriebe", „Kampfemanzentum", „Radikalfeminismus", die „verwirrte Quotendiskussion"[559] oder die „wirre Welt der Frauenpolitik" geben die Richtung vor. In freiheitlichen Publikationen werden Kindergärten als „Sünde wider die Natur", Pille und sexuelle Freizügigkeit als „Erniedrigung der Frau", Sexualerziehung als „Verbrechen an unseren Kindern" dargestellt. Ein staatliches Muttergeld solle „die strenge Aufzucht wieder schmackhaft machen".[560] Frauenhäuser, in denen bedrohte Frauen und Kinder Schutz vor Gewalt suchen können, seien ein „Unfug, der abgestellt gehört".[561]

Auch demokratische Grundrechte stünden zur Disposition und auch hier reicht ein Hinweis auf das burschenschaftliche bzw. freiheitliche Vokabular. Etwa zum Demonstrationsrecht: Demonstrationen gegen den Akademikerball würden dem Recht auf Versammlungsfreiheit „schweren Schaden" zufügen. Versammlungsfreiheit dürfe „nicht mit Narrenfreiheit verwechselt werden". „Mutwillige Überdehnung des Demonstrationsrechts". „Platzverbot statt Denkverbot".

Auch die Bewertung der Berichterstattung unabhängiger Medien lässt keinen Zweifel an der Haltung der Freiheitlichen zu demokratischen Grundrechten: „Missbrauch der Pressefreiheit", „Hetzkampagne", „Meinungsdiktatur", „Systemmedien-Manipulation", „abhängige System- bzw. Lügenpresse", „Rotfunk", „ORF-Manipulationsskandal", „Lügensender am Küniglberg", „Verhörraum", „Anklagebank", „tendenziös", „verzerrend", „manipulativ", „lächerlich" usw., usw.

Das *International Press Institute* hat zwischen Anfang September und Mitte Oktober 2016 in einer Case Study auf FPÖ-nahen Seiten nicht weniger als 92 wilde Drohungen, Beschimpfungen und Beleidigungen von JournalistInnen registriert. *Reporter ohne Grenzen* kritisiert die Flut an Prozessen gegen journalistisch Tätige als „gezielte Einschüchterung". Nicht weniger als 70 Klagen gegen den Neonazi-Aufdecker

Uwe Sailer, von denen keine einzige zu einem Schuldspruch führte, belegen diese Wertung eindrucksvoll.

Auch am Rechtsstaat üben Freiheitliche Kritik, sobald Urteile gegen sie ergehen: Österreichs Verfassungsrichtern werden „Faschingsentscheidungen" und „unwürdiges Verhalten" vorgeworfen. Urteile ordentlicher Gerichte gegen FPÖ-Politiker (u. a. wegen schweren Betrugs, Untreue, Vorteilsnahme, Bestechlichkeit, falscher Zeugenaussage usw.) werden als „Schandfleck für Österreichs Justiz" diffamiert oder als „Politjustiz", „Politprozess", „Politwillkür", „Gesinnungsjustiz" bzw. „krasse, fatale Fehlurteile" gewertet. Allen Ernstes wird behauptet, durch die Verurteilung eines FPÖ-Politikers sei die „Restseriosität" der österreichischen Justiz „endgültig zerstört" oder die Richter seien „von Verurteilungsabsicht regelrecht besessen".

Auch die Menschenrechte will Strache angesichts der Terrorgefahr einschränken. Allen Ernstes schlägt er vor, die Bewegungsfreiheit von Menschen einzuschränken, die keine Straftat begangen haben, sondern nur als Gefährder „verdächtig" sind.[562]

Seit Jahren schürt die FPÖ die Terror-Angst in Österreich. Wie unsinnig diese ist, zeigen die Zahlen: Seit der Geburtsstunde des islamistischen Terrors – dem Anschlag auf das World Trade Center am 11. 9. 2001 – hat es in Österreich mehr als 10.000 Verkehrstote gegeben, aber keinen einzigen Terror-Toten. Warum fürchten sich so viele Menschen vor dem Terror? Warum hat keiner Angst vor der viel größeren Gefahr: in ein Auto zu steigen oder die Straße zu überqueren? Das Bizarre an dieser Situation: Wann immer Entscheidungen über Begrenzungen der Höchstgeschwindigkeit anstanden, hat die FPÖ dagegen gestimmt. Die Terrorangst aber nützt sie, um Menschenrechte in Frage zu stellen.

Unter FPÖ-Führung könnte auch an den Grundfesten der Demokratie gerüttelt werden. Jürgen Schwab *(ehemals Thessalia zu Prag* und *Germania Graz)*, der seit vielen Jahren als

Referent und Publizist (früher auch in der *Aula*) die braune Szene munitioniert, beschreibt die „antidemokratischen Traditionen" als „wesentliches Prinzip" der Burschenschaften.

In dem unter Hofers Verantwortung zustande gekommenen *Handbuch Freiheitlicher Politik* wird behauptet, durch die Einführung der Briefwahl seien „die Grundsätze des Wahlrechts ausgehöhlt" und sei Wahlmanipulationen „Vorschub geleistet" worden.

Auch das im Parteistatut verankerte „Durchgriffsrecht" zeigt das gestörte Verhältnis zur Demokratie. Schon 1998 waren 700 gewählte Funktionäre – vom Landesparteiobmann bis zum kleinsten Dorffunktionär – per „Führerbefehl" ihrer Ämter enthoben und die Salzburger Landespartei unter kommissarische Leitung gestellt worden. „So etwas hat es in einem nichtfaschistischen System noch nie gegeben", konstatierte der Innsbrucker Politologe Anton Pelinka.[563] 2015 wiederholte sich dieser Vorgang, um die Salzburger Landesparteiführung zu entmachten und den burschenschaftlichen Einfluss zu erhöhen.

In einem Beitrag auf der Website des *Freiheitlichen Akademikerverbandes Salzburg* hieß es 2015 unter anderem: „Demokratie schafft immer Unordnung. Sie spaltet das Volk. Sie ist ‚eine Fehlgeburt der Geschichte' (Davila), ‚die Hure des Westens'" (A. Roy). Und: „Gleichheit von Mann und Frau widerspricht dem Naturrecht wie der Biologie."

Demokratie als „Hure des Westens" und „Fehlgeburt der Geschichte", Gleichberechtigung als Verstoß gegen „Naturrecht und Biologie": Präziser kann man es nicht auf den Punkt bringen, was Österreich droht, wenn Regierung und höchste Staatsämter von Burschenschaftern und Freiheitlichen Akademikern besetzt würden.

Ein ganz persönliches Nachwort des Autors

In Diskussionen wird mir immer wieder die Frage gestellt, warum ich „gegen die FPÖ" und „gegen die FPÖ-Wähler" schreibe. Meine Antwort ist immer dieselbe: Das tue ich nicht. Ich schreibe nicht *gegen*, ich schreibe *für*: *für* die Erhaltung (oder besser: Wiederherstellung) einer demokratischen Kultur, die diesen Namen verdient, *für* Solidarität, Mitmenschlichkeit und Menschenrechte, *für* Sauberkeit in der Politik, *für* Ehrlichkeit in der Wahlwerbung, *für* die Verteidigung unserer Verfassung, *für* die in der Verfassung verankerte Verpflichtung, alle Spuren des Nationalsozialismus aus Gesellschaft und Politik zu tilgen, *für* das im Wiederbetätigungsgesetz festgeschriebene Verbot, nationalsozialistische Politikinhalte und großdeutsche Propaganda zu verbreiten.

Schon gar nicht schreibe ich „gegen FPÖ-Wähler". Im Gegenteil: Ich schreibe *für* sie, weil ich erkannt habe, wie sehr sie durch zu „Fake News" verharmloste Lügen in die Irre geführt werden.

Die meisten von ihnen interessiert Politik nur am Rande. Sie haben andere Sorgen. Aus dem diffusen Lärm politischer Auseinandersetzungen hören sie vor allem jene heraus, die am lautesten schreien, die ihnen Angst machen und ihnen wichtige Teile der Wahrheit vorenthalten. Diesen verheimlichten Teil der Wahrheit will ich liefern, damit sie ihre Entscheidung am Wahltag als informierte Bürger treffen können.

Natürlich weiß ich: Bücher wie dieses können Politik kaum beeinflussen. Für Autoren ist die Mehrzahl der Wähler nicht erreichbar. Also bitte ich meine Leser um Hilfe: Gebt die in diesem Buch enthaltenen Informationen weiter, um damit die Parteipropaganda der FPÖ zu ergänzen.

Ich erinnere mich an meine Großmutter, die mich als Gymnasiast einst nach meiner politischen Präferenz fragte. Mit einem Motiv, das schlüssiger und schöner kaum hätte sein

können: „Ich bin alt", sagte sie damals. Und: „Das ist deine Zukunft, deine Welt."
Ich habe damals für „meine Welt" geworben und diese von Menschenliebe durchdrungene Frau hat ihr Wahlverhalten für ihren Enkel geändert. Sie hat seit diesem Zeitpunkt für „meine Zukunft", „meine Welt" gestimmt. Die Erinnerung daran berührt mich heute noch.

Daher meine Bitte an die Jungen, die Aufgeklärten, die Solidarischen, die Hilfsbereiten: Werbt in euren Familien, in eurem Freundeskreis, unter euren Sport- und Arbeitskollegen für eine Zukunft des Miteinander, für die Beseitigung der entstandenen politischen und gesellschaftlichen Gräben, für eine Gesellschaft ohne Angst vor dem vermeintlich drohenden Bürgerkrieg. Werbt für „eure Zukunft, eure Welt".

Bedanken will ich mich bei jenen, die mir geholfen und zur Entstehung dieser Arbeit beigetragen haben: bei meiner Lebensgefährtin Christa Eveline Spitzbart für ihre unermüdliche Hilfe bei der Recherchearbeit, bei Andreas Peham und Bernhard Weidinger vom Dokumentationsarchiv des österreichischen Widerstandes, auf deren wissenschaftliche Arbeiten ich mich stützen und deren uneigennützige Hilfe ich jederzeit in Anspruch nehmen konnte, und nicht zuletzt bei Elisabeth Schrattenholzer für ihren vielfältigen politischen Input und ihre kritische Reflexion.

Namenregister

Abwerzger, Markus 14
Ackermeier, Jan 182 f.
Apfel, Holger 175
Arndt, Ernst Moritz 24
Asperl, Walter 112, 173

Bailer, Brigitte 80
Barth, Mario 136
Bauer, Holger 56
Baumann, Hans 173
Behrendt, Uwe 167
Belakowitsch, Konrad 59
Binder, Dieter 46
Biró, Christoph 132 f.
Bischofberger, Conny 121
Böhnhardt, Uwe 176
Borodajkewycz, Taras 155
Bösch, Reinhard Eugen 12, 15, 183
Brandstätter, Helmut 141
Brandstetter, Wolfgang 69
Breivik, Anders 106, 112, 161
Brückl, Hermann 15
Budin, Felix 179, 181
Burger, Gudrun 168
Burger, Norbert 149, 155 f., 168, 171, 198

Caspart, Wolfgang 164
Chomeini, Ruhollah 73
Christandl, Jürg 144

Denkmayr, Judith 110
Dohnal, Johanna 160
Dugin, Alexander Geljewitsch 100

Duswald, Fred 34
Duzdar, Muna 120, 139

Eberl, Irmfried 50
Egger, Dieter 115
Ehemayer, Wilhelm 181
Eisenmenger, Harald 51
Erdoğan, Recep Tayyip 73 f., 185 f.
Eustacchio, Mario 13, 102, 152

Faymann, Werner 152
Fellner, Wolfgang 166, 169
Fichte, Johann Gottlieb 24
Fichtenbauer, Peter 14, 96
Filzmaier, Peter 129
Fischer, Heinz 54, 150
Fischer, Irmgard 59
Frick, Wilhelm 52
Fries, Johann Jakob 30
Fritz, Herbert 171
Fuchs, Franz 159 ff.
Fuchs, Martin 111

Gaddafi, Muammar al 138
Gehler, Michael 49
Glier, Martin 57
Goebbels, Joseph 52, 72 f., 84, 95, 129, 169, 196
Goldschmidt, Pinchas 45
Gombocz, Wolfgang 160
Göring, Hermann 52, 62
Götschober, Herwig 58 f.
Götz, Alexander 56
Grabmayr, Wolf Rüdiger 105
Gradauer, Alois 89

Graf, Martin 15, 49, 63, 97, 111 f., 140, 156, 158, 172 f., 182, 190
Grasser, Karl-Heinz 137
Grundnig, Fritz 132
Gudenus, Johann 14 f., 49, 56 f., 88, 114, 125, 144, 151 f., 166, 184
Gudenus, John 148
Guggenbichler, Udo 41, 152

Haas, Bruno 175
Habsburg, Karl 85, 203
Hähnel, Jörg 177
Haider, Jörg 12, 23, 58, 60, 66, 76, 108, 137, 150, 200, 202, 206, 210
Haider, Roman 16
Haimbuchner, Manfred 13 f., 16, 52, 89, 91 f.
Haller, Reinhard 159
Hardenberg, Georg Philipp Friedrich von 36
Hatzenbichler, Jürgen 20 f., 168, 198
Häupl, Michael 114
Haupt, Herbert 150
Hausjell, Fritz 111, 126, 128
Hein, Markus 178
Heine, Heinrich 42
Helmer, Oskar 38, 199
Henkel, Hans-Olaf 92
Herzog, Johann 14 f.
Heß, Rudolf 32, 147, 177, 198
Hieß, Josef 174
Himmler, Heinrich 52
Hintsteiner Edwin 101
Hitler, Adolf 20 ff., 30, 37, 47, 49, 54 f., 57, 63, 73, 81, 84, 94 ff., 103, 112, 147, 156 f.,
166 ff., 171, 173, 177, 181, 183 f., 198
Höbart, Christian 15, 101, 125
Hochenegg, Carl von 180
Hochwimmer, Andreas 14
Hofbauer, Roland 99
Hofer, Norbert 12, 14 f., 20, 22 ff., 29, 34 ff., 39 ff., 52 ff., 57 ff., 63 f., 66 f., 70 f., 77 ff., 84 ff., 87, 89, 92 ff., 96, 98, 100 f., 107 ff., 111, 113, 120 f., 128, 133 f., 141 ff., 146 f., 159 f., 163, 168, 170, 185 ff., 192 ff., 197, 199 ff., 206, 209 f., 213
Hofer, Thomas 120
Höferl, Alexander 99, 128
Holzer, Willibald 10 f., 192 f.
Honsik, Gerd 20 ff., 157, 171, 184
Horaczek, Nina 141, 147
Horvath, Erwin 160
Horvath, Karl 160
Howanietz, Michael 66, 80, 82 ff., 210
Hübner, Johannes 96
Huemer, Philip 100
Hundstorfer, Rudolf 189
Hundt, Dieter 92, 204
Hussein, Saddam 73

Irving, David 169, 175

Jahn, Friedrich Ludwig 30
Janisch, August 160
Jelinek, Elfriede 105
Jenewein, Hans-Jörg 184
Jerzabek, Anton 51
Johannes Paul II., Papst 109, 203

Josseck, Helmuth 56
Jürgens, Udo 177

Kaltenbrunner, Ernst 50
Kappler, Herbert 51
Karlsböck, Andreas 15, 49, 59
Kassegger, Axel 15, 159
Kerbl, Luca 101 f., 106
Kern, Christian 111
Keyl, Elisabeth 182
Keyl, Hubert 182
Kickl, Herbert 98, 145, 147, 150 f., 189, 204
Kinz, Hubert 56
Kirchweger, Ernst 155
Kiss, Paul 208
Kitzmüller, Anneliese 15
Kitzmüller, Wolfgang 125
Klement, Karlheinz 94
Klüter, Yvone 62
Köhler, Gundolf 167
Kolm, Barbara 92
Konrad, Helmut 46
Konschill, Mathias 172
Korisek, Julian 105
Kosiek, Rudolf 176
Kotzebue, August von 30
Kowarik, Dietbert 15
Kowarik, Helmut 15
Krauss, Maximilian 49, 59, 125
Küberl, Franz 152
Kuich, Werner 125
Kurzmann, Gerhard 102
Küssel Gottfried 20, 56, 100, 156 f., 166, 168, 171, 173, 179, 181 ff., 201

Lackner, Susanne 143
Lakoff, George 126
Landbauer, Udo 15
Lang, Franz 70
Lansky, Gabriel 197
Laun, Andreas 109
Lausegger, Gerhard 50 f.
Le Pen, Marine 55, 209
Lenart, Patrick 100
Leonhardmair, Norbert 70
Levin, Shlomo 136, 167
Ley, Robert 52
Leyroutz, Christian 15
Liebknecht, Karl 177
Lindinger, Volker 172
Loley, Maria 160
Lorenz, Konrad 61 f., 176
Luxemburg, Rosa 177

Maderthaner, Wolfgang 46
Maravelia, Amanda Alice 62
Markovics, Alexander 100, 106
Martell, Karl 103
Matiasek, Veronika 15
Mayer, Heinz 179 f.
Mayr, Ingo 193, 201
Meixner, Silvana 160
Melisch, Richard 178
Menzel, Herybert 174
Milborn, Corinna 128, 141, 144
Molnár, Géza 13, 61, 101, 204
Mölzer, Andreas 22, 90, 125, 148, 184, 209
Mölzer, Wendelin 15, 148
Moser, Mario 178
Mrak, Maximilian 101
Müller, Christian 147
Müller, Michael 177
Mundlos, Uwe 176
Muzicant, Ariel 56

Nachtmann, Herwig 148
Nemeth, Norbert 15, 172

Nepp, Dominik 15, 49, 59
Neubauer, Werner 15, 27
Nowotny, Walter 59, 183
Nusser, Christian 144

Obermayr, Franz 56
Ochensberger, Walter 21, 184
Ofner, Harald 56
Ogris, Michael 143
Orbán, Viktor 73
Osborne, George 75
Ötsch, Walter 186
Otten, Clemens 181

Pabst, Waldemar 177
Pahlavi, Shah Reza 73
Pándi, Claus 133
Parnigoni, Rudolf 208
Peham, Andreas 106, 215
Pelinka, Anton 213
Petrovic, Madeleine 160
Petry, Frauke 92
Pfeil, Martin 173
Pilnacek, Christian 126
Ploner, Sebastian 158, 174
Podgorschek, Elmar 13, 15
Poeschke, Frida 167
Posch, Christoph 132
Prantner, Thomas 143
Praxmarer, Arndt 59
Pröll, Erwin 143
Pühringer, Josef 99 f., 180

Rabl, Andreas 88
Ragger, Christian 115, 131
Rammerstorfer, Thomas 16 f.
Rauscher, Hans 141
Rauter, Wolfgang 59
Reder, Walter 51
Rehak, Günter 176

Reifenberger, Volker 13
Rennicke, Frank 176 f.
Richter, Hermann 51
Riess-Passer, Susanne 83, 93
Ripfl, Markus 59
Rivlin, Reuven 45
Romig, Friedrich 149
Rösch, Bernhard 15
Rosenberg, Alfred 48, 52
Rosenfeld, Mickey 44
Rosenkranz, Barbara 15, 53, 94, 194
Rosenkranz, Walter 12, 15, 180
Rudel, Ulrich 51
Rumpold, Gernot 133, 137
Rusnjak, Fabian 101
Russel Davies, Dennis 178
Rußmann, Uta 120

Sabaditsch-Wolff, Elisabeth 162
Saefkow, Anton 177
Sailer, Uwe 127, 212
Sammern-Frankenegg, Ferdinand von 51
Sarközi, Peter 160
Schaller, Herbert 176
Schandl, Gernot 117
Scheibner, Herbert 137
Scheil, Andreas 169
Schermann, Richard 101
Scheutz, Roland 62
Schimanek, Carmen 15
Schimanek, Hans Jörg jun. 58, 157, 201
Schimanek, René 58, 201
Schimmer, Arne 61
Schleyer, Alexander 101
Schmidt, Heide 83, 93
Schnabl, Susanne 142
Schnedlitz, Michael 101

Schnell, Karl 13
Schock, Eduard 15
Schönerer, Georg Ritter von 26, 36 ff., 181, 199
Schöppl, Andreas 13
Schrangl, Philipp 15
Schrattenholzer, Elisabeth 215
Schüller, Helmut 160
Schüssel, Wolfgang 137
Schwab, Jürgen 149, 176, 212
Schwertner, Klaus 121 f.
Seewann, Harald 31
Sellner, Georg 101
Sellner, Martin 100, 107
Sellner, Thomas 101
Shalev, Avner 44
Simon, Josef 160
Sippel, Armin 24
Spitzbart, Christa Eveline 215
Stadler, Ewald 108
Stammler, Georg 174
Stefan, Friedrich 156
Stefan, Harald 15, 145, 154, 172, 182 f.
Stein, Philip 99
Steinkellner, Günther 13, 52
Stenzel, Ursula 57, 190
Stich, Johann 181
Stockner, Peter 35
Stoisits, Therezija 160
Strache, Heinz-Christian 12, 14 f., 35 f., 40, 42 ff., 55, 57, 64 ff., 70 f., 77 f., 80, 87, 93 ff., 98, 108 f., 110, 112 ff., 118 ff., 122 ff., 130 ff., 150, 152 f., 161, 163, 166, 168 f., 182, 186 f., 189, 204, 209 f., 212
Sucher, Walter 173
Susli, Maram 99

Svazek, Marlene 13
Szalay, Szabolcs 101

Tálos, Emmerich 90
Taschwer, Klaus 47
Thomsen, Thorsten 61
Thurnher, Ingrid 141 ff., 186
Treitschke, Heinrich von 37
Trump, Donald 116, 136, 146

Van der Bellen, Alexander 57, 84 f., 109, 111, 113, 118, 120, 146, 187 ff., 203
Varela, Pedro 184
Vilimsky, Harald 97, 163 f.
Vitouch, Oliver 106
Votzi, Josef 144

Wallentin, Tassilo 140
Waneck, Reinhart 150
Wassicek, Werner 107
Weidinger, Bernhard 21, 46, 215
Wessel, Horst 52
Wiesinger, Manfred (Odin) 59, 63f.
Wilders, Geert 55
Wimmer, Detlef 178 f.
Wodak, Ruth 126
Wolf, Armin 39, 43 f., 141 ff.

Zakrajsek, Georg 163 f.
Zanger, Georg 118 f., 121
Zanger, Wolfgang 15
Zauner, Armin 105
Zeman, Miloš 85, 203
Zilk, Helmut 160
Zöchling, Christa 130, 141, 147
Zschäpe, Beate 176

Quellenverzeichnis

1 Bernhard Weidinger, 2016: Keine Berührungsängste mit dem Begriff deutsch, DÖW, Dokumentationsarchiv des österreichischen Widerstandes
2 Willibald Holzer, Rechtsextremismus – Konturen, Definitionsmerkmale und Erklärungsansätze, Handbuch des österreichischen Rechtsextremismus, Wien 1994
3 Salzburger Fenster, 13. 2. 2017
4 bawekoll, 10. 4. 2013
5 OÖ Nachrichten, 14. 3. 2017, siehe auch ORF, 14. 3. 2017
6 Unter anderen SP-Landesgeschäftsführerin Bettina Stadlbauer und Grünen-Klubobmann Gottfried Hirz, zitiert nach Oberösterreichische Nachrichten, 30. 3. 2017
7 Website des Landes Delegierten Convent Oberösterreich, zitiert nach der parlamentarischen Anfrage der Abgeordneten Walser, Aslan und Öllinger, 15. 3. 2017
8 OÖ Nachrichten, 8. 5. 2017
9 Witikobrief 6/1974
10 Hans-Henning Scharsach 1995: Haiders Clan, wie Gewalt entsteht, und 2012: Strache – im braunen Sumpf, S 66 bis 88, mit detailliertem Quellenverzeichnis
11 Bernhard Weidinger 2015: Im nationalen Abwehrkampf der Grenzlanddeutschen, akademische Burschenschaften und Politik in Österreich nach 1945
12 DÖW, Handbuch 1993, Handbuch des österreichischen Rechtsextremismus
13 Video einer Feier zu Hitlers Geburtstag am 20. April 1991, das den Geschworenen beim Prozess gegen Hans Jörg Schimanek Jun. gezeigt wurde.
14 Bernhard Weidinger 2015: Im nationalen Abwehrkampf der Grenzlanddeutschen, akademische Burschenschaften und Politik in Österreich nach 1945; Handbuch des österreichischen Rechtsextremismus 1993 – mit Abbildung des Aufklebers
15 Brigitte Bailer, Wolfgang Neugebauer 1993: Rechtsextreme Vereine, Parteien, Zeitschriften, informelle/illegale Gruppen, in: Handbuch des österreichischen Rechtsextremismus
16 OÖ Nachrichten, 25. 11. 2016
17 Stoppt die Rechten, 1. 12. 2016
18 Vice, 21. 5. 2016
19 Österreich, 17. 4. 2016
20 Die Gründungsfestschrift liegt im DÖW auf.

21 Adolf Hitler: Mein Kampf, Zentralverlag der NSDAP, 322. Auflage, S 425f
22 BurschenDruck 2005: Handbuch der deutschen Burschenschaft
23 zitiert nach Michael Mende 2011: Die „Burschenschaftliche Gemeinschaft" und ihre Positionen, aida-archiv.de, siehe auch Heribert Schiedel, Martin Tröger 2002: Durch Reinheit zur Einheit, Zum deutschnationalen Korporationswesen in Österreich
24 Die Zeit, 31. 1. 2013
25 DÖW Archiv, Informationen zur akademischen Burschenschaft Arminia Czernowitz zu Linz
26 www.marko-germania.at/?page_id=32
27 Ralph Erbar 2007: Kein Pardon! Die „Hunnenrede" Wilhelms II. und ihre Geschichte. In: Politische Reden. Deutschland im 20. Jahrhundert, siehe auch Susanne Kuß, Bernd Martin (Hrsg.) 2002: Das Deutsche Reich und der Boxeraufstand
28 Wiener Couleurszene, Oktober 1991
29 Ute Frevert 1991: Ehrenmänner: Das Duell in der bürgerlichen Gesellschaft
30 Aufnahme und Transkript des Redetextes auf Vice, 4. 2. 2017
31 Hermann Haupt (Hg.) 1913: Quellen und Darstellungen zur Geschichte der Burschenschaft und der deutschen Einheitsbewegung
32 Paul Wentzcke 1955: Die Deutschen Farben. Ihre Entwicklung und Deutung sowie ihre Stellung in der deutschen Geschichte
33 Paul Wentzcke 1939: Hoheitszeichen und Farben des Reiches
34 Neues von ganz rechts, Februar 2017
35 Transkript von Hofers Rede: www.vice.com/alps/article/damit-sich-die-farben-schwarz-rot-gold-wieder-erheben-konnen-norbert-hofers-akademikerball-rede
36 www.oeh.univie.ac.at/sites/default/files/CMS/dokumente/downloads/voelk_verbindungen.pdf; siehe auch Andreas Peham: Durch Reinheit zur Einheit, www.doew.at/cms/download/60r5r/peham_burschenschaften.pdf, und Spiegel online, 2. 1. 2013
37 Junge Freiheit, 18/19 1996
38 Stephan Braun, Daniel Hörsch (Hsg.) 2004: Rechte Netzwerke – eine Gefahr, siehe auch Der Spiegel, 23. 11. 2012
39 Stoppt die Rechten, 16. 11. 2010 und 3. 10. 2011
40 Oberösterreichische Nachrichten, 22. 6. 2010
41 ORF-Pressestunde, 10. 4. 2016
42 Die Gründungsfestschrift liegt im DÖW auf.
43 Bernhard Weidinger 2016: Keine Berührungsängste mit dem Begriff deutsch, DÖW, Dokumentationsarchiv des österreichischen Widerstandes

44 Bernhard Weidinger 2016: Keine Berührungsängste mit dem Begriff deutsch, DÖW; Gründungsfestschrift liegt im DÖW auf.
45 u. a. Andreas Peham, Durch Reinheit zur Einheit, www.doew.at/cms/download/60r5r/peham_burschenschaften.pdf
46 Monika Richarz 1974: Der Eintritt der Juden in die akademischen Berufe
47 Andreas P. Pittler 1994: Friedrich Ludwig Jahn und der ÖTB. Zum ideologischen Gehalt des „Jahnschen Turnens"; in: Handbuch des österreichischen Rechtsextremismus, Hg.: DÖW
48 Andreas P. Pittler 1994: Friedrich Ludwig Jahn und der ÖTB, vergleiche auch Michael Gehler 1995: Rechtskonservativismus, Rechtsextremismus und Neonazismus in österreichischen Studentenverbindungen nach 1945
49 Hans Magenschab 2013: Die geheimen Drahtzieher, Macht und Einfluss der Studentenverbindungen
50 Peter Brückner 1975: „... bewahre uns Gott in Deutschland vor irgendeiner Revolution!"; siehe auch Peter Kaupp 2005: Die Mitglieder der Urburschenschaft 1815–1819
51 Wilhelm Kahlo 1892: Die Alte Burschenschaft und ihre Entwicklung in Erlangen
52 Harald Seewann 2007: Jahrbuch des Vereins für corpsstudentische Geschichtsforschung
53 Jüdisches Museum Wien, November 2015
54 Memoiren der Minna Lachs 1986: Warum schaust du zurück?
55 Zitiert nach Peter Kaupp, Dieburg 2004, unter www.burschenschaft.de
56 Georg Heer 1965: Geschichte der deutschen Burschenschaften
57 Die Zeit, 31. 1. 2013, vergleiche auch Michael Mende 2011: Die „Burschenschaftliche Gemeinschaft" und ihre Positionen, aida-archiv.de
58 Kartell-Chargen-Konvent des MKV (Hrsg.) 1963/64: Die schlagenden Mittelschulverbindungen Österreichs
59 Michael Gehler 1995: Rechtskonservativismus, Rechtsextremismus und Neonazismus in österreichischen Studentenverbindungen nach 1945
60 Wolf Rüdiger Heß 1998: Rudolf Heß: Ich bereue nichts
61 Österreichischer Hochschulführer 1965
62 Otto Mühlwert, 100 Jahre Teutonia, 1968
63 Österreichischer Hochschulführer 1965
64 Akt Landesgericht Innsbruck 20 Vr. 2936/61
65 Michael Gehler 1995: Rechtskonservativismus, Rechtsextremismus und Neonazismus in österreichischen Studentenverbindungen nach 1945

66 aida-archiv.de, 23. 6. 2011, siehe auch Antifa-Pressearchiv und Bildungszentrum Berlin, 28. 11. 2012 und Freiwerk München www.feierwerk.de
67 Burschenschaftliche Blätter, 2/2011
68 Andreas Peham: Durch Reinheit zur Einheit
69 Aula, Juli 2011
70 profil, 8. 5. 2014
71 Die Aula, Juli/August 2015
72 Die Aula, November 2016
73 DÖW: Neues von ganz rechts, Juni 2002
74 Der Standard, 19. 8. 2012
75 Kronen Zeitung, 8. 5. 2016
76 Hannah Arendt 1955: Elemente und Ursprünge totaler Herrschaft
77 Adolf Hitler 1924: Mein Kampf, wörtlich: „Da wurden durch Kornblumen und schwarzrotgoldene Farben Gesinnung betont und statt des Kaiserliedes ‚Deutschland über alles' gesungen".
78 Wolfgang Zdral 2008: Die Hitlers. Die unbekannte Familie des Führers. Siehe auch Brigitte Hamann 1996: Hitlers Wien, Lehrjahre eines Diktators
79 Andrew G. Whiteside 1981: Georg Ritter von Schönerer. Alldeutschland und sein Prophet
80 Brigitte Hamann 1996: Hitlers Wien, Lehrjahre eines Diktators
81 Rainer Opitz 1996: Faschismus und Neofaschismus
82 Rainer Opitz 1996: Faschismus und Neofaschismus
83 Michael Wladika 2005: Hitlers Vätergeneration. Die Ursprünge des Nationalsozialismus in der k. u. k. Monarchie
84 Friedrich Polleroß 1996: Die Erinnerung tut zu weh. Jüdisches Leben und Antisemitismus im Waldviertel
85 Brigitte Bailer, Wolfgang Neugebauer 1997: Haider und die Freiheitlichen in Österreich, Jürgen Klatzer, Kurier, 12. 5. 2016
86 Entscheidung des Verfassungsgerichtshofes, 16. 6. 1997, Geschäftszahl B2211/96
87 Stoppt die Rechten, 3. 11. 2013
88 Kurier, 12. 5. 2016
89 Hans-Henning Scharsach, Oktober 2016: Faktensammlung zum Präsidentschaftskandidaten Norbert Hofer, verschickt an 380 in- und ausländische Journalisten
90 Die Presse, Kleine Zeitung, 29. 11. 2016
91 Spiegel online, 31. 7. 2011
92 Der Standard, 23. 12. 2010
93 Bernhard Weidinger, https://forschungsgruppefipu.wordpress.com/author/forschungsgruppefipu/, 2. 5. 2015
94 Der Standard, 7. 11. 2016

95 Harald Seewann 2007: Licaria München 1895–1933. Eine Verbindung deutscher Studenten jüdischen Glaubens im waffenstudentischen Spannungsfeld
96 Norbert Kampe 2000: „Studentische Judenfrage" und „Neuer Nationalismus" im deutschen Kaiserreich; siehe auch Helma Brunck, 1999: Die Entwicklung der deutschen Burschenschaft in der Weimarer Republik und im Nationalsozialismus
97 Norbert Kampe 1993: The Jewish Arrival at Higher Education
98 Der Standard, 7. 11. 2016
99 Der Standard, 8. 11. 2016
100 Wiener Zeitung, 19. 5. 2016
101 Der Standard, 19. 5. 2016
102 Kurier, 19. 5. 2016
103 Wiener Zeitung, 19. 5. 2016
104 Die Presse, 11. 3. 2016
105 Spiegel online, 20. 5. 2016
106 Der Standard, 19. 5. 2016
107 Spiegel online, 20. 5. 2016
108 Kurier und Der Standard, 4. 1. 2017
109 Der Standard, 31. 5. 2016
110 Der Standard, 3. 6. 2014
111 Der Standard, 14. 2. 2014
112 Neues von ganz rechts, Oktober 2008
113 Burschenschaftliche Blätter, 1/1923, zitiert nach: Neues von ganz rechts, Oktober 2008
114 Michael Grüttner, 1995: Studenten im Dritten Reich
115 Alfred Rosenberg, letzte Aufzeichnungen 1955
116 Michael Grüttner, 1995: Studenten im Dritten Reich, siehe auch Stefanie Senger, 2004: Studenten als Wegbegleiter der NS-Diktatur
117 Michael Gehler: Männer im Lebensbund, in: Zeitgeschichte, 1. 2. 1994
118 Zitiert nach Andreas Peham, Durch Reinheit zur Einheit, www.doew.at/cms/download/60r5r/peham_burschenschaften.pdf
119 Emmerich Tálos, Ernst Hanisch, Wolfgang Neugebauer 1988: NS-Herrschaft in Österreich
120 DÖW, 22. 12. 2014
121 profil, 2. 2. 2009
122 Michael Gehler 1995: Rechtskonservativismus, Rechtsextremismus und Neonazismus in österreichischen Studentenverbindungen nach 1945, in: Werner Bergmann, Rainer Erb, Albert Lichtblau (Hg.): Differenzen im Umgang mit NS, Antisemitismus und Holocaust in der Bundesrepublik, der DDR und Österreich
123 Neues von ganz rechts, Mai 2002

124 Wiener akademische Burschenschaft Olympia, Wahr und treu, zitiert nach Heribert Schiedel, Martin Tröger 2010: Zum deutschnationalen Korporationswesen in Österreich
125 Völkischer Beobachter, 9. 6. 1938
126 Heribert Schiedel, Martin Tröger 2002: Durch Reinheit zur Einheit, Zum deutschnationalen Korporationswesen in Österreich
127 Heribert Schiedel, Martin Tröger 2002: Durch Reinheit zur Einheit, Zum deutschnationalen Korporationswesen in Österreich
128 Der Standard, 14. 2. 2014, siehe auch Wikipedia, siehe auch Blick nach rechts, DÖW, siehe auch Heribert Schiedel, Martin Tröger 2002: Durch Reinheit zur Einheit, Zum deutschnationalen Korporationswesen in Österreich
129 Bericht von Josef Herzler, ehemaliger Mauthausener Häftling, im DÖW, Dokumentationsarchiv des österreichischen Widerstandes, siehe auch KZ Gusen Memorial Committee, KZ Mauthausen-Gusen Info-Pages
130 www.deathcamps.org, Warsaw Ghetto Uprising, siehe auch https://de.wikipedia.org/wiki/Ferdinand_von_Sammern-Frankenegg
131 Heribert Schiedel, Martin Tröger 2002: Durch Reinheit zur Einheit, Zum deutschnationalen Korporationswesen in Österreich, siehe auch Michael Gehler 1995: Rechtskonservativismus, Rechtsextremismus und Neonazismus in österreichischen Studentenverbindungen nach 1945
132 Heribert Schiedel, Martin Tröger 2002: Durch Reinheit zur Einheit, Zum deutschnationalen Korporationswesen in Österreich
133 Falter, 15. 12. 2001, siehe auch www.sozialismus.net
134 Ernst Klee 1986: Was sie taten, was sie wurden, Klee 2007: Das Kulturlexikon zum Dritten Reich. Wer war was vor und nach 1945, siehe auch Helge Dvorak 1996: Biografisches Lexikon der Deutschen Burschenschaft
135 Zur Zeit, 28/2004
136 Der Standard, 17. 9. 2008
137 ORF, 17. 9. 2008
138 EuGH für Menschenrechte, Herwig Nachtmann gegen Österreich, September 1998, Nr. 36773/97, und Hans Jörg Schimanek jun. gegen Österreich, Februar 2000, Nr. 32307/96
139 Kurier, 14. 1. 2017
140 APA, 26. 3. 2016
141 Zeit online, 12. 2. 2017
142 Zeit online, 22. 9. 2015
143 Helmut Heiber 1991: Goebbels Reden 1932–1945
144 Spiegel online, 4. 2. 2007
145 Der Standard, 29. 1. 2012

146 Die Presse, 2. 2. 2012
147 APA OTS, 30. 1. 2012
148 Wolfgang Purtscheller 1993: Aufbruch der Völkischen – Das braune Netzwerk
149 Der Standard, 11. 11. 1999
150 ORF, 16. 12. 2010
151 Der Standard, 8. 8. 2011
152 Kurier, 25. 1. 2012
153 APA OTS, 15. 9. 2011
154 Die Presse, 11. 4. 2016
155 Falter, 13. 4. 2016
156 Der Standard, 21. 11. 2016
157 Salzburger Nachrichten, 22. 11. 2016
158 Kurier, 2. 12. 2016
159 Kurier, 19. 7. 2016
160 Der Standard, 5. 8. 2016
161 Stoppt die Rechten, 28. 4. 2016
162 Falter, 3. 8. 2016
163 profil, 15. 7. 1991
164 Salzburger Nachrichten, 25. 9. 1991
165 Hans-Henning Scharsach 1992: Haiders Kampf, siehe auch Salzburger Nachrichten, 25. 9. 1991, und profil, 26. 8. 1991
166 Kurier, 10. 3. 1988
167 Kurier, 21. 8. 1991
168 Kurier, 17. 6. 1991
169 Kurier, 17. 6. 1991
170 AZ, 22. 11. 1989
171 Salzburger Nachrichten, 28. 6. 1991
172 ORF Burgenland, 21. 6. 2015
173 hier & jetzt, Nr. 17, 2011
174 Martina Kirfel, Walter Oswalt 1991: Die Rückkehr der Führer, Modernisierter Rechtsradikalismus in Osteuropa
175 Hans-Henning Scharsach 2012: Strache – im braunen Sumpf
176 Der Standard, 22. 9. 2011
177 bawekoll, 15. 9. 2011
178 profil, 18. 5. 2016
179 Christa Zöchling und Jakob Winter im profil, 18. 5. 2016
180 Dirk Reuter 2005: Verbotene Symbole (Strafrecht in Deutschland und Europa, Band 13), bzw. 2004: Dissertation an der Humboldt-Universität zu Berlin: Das Verwenden von Kennzeichen verfassungswidriger Organisationen
181 profil, 18. 5. 2016
182 Die Presse, 23. 3. 2016

183 profil, 18. 5. 2016
184 profil, 18. 5. 2016
185 profil, 18. 5. 2016
186 Falter, 20. 9. 2006
187 Die Presse, 13. 9. 2001
188 Volksbrockhaus 1943
189 Stoppt die Rechten, 9. 4. 2016
190 Stoppt die Rechten, 9. 4. 2016
191 Siehe Plattform Migration, Villach, www.plattform-migration. at/?id=2, oder Antidiskriminierungsstelle Steiermark, www.antidiskriminierungsstelle.steiermark.at/
192 Arno Pilgram, Walter Fuchs und Norbert Leonhardmair 2012: Migration, Legalität und Kriminalität, Institut für Rechts- und Kriminalsoziologie
193 Kurier, 7. 3. 2017
194 Kurier, 17. 3. 2016
195 Der Standard, 29. 4. 2016
196 Oe24, 30. 3. 2015, siehe auch Scharsach 2012: Strache – im braunen Sumpf
197 Der Standard, 30. 12. 2016
198 Joseph Goebbels, Wetterleuchten, Aufsätze aus der Kampfzeit, München 1939
199 Gesetz über Volksabstimmung, 14. 7. 1933; Gesetz über das Staatsoberhaupt des Deutschen Reiches, 1. 8. 1934
200 Kurier, 27. 1. 1993
201 Brigitte Bailer 2016: Rechtsextremes im Handbuch Freiheitlicher Politik – eine Analyse
202 Zitate u. a. in http://gegenrechts.at/?p=1353
203 Prof. Ernst Hanisch: Gerichtsgutachten im Prozess Jörg Haider gegen Gustav Vetter, Salzburg 29. 9. 1991
204 Vgl. Christa Zöchling im profil, 27. 5. 2016
205 Ruth Wodak 2016: Politik mit der Angst
206 profil, 27. 5. 2016
207 Gründungsfestschrift der Marko-Germania zu Pinkafeld, im Dokumentationsarchiv des österreichischen Widerstandes
208 Die Presse, 12. 9. 2016
209 Der Standard, 27. 12. 2015
210 Spiegel, 12. 2. 2016
211 Kurier, 12. 2. 1016
212 Kurier, 4. 2. 2017
213 profil, 11. 2. 2016
214 Franz Janka, Die braune Gesellschaft – ein Volk wird formatiert, Stuttgart 1997, siehe auch Meyers Konversationslexikon 1937

215 Andreas Mölzer 1990: Jörg! Der Eisbrecher
216 Erhard Klöss 1967: Reden des Führers, Rede von Adolf Hitler, 12. 4. 1922
217 Emmerich Tálos, Ernst Hanisch, Wolfgang Neugebauer 1988: NS-Herrschaft in Österreich
218 Parlamentskorrespondenz Nr. 398 vom 23.04.2015
219 Der Standard, 15. 7. 2016
220 Margret Feit 1987: Die neue Rechte in der Bundesrepublik: Organisation – Ideologie – Strategie, siehe auch: Hellmut Diwald 1985: Mut zur Geschichte
221 Eva Kößbacher: Männliche Dominanz, in: Medien & Zeit, 3/1991
222 Eva Kößbacher: Männliche Dominanz, in: Medien & Zeit, 3/1991, siehe auch Herbert Schnetzinger 1978: Dimensionen rechtsradikaler Ideologien in Österreich nach dem 2. Weltkrieg
223 Jörg Haider im Kurier, 7. 10. 1984
224 Freiheitliche Frauenschaft Kärntens (Hg.) 1991: Die Frau in Familie, Beruf und Gesellschaft
225 news, 45/2010
226 profil, 25/2008
227 Barbara Rosenkranz 2008: „MenschInnen" – Gender Mainstreaming – Auf dem Weg zum geschlechtslosen Menschen
228 Reichsinnenminister Frick 1933, zitiert nach Claus Mühlfeld, Friedrich Schönweiss 1989: Nationalsozialistische Familienpolitik
229 Parlamentskorrespondenz Nr. 552 vom 6. 6. 2008, siehe auch Die Presse, 16. 6. 2008
230 profil, 19. 11. 2008
231 Der Standard, 10. 6. 2011
232 Matthias Lunznig 2009: Von Treue, Verrat, Bannflüchen und Vernichtungsstößen – Das Verhältnis von FPÖ und völkischen Verbindungen, in: HochschülerInnen an der Universität Wien (Hg.): Völkische Verbindungen, Beiträge zum deutschnationalen Korporationsunwesen
233 Aula, 7/8 1993
234 Claus Mühlfeld, Friedrich Schönweiss 1989: Nationalsozialistische Familienpolitik
235 Freiheitliche Frauenschaft Kärntens (Hg.): Die Frau in Familie, Beruf und Gesellschaft
236 FPÖ Burgenland, 18. 4. 2012
237 unzensuriert, 7. 3. 2011
238 Der Standard, 19. 5. 2016
239 profil, 12. 5. 2016
240 news, 5. 11. 2011

241 news, 5. 11. 2011
242 news, 6. 11. 2011
243 Heribert Schiedel, Klaus Zellhofer: Personal für die dritte Republik. In: Wolfgang Purtscheller (Hrsg.) 1995: Die Rechte in Bewegung. Seilschaften und Vernetzungen der „Neuen Rechten"
244 Austria-Forum der TU Graz, https://austria-forum.org/af/AustriaWiki/Wiener_akademische_Burschenschaft_Olympia, und Wikipedia, https://de.wikipedia.org/wiki/Wiener_akademische_Burschenschaft_Olympia
245 Die Presse, 5. 5. 2016
246 Die Presse, 10. 6. 2016
247 Die Presse, 20. 4. 2016
248 Kurier, 29. 10. 2016
249 Die Presse, 27. 10. 2016
250 Stoppt die Rechten, 16. 11. 2015
251 DÖW, Neues von ganz rechts, Oktober 2016
252 Antifa Recherche Wien, 27. 1. 2015
253 DÖW, Neues von ganz rechts, April 2016
254 DÖW, Neues von ganz rechts, September 2016
255 news, 5. 5. 2016
256 Stoppt die Rechten, 26. 2. 2016
257 Kleine Zeitung, 18. 1. 2016
258 Stoppt die Rechten, 18. 5. 2016
259 Stoppt die Rechten, 18. 5. 2016
260 Stoppt die Rechten, 18. 5. 2016
261 Oe24, 22. 12. 2015
262 Kleine Zeitung, 23. 8. 2016
263 DÖW, Neues von ganz rechts, März 2014
264 Verfassungsschutzbericht des Innenministeriums 2014
265 Roland Sieber: Von „Unsterblichen" und „Identitären" – Mediale Inszenierung und Selbstinszenierung der extrem Rechten. In: Stephan Braun, Alexander Geisler, Martin Gerster (Hrsg.) 2015: Strategien der extremen Rechten
266 Stoppt die Rechten, 15. 5. 2014
267 Zeit online, 16. 12. 2012
268 Anna Thalhammer, Das Netzwerk der Identitären mit der FPÖ, Die Presse, 11. 6. 2016, siehe auch DÖW, Neues von ganz rechts, April 2016:
269 Verfassungsschutzbericht des deutschen Innenministeriums 2014
270 Der Standard, 15. 4. 2016
271 Stoppt die Rechten, 28. 4. 2016
272 Der Standard, 18. 1. 2016
273 Der Standard, 6. 4. 2016

274 Kleine Zeitung, 7. 4. 2016
275 Stoppt die Rechten, 7. 4. 2016
276 Die Presse, 10. 6. 2016
277 Radio Wien, 4. 2. 2017
278 Zitiert nach Michael Bonvalot, Vice, 31. 5. 2016
279 Stoppt die Rechten, 15. 5. 2016
280 Gerhard Hartmann 1994: Der CV in Österreich
281 Gerhard Hartmann 1994: Der CV in Österreich
282 profil, 19. 10. 2016
283 www.kreuz-net.at
284 Salzburg24.at, 19. 5. 2016
285 Zitiert nach DÖW: Neues von ganz rechts, Mai 2011
286 Der Standard, 2. 12. 2016
287 Der Standard, 4. 10. 2016
288 profil, 24. 5. 2016
289 Kurier, 25. 11. 2016
290 unzensuriert, 19. 8 2016
291 Format, Nr. 21, 2000
292 Zitiert nach profil, 24. 5. 2016
293 Die Welt, N24, 17. 3. 2017
294 Frankfurter Allgemeine Zeitung, 27. 7. 2016
295 unzensuriert, 28. 7. 2016
296 Siehe auch Presseunterlagen von Harald Walser: Das blau-braune Lügen- und Hetzkartell
297 Der Standard, 4. 10. 2016
298 Der Standard, 4. 10. 2016
299 Der Standard, 30. 9. 2015
300 Der Standard, 8. 11. 2015
301 Stoppt die Rechten, 2. 10. 2015
302 Stoppt die Rechten, 19. 2. 2012
303 Stoppt die Rechten, 19. 2. 2012
304 Die Presse, 16. 3. 2012
305 Der Standard, 19. 2. 2012, Zusammenfassungen mit Belegen: Stoppt die Rechten, 18. und 19. 2. 2012
306 Der Standard, 14. 11. 2016
307 Der Standard, 13. 11. 2016
308 Kronen Zeitung, 12. 10. 2015
309 Ausgangspunkt waren Zeitungsmeldungen über einen „Verdacht", z. B. Kronen Zeitung 21. 9. 2015, zahllose Postings im Internet ließen daraus eine „Epidemie" werden.
310 Der Standard, 20. 3. 2016
311 Der Standard, 10. 10. 2015
312 Mimikama, 14. 9. 2015

313 Facebook-Beitrag der FPÖ Lichtenwörth
314 www.watson.ch/Digital/International/860971887-Diese-sieben-Fake-News-besch%C3%A4ftigten-uns-dieses-Jahr
315 Über die von Peter Westenthaler ernst genommene Satire berichtete u. a. Die Presse, 21. 2. 2008, seither taucht das Gerücht auf Facebook immer wieder auf.
316 Der Standard, 2. 12. 2016
317 Mimikama, 14. 9. 2015
318 Dr. Georg Zanger, Sachverhaltsdarstellung und Beweisantrag, GZ 502St5/16s
319 Kurier, 17. 10. 2016
320 Der Standard, 2. 12. 2016
321 Kronen Zeitung, 28. 5. 2016
322 Futurezone, 17. 10. 2016
323 Der Standard, 16. 10. 2016
324 Der Standard, 16. 5. 2016
325 Stoppt die Rechten, 24. 8. 2011
326 Stoppt die Rechten, 9. 9. 2011
327 Der Standard, 10. 11. 2014
328 Der Standard, 24. 3. 2014
329 profil, 26. 7. 2014
330 profil, 7. 8. 2015
331 Harald Walser, 21. 5. 2015
332 Kurier, 10. 7. 2013
333 Pressekonferenz-Unterlagen, Harald Walser, Bregenz, 9. 8. 2016
334 Radio FM4, 3. 6. 2016
335 Ruth Wodak, 2016: Politik mit der Angst. Zur Wirkung rechtspopulistischer Diskurse
336 Die Presse, 28. 7. 2016
337 Kurier, 2. 12. 2016
338 ORF, 25. 9. 2015
339 Strache auf Facebook, screenshot
340 Dahaministrator, 22. 1. 2016
341 Der Standard, 4. 10. 2016
342 Die Presse, 27. 10. 2015
343 Der Standard, 4. 10. 2016
344 Kurier, 19. 9. 2015
345 Kronen Zeitung, 3. 11. 2015
346 Kronen Zeitung, 25. 10. 2015
347 Die Presse, 27. 10. 2015
348 Kurier, 24. 10. 2016
349 unzensuriert, 28. 10. 2015
350 Kurier, 1. 3. 2016

351 https://medium.com/@fpoeticker/die-gesammelten-l%C3%BCgen-des-heinz-christan-strache-8ed54e4c388c
352 www.dasbiber.at/blog/strache-ist-wieder-einmal-teil-der-luegenpresse
353 Stoppt die Rechten, 17. 11. 2015
354 www.facebook.com/mario.barth/videos/vb.125797237471539/1286065638111354/?type=2&theater; siehe auch: www.theguardian.com/us-news/2016/nov/12/anti-trump-protests-new-york-portland-shooting
355 https://twitter.com/realDonaldTrump/status/796900183955095552
356 Strache auf Facebook, 8. 7. 2012
357 Die Presse, 6. 9. 2011
358 Strache auf Facebook, 3. 3. 2017
359 Der Standard, 2. 7. 2002
360 Strache auf Facebook, 27. 7. 2016
361 Kurier, 27. 2. 2017
362 Strache auf Facebook, 27. 11. 2015
363 https://medium.com/@fpoeticker/die-gesammelten-l%C3%BCgen-des-heinz-christan-strache-8ed54e4c388c; siehe auch www.mimikama.at/allgemein/und-wieder-mist-unterwegs-der-wintermarkt-in-münchen/
364 Strache auf Facebook, 26. 3. 2017
365 Wir Wiener, April 2009, siehe auch www.smilemenues.at/home/speiseplaene/
366 https://kontrast-blog.at/das-sind-die-hintergruende-der-nikololuege/
367 Neue Freie Zeitung, 21. 5. 2009
368 PULS4, 5. 10. 2015
369 Alle Beispiele sind FPÖ-watch entnommen, wo sie mit überprüfbaren Quellenhinweisen aufgelistet sind: https://medium.com/@fpoeticker/die-gesammelten-l%C3%BCgen-des-heinz-christan-strache-8ed54e4c388c
370 https://medium.com/@fpoeticker/die-gesammelten-l%C3%BCgen-des-heinz-christan-strache-8ed54e4c388c
371 www.vice.com/de_at/article/wir-haben-die-falschen-behauptungen-des-krone-kolumnisten-korrigiert
372 www.vice.com/de_at/article/die-fpoe-und-journalisten
373 ORF-Report, 7. 3. 2017
374 www.oe24.at/oesterreich/politik/Streit-mit-dem-ORF-Strache-legt.../272041323
375 Vice, 22. 11. 2016
376 Kurier, 16. 3. 2017

377 APA, 24. 3. 2017
378 Der Standard, 7. 6. 2016
379 Vice, 22. 11. 2016
380 Kurier, 22. 4. 2017, siehe auch Der Standard, 22. 4. 2017
381 Kurier, 28. 3. 2017
382 Der Standard, 7. 6. 2016
383 Zitiert nach: http://wienerin.at/home/jetzt/5122227/Hass-im-Netz_Sexistische-Attacken-und-Drohungen-gegen-Milbornnach, 22. 11. 2016
384 Falter, 14. 7. und 21. 7. 2015, siehe auch Der Standard, 18. 7. 2015
385 FPÖ-Aussendung, 21. 7. 2015
386 Der Standard, 2. 12. 2016
387 Reporter ohne Grenzen: Austria – Journalists under pressure from the populist right-wing, Dozens of attacks, interventions and lawsuits
388 profil, 30. 11. 2016
389 profil, 30. 11. 2016
390 profil, 30. 11. 2016
391 DÖW 1993: Handbuch des österreichischen Rechtsextremismus
392 Zur Zeit, 23/1999
393 Beantwortung der parlamentarischen Anfrage der Abgeordneten Anschober, Freunde und Freundinnen durch Bundesminister Dr. Franz Löschnak, 17. 4. 1992, Nr. II-5610 der Beilagen zu den Stenographischen Protokollen des Nationalrates, XVIII. Gesetzgebungsperiode
394 News, 2. 8. 2006
395 DÖW Neues von ganz rechts, August 2008
396 Der Standard, 26. 8. 2015
397 Website des FAV Salzburg, 31. 10. 2015, zitiert nach haraldwalser.at
398 Brigitte Bailer, Wolfgang Neugebauer, in DÖW 1993: Handbuch des Rechtsextremismus
399 archiv.labournet.de/diskussion/rechten/allg/wartburg.pdf
400 unzensuriert, 3. 8. 2011
401 ORF, 2. 8. 2011
402 APA/OTS, 2. 8. 2011
403 Heute, 20. 1. 2014
404 Der Standard, 22. 1. 2015
405 www.ots.at/presseaussendung/OTS_20170208_OTS0057/demonstrationsrecht-fpoe-kickl-spoe-misst-mit-zweierlei-mass
406 news, 21. 8. 2013
407 Zitiert nach Screenshot auf FPÖ Watch, 11. 11. 2016
408 APA/OTS, 16. 2. 2004
409 Kurier, 24. 10. 2016, siehe auch Die Presse, 25. 10. 2016

410 Michael Gehler 1994: Archiv für Sozialgeschichte, 34. Band
411 Ute Frevert 1991: Ehrenmänner: Das Duell in der bürgerlichen Gesellschaft
412 Zitiert nach Albert Steinhauser, 1. 6. 2009, https://albertsteinhauser.at/2009/06/01/burschenschaften-fpoe/
413 Ausführliche Darstellung in Hans-Henning Scharsach 1995: Haiders Clan, Wie Gewalt entsteht, mit umfangreichem Quellenmaterial
414 Heinz Fischer (Hg.) 1966: Einer im Vordergrund: Taras Borodajkewycz
415 Wiental aktuell, zitiert nach Helmut Möchel: Die extreme Rechte, unveröffentlichtes Manuskript (DÖW)
416 Wolfgang Purtscheller 1993: Aufbruch der Völkischen – Das braune Netzwerk
417 Format, 21/2000
418 http://science1.orf.at/science/news/68145, siehe auch: ÖH Uni Wien, 2009 Völkische Verbindungen, Beiträge zum deutschnationalen Korporationsunwesen in Österreich
419 DÖW: Stellungnahme zur Wiener Akademischen Burschenschaft Olympia, cdn1.vol.at/2008/10/olympia_doew.pdf
420 profil, 6. 6. 2009
421 Wolfgang Neugebauer 1981: Am Beispiel der ANR
422 Wolfgang Neugebauer 1981: Am Beispiel der ANR (Hg.: Dokumentationsarchiv des österreichischen Widerstandes)
423 Helmut Möchel: Die extreme Rechte, unveröffentlichtes Manuskript, liegt im DÖW auf
424 profil, 20. 1. 2007
425 news, 41/1994
426 Privates Amateurvideo, gefilmt von einem Vertrauensmann Küssels, News 41/1994
427 news, 41/1994
428 DÖW, Neues von ganz rechts, Juni 2009
429 DÖW, Neues von ganz rechts, August 2009
430 Stoppt die Rechten, 28. 6. 2016
431 Der Standard, 3. 2. 2011, siehe auch https://maydaygraz.wordpress.com/.../201101-ein-steirischer-neonazi-schlagertrupp/, siehe auch Anfrage der Abgeordneten Öllinger, Freundinnen und Freunde an die Bundesministerin für Inneres, 10. 3. 2010
432 Homepage der Thessalia zu Prag in Bayreuth, http://thessalia.de/
433 Einvernahmeprotokoll vom 18. 11. 1997
434 unzensuriert, 26. 8. 2008
435 https://andreasmoelzer.wordpress.com/2016/01/28/regierung-auf-fpoe-kurs/

436 unzensuriert, 1. 12. 2014
437 www.ots.at/presseaussendung/OTS_20060516_OTS0212/rfj-wimmer-brauchen-weder-integration-noch-zuwanderung
438 www.ots.at/presseaussendung/OTS_20060306_OTS0083/strache-1190-ehrenmorde-europareife-la-bosporus
439 60. Sitzung des Nationalrats, 29. 1. 1997
440 Freiheitlicher Pressedienst, 6. 5. 1997
441 FPÖ-Pressedienst, 3. 6. 1997
442 Der Standard, 25. 4. 1991
443 news, 48/2009
444 Heinz Steinert 1994: Über Gewalt reden, in: Werner Bergmann, Rainer Erb 1994: Neonazismus und rechte Subkultur
445 Internationale Studie von Sripal Bangalore und Franz Messerli, zitiert nach Die Presse, 6. 12. 2015
446 Der Standard, 12. 4. 2016
447 FPÖ Watch, 11. 11. 2016
448 IWÖ, 2. 7. 2012, siehe auch Der Standard, 19. 3. 2009
449 Der Standard, 18. 11. 2007
450 ORF, 24. 1. 2017
451 www.fpoe.eu › Start › Pressemeldungen › Harald Vilimsky
452 FPÖ-Website, Marlies Steiner-Wieser, Abg. zum Salzburger Landtag, 17. 3. 2016
453 Der Standard, 14. 4. 2016
454 Die Presse, 6. 12. 2015
455 Oe24, 26. 1. 2007
456 Eine ausführliche Darstellung mit detailliertem Quellenteil in Hans-Henning Scharsach 2012: Strache – im braunen Sumpf
457 Der Spiegel, 43/2011
458 Oe24, 3. 9. 2007
459 Falter, 13/2009
460 Nina Horaczek, Claudia Reiterer 2009, HC Strache, Sein Aufstieg – Seine Hintermänner – Seine Feinde
461 Falter, 37/2007
462 Nina Horaczek, Claudia Reiterer 2009, HC Strache, Sein Aufstieg – Seine Hintermänner – Seine Feinde
463 Oe24, 26. 1. 2007
464 profil, 28. 1. 2007
465 Nina Horaczek, Claudia Reiterer 2009: HC Strache, Sein Aufstieg – Seine Hintermänner – Seine Feinde: Gespräch mit Wolfgang Fellner am 19. 12. 2008
466 Spiegel online, 4. 2. 2007
467 Olympia 1989: Wahr, treu, kühn und frei! 130 Jahre Burschenschaft Olympia

468 Urteil des Verfassungsgerichtshofes, 27. 6. 1963, B 266/62
469 Erkenntnis des Verfassungsgerichtshofes, 21. 6. 1988, B 400/87
470 Anfrage der Abgeordneten Öllinger, Haidlmayr, Freundinnen und Freunde an den Bundesminister für Inneres, 4831/J XX.GP (1998)
471 Heribert Schiedel, Martin Tröger 2002: Durch Reinheit zur Einheit, Zum deutschnationalen Korporationswesen in Österreich
472 Junge Freiheit, 18–19, 1996
473 Zitiert nach Der Spiegel, 24/1997
474 Wiener akademische Burschenschaft Olympia 1989: Wahr, und treu, kühn und frei! 130 Jahre Burschenschaft Olympia
475 ORF, 5. 10. 2008, Hohes Haus
476 Wiener akademische Burschenschaft Olympia 1989: Wahr, und treu, kühn und frei! 130 Jahre Burschenschaft Olympia
477 Fakten, 27/1993
478 profil, 2. 2. 2009 und 10. 6. 2009
479 Stoppt die Rechten, 16. 4. 2011
480 Stoppt die Rechten, 20. 11. 2004
481 ORF, 8. 5. 2006
482 Jungle World Nr. 4, 22. Januar 2009
483 profil 1/2009, siehe auch Der Spiegel, 10. 3. 2005, siehe auch Braune Burschen, in: HochschülerschafterInnen an der Universität Wien, 2009, Völkische Verbindungen, Beiträge zum deutschnationalen Korporationsunwesen in Österreich
484 Braune Burschen, in: HochschülerschafterInnen an der Universität Wien, 2009, Völkische Verbindungen, Beiträge zum deutschnationalen Korporationsunwesen in Österreich, www.oeh.univie.ac.at/sites/default/files/CMS/dokumente/downloads/voelk_verbindungen.pdf
485 Bericht der pennalen Verbindung Eysn, Steyr, zitiert nach: Stoppt die Rechten, 6. 3. 2011
486 http://no-racism.net/article/1601/, 20. 3. 2006, Rechtsextremes Sommerlager in Kärnten
487 Harald Walser, Die Grünen, 14. 1. 2011, haraldwalser.twoday.net/stories/5444722/
488 Braune Burschen, in: HochschülerschafterInnen an der Universität Wien, 2009, Völkische Verbindungen, Beiträge zum deutschnationalen Korporationsunwesen in Österreich, www.oeh.univie.ac.at/sites/default/files/CMS/dokumente/downloads/voelk_verbindungen.pdf
489 Deutschen Bundesministerium des Inneren, Verfassungsschutzbericht 2008
490 Verfassungsschutzbericht des Landes Baden-Württemberg 1998
491 Stoppt die Rechten, 17. 11. 2010

492 Urteilstext des Londoner High Court, www.gov.uk/government/organisations/hm-court-service
493 Wolfgang Purtscheller 1993: Aufbruch der Völkischen – Das braune Netzwerk
494 Armin Pfahl-Traughber 2007: Eine nationalrevolutionäre Kritik an der NPD. Der rechtsextremistische Intellektuelle Jürgen Schwab als Ideologe und Kritiker der Partei. In: Uwe Backes, Henrik Steglich (Hrsg.): Die NPD. Erfolgsbedingungen einer rechtsextremistischen Partei
495 Rede von Herbert Schaller im Dezember 2006 bei der Holocaust-Leugner-Konferenz in Teheran, Manuskript im Dokumentationsarchiv des österreichischen Widerstandes, DÖW
496 news 42/2006
497 Heribert Schiedel, Stephan Grigat: Hass der Rechten auf die Kritische Theorie: Burschis gegen Adorno in: haGalil 2004, www.hagalil.com/archiv/2004/10/burschis.htm
498 profil, 2. 12. 2011
499 Bericht des Landesamtes für Verfassungsschutz, Hamburg 2009
500 Neue Presse, Coburg, 17. 11. 2011, siehe Stoppt die Rechten, 18. 11. 2011
501 TV-Magazin Kontrovers, zitiert nach Der Standard, 18. 11. 2011
502 Stoppt die Rechten, 29. 5. 2010
503 Verfassungsschutzbericht des deutschen Innenministeriums 2005 und 2006
504 DÖW, Neues von ganz rechts, Januar 2003
505 Berliner Morgenpost, 15. 1. 2008
506 Der Spiegel 16/1962 (online): Ich ließ Rosa Luxemburg richten
507 Berliner rechts, 29. 5. 2010
508 Blick nach rechts, 29. 5. 2010
509 DÖW, Informationen zur akademischen Burschenschaft (aB!) Arminia Czernowitz zu Linz, siehe auch: alpendodelinfo.wordpress.com
510 profil, 10. 5. 2010, siehe auch Stoppt die Rechten, 17. 11. 2010
511 Stoppt die Rechten, 19. 10. 2010, 6. 11. 2010, siehe auch profil, 21. 11. 2011, Der Standard, 15. 11. 2010
512 Robert Heyer, Sebastian Wachs, Christian Palentien (Hg.) 2013: Handbuch Jugend – Musik – Sozialisation
513 Kurier, 2. und 7. 4. 2009
514 profil, 18. 3. 2010
515 Oberösterreichische Nachrichten, 31. 7. 2009
516 Gutachten von Univ. Prof. DDr. Heinz Mayer über AFP und BFJ, einzusehen im DÖW, siehe auch parlamentarische Anfrage der Abgeordneten Oberhaidinger und GenossInnen an die Bundesministerin für Inneres, 26. 4. 2006, 4176/J XXII. GP

517 Hans-Henning Scharsach 2012, Strache – im braunen Sumpf, mit Beispielen
518 Hans-Henning Scharsach 2012, Strache – im braunen Sumpf
519 Website der Libertas, zitiert nach DÖW, Neues von ganz rechts, Februar 2009
520 Website der Libertas, zitiert nach DÖW, Neues von ganz rechts, Februar 2009
521 Karl Öllinger 2009, Dossier: Der „Bund Freier Jugend" und seine Nazis
522 Bernhard Weidinger 2015: Im nationalen Abwehrkampf der Grenzlanddeutschen, akademische Burschenschaften und Politik in Österreich nach 1945
523 DÖW, Neues von ganz rechts, Dezember 2001
524 DÖW, Neues von ganz rechts, Juli 2002
525 profil, 18. 9. 2010
526 Deutsches Bundesministerium des Inneren, Verfassungsschutzbericht 2002, und Der Spiegel, 11. 2. 2010
527 Spiegel online, 2. 1. 2013
528 „Klarstellung" der Teutonia, faksimiliert in: Stoppt die Rechten, 23. 10. 2010
529 www.oeh.univie.ac.at/sites/default/files/CMS/dokumente/downloads/voelk_verbindungen.pdf, siehe auch DÖW, Andreas Peham, Durch Reinheit zur Einheit, www.doew.at/cms/download/60r5r/peham_burschenschaften.pdf
530 Recht und Wahrheit, 1-2/1993, Zeitschrift der neonazistischen „Deutschen Freiheitsbewegung"
531 Teilnehmerliste laut Veranstaltungsprogrammen der AFP, veröffentlicht unter anderem in: Stoppt die Rechten, 24. 8. 2010
532 Norbert Hofer am 15. 4. 2016 auf Twitter
533 1. 12. 2016 um 20.15 Uhr, ORF 2: Wahl 16 – Das Duell
534 Falter, 15. 11. 2016
535 Elisabeth Wehling 2016: Politisches Framing
536 Hans Bürger, ORF-Interview 4. 12. 2016
537 profil, 24. 5. 2016
538 news.ORF.at, 1. 12. 2016
539 Noe.ORF.at, 9. 4. 2016
540 News.ORF.at, 1. 12. 2016
541 Die Presse, 2. 12. 2016
542 Der Standard, 2. 12. 2016
543 Stoppt die Rechten, 6. 2. 2017
544 Alle Zitate stammen aus den folgenden Urteilen des österreichischen Verfassungsgerichtshofes. Geschäftszahlen: B122/80; 9 Os 132/85; B682/86; B999/87; WI-11/90

545 https://burschenschafterpacktaus.wordpress.com/2013/01/21/dt-burschenschaft-osterreich-wollte-fur-hitlers-stellvertreter-hes-den-friedensnobelpreis/
546 Bernhard Weidinger 2015: Im nationalen Abwehrkampf der Grenzlanddeutschen, akademische Burschenschaften und Politik in Österreich nach 1945
547 Kurier, 12. 5. 2016
548 profil, 13. 12. 2014
549 Parlamentarische Anfrage, 22. 3. 2007
550 Der Standard, 14. 10. 2015
551 Der Standard, 28. 4. 2015
552 Format, 14. 5. 2001
553 Der Standard, 15. 3. 2001
554 Die Presse, 21. 3. 2014
555 Kurier, 15. 10. 2016
556 Heute, 4. 7. 2016
557 Herbert Schnetzinger, 1978: Dimensionen rechtsradikaler Ideologie in Österreich nach dem Zweiten Weltkrieg
558 Kurier, 7. 10. 1984
559 FPÖ Burgenland, 18. 4. 2012
560 Hans-Henning Scharsach, Kurt Kuch, 2000: Haider, Schatten über Europa; siehe auch z. B. Die ganze Woche, 16. 3. 1989
561 FPÖ Amstetten, 2012
562 Kurier 9. 6. 2017; siehe auch Kronen Zeitung 9. 6. 2017
563 profil, 27. 4. 1998